Guia Prático, Histórico e
Sentimental da Cidade do

Recife

Gilberto Freyre

Guia Prático, Histórico e
Sentimental da Cidade do

Recife

Apresentação e textos de atualização de Antonio Paulo Rezende
Ilustrações e capitulares de Luís Jardim
Mapa turístico de Rosa Maria
Biobibliografia de Edson Nery da Fonseca

5ª edição revista, atualizada e aumentada

© Fundação Gilberto Freyre, 2005
Recife-Pernambuco-Brasil
1ª edição, 1934, The Propagandist
2ª a 4ª edições, 1942-1968, Editora José Olympio
5ª edição, Global Editora, São Paulo, 2007
1ª reimpressão, 2013

Diretor Editorial
Jefferson L. Alves

Editor Assistente
Gustavo Henrique Tuna

Textos de Atualização
Antonio Paulo Rezende

Assistente de Pesquisa
Natália Conceição Silva Barros

Gerente de Produção
Flávio Samuel

Coordenadora Editorial
Rita de Cássia Sam

Capa e Projeto Gráfico
Eduardo Okuno

Revisão
Anabel Ly Maduar
Luicy Caetano
João Reynaldo de Paiva

Dados Internacionais de Catalogação na Publicação (CIP)
(Câmara Brasileira do Livro, SP, Brasil)

Freyre, Gilberto, 1900-1987.
  Guia prático, histórico e sentimental da cidade do Recife / Gilberto
Freyre ; apresentação e atualização de Antonio Paulo Rezende ; bio-
bibliografia de Edson Nery da Fonseca ; ilustrações e capitulares de Luís
Jardim ; mapa turístico de Rosa Maria – 5. ed. – São Paulo : Global, 2007.

  Bibliografia.
  ISBN 978-85-260-1067-3

  1. Recife (PE) – Descrição – Guias 2. Recife (PE) – História 3. Tu-
rismo – Recife (PE) – Guias I. Rezende, Antonio Paulo. II. Fonseca,
Edson Nery da. III. Jardim, Luís. IV. Maria, Rosa. V. Título.

07-1340   CDD-918.134

Índice para catálogo sistemático:

1. Recife : Pernambuco : Descrição e viagens : Guias   918.134

Direitos Reservados

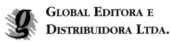

**GLOBAL EDITORA E
DISTRIBUIDORA LTDA.**

Rua Pirapitingui, 111 – Liberdade
CEP 01508-020 – São Paulo – SP
Tel.: (11) 3277-7999 – Fax: (11) 3277-8141
e-mail: global@globaleditora.com.br
www.globaleditora.com.br

Obra atualizada
conforme o
**Novo Acordo
Ortográfico da
Língua
Portuguesa**

Nº DE CATÁLOGO: **2716**

Sumário

Nota Explicativa

———— ◆ ————

A edição ora publicada do *Guia prático, histórico e sentimental da cidade do Recife* contou com o trabalho primoroso de Antonio Paulo Rezende, professor adjunto do Departamento de História da Universidade Federal de Pernambuco e especialista na história da cidade do Recife. Com a anuência da Fundação Gilberto Freyre, foi realizada uma reordenação dos capítulos do livro, reunindo em blocos aqueles que fazem referência a assuntos relacionados entre si. Ao fim de cada bloco, foram inseridos textos em itálico de autoria do Prof. Antonio Paulo em que estão descritas as principais transformações pelas quais a cidade do Recife passou desde a publicação da última edição deste *Guia*, em 1968. Além destes textos, a obra traz ao fim dois apensos – também em itálico – intitulados "Mais Informações sobre o Recife" e "O Recife em Dados Estatísticos", ambos de autoria de Antonio Paulo Rezende. Desta forma, procurou-se manter o caráter prático do *Guia*, sem que ele perdesse seu traço histórico e sentimental.

Ratificando seu compromisso com a cultura brasileira, a Global Editora publica esta edição atualizada do *Guia prático, histórico e sentimental da cidade do Recife*, renovando seu propósito de contribuir para a divulgação das ideias do mestre de Apipucos.

Os editores

As Múltiplas Cidades de Calvino e Freyre

———— ◆ ————

I. As cidades invisíveis

A cidade não se revela em todos seus segredos, por mais atento que seja o olhar de quem a observa. Ela é uma invenção humana, resultado de inúmeras aventuras, território das múltiplas travessias da cultura. Mas, efetivamente, nada se revela na sua nudez plena. Há sempre algo que se oculta, há uma magia escondida em cada ato, em cada objeto da sociedade. A cultura é um espaço aberto ao sim e ao não, com ambiguidades que se sucedem e se entrelaçam. Quem conta ou decifra os mistérios de uma cidade sabe dos limites, dialoga com travessuras, descreve o que for possível. A história é a construção da possibilidade, uma construção inesgotável e as cidades fazem parte dessa construção. Conseguir reduzir a cidade a um conceito único é impossível. Temos que explorar a sua diversidade. Talvez, pudéssemos buscar uma síntese arriscada e afirmar que a cidade é grande moradia do ser humano. Moradia que muda de forma, que ora lembra o paraíso, ora parece um inferno. Não há como negar, porém, seu poder de sedução. Ela engana, envolve, arquiteta o visível e o invisível nas suas ruas e nas suas esquinas.

A proposta de escrever um guia de uma cidade é, portanto, parecida com a de desenhar a cartografia de um labirinto. A cidade ganha cada vez mais complexidade, na medida em que sua população cresce e as tecnologias modernas passam a invadi-la. Mesmo as cidades pequenas apresentam complexidades, surpreendem seus visitantes. Por isso, pensá-la como um labirinto não é um exagero. Cada cidade tem suas singularidades. Ela é única, mas também, lembrando *As cidades invisíveis* de Italo Calvino, cada cidade contém sempre alguma coisa de uma outra cidade. Veneza é única para Marco Polo, mas ao falar de Veneza termina por falar de paisagens de cidades diferentes. Assim Calvino tece a saga fabulosa que nos conduz a conhecer a multiplicidade das grandes moradias humanas. Suas formas têm particularidades, acolhem seus conteúdos. Como ressalta Calvino "O catálogo de formas é interminável: enquanto cada forma não encontra a sua cidade, novas cidades continuarão a surgir. Nos lugares em que as formas exaurem as suas variedades e se desfazem, começa o fim das cidades".[1]

Calvino cria cidades incríveis e Marco Polo é o narrador de seus encantos e inquietudes. Todas as cidades com nomes femininos, ora adormecidas nas suas memórias, ora espantadas com suas excentricidades, tornam-se seres com vida própria, subordinando seus habitantes, bordando seus cotidianos com cores de vida e de morte, de esperança e de desespero, permitindo narrativas que a imaginação não esgota. Na relação com as temporalidades de suas trajetórias históricas cada cidade estabelece diálogos intermináveis e mutantes. A "cidade se embebe como uma esponja dessa onda que reflui das recordações e se dilata. Uma descrição de Zaíra como é atualmente deveria conter todo o passado de Zaíra. Mas a cidade não conta seu passado, ela o contém como as linhas das mãos, escrito nos ângulos das ruas, nas grades das janelas, nos corrimãos das escadas, nas antenas dos para-raios, nos mastros das bandeiras, cada segmento riscado por arranhões, serradelas, entalhes, esfoladuras".[2]

Zaíra, Armila, Ipásia, Aglaura, Leônia, Bersabeia, as cidades invisíveis do reino de Calvino revelam e escondem mistérios, se assemelham e se distanciam, se constroem nas trelas da cultura, para não deixar que os sonhos dos seus moradores sejam apenas devaneios inúteis. "É uma cidade igual a um sonho: tudo o que pode ser imaginado pode ser sonhado, mas mesmo o mais inesperado dos sonhos é um quebra-

[1] Italo Calvino, *As cidades invisíveis*, Diogo Mainardi (trad.), São Paulo, Cia. das Letras, 1990, p. 126.
[2] Idem, ibidem, p. 14-15.

-cabeça que esconde um desejo, ou então o seu oposto, um medo. As cidades, como os sonhos, são construídas por desejo e medos, ainda que o fio condutor de seu discurso seja secreto, que suas regras sejam absurdas, as suas perspectivas enganosas, e que todas as coisas escondam uma outra coisa".[3] A fábula de Calvino merece um lugar especial. Lembra as tantas fábulas d'*As mil e uma noites*, com seus vilões, príncipes, mágicos, rainhas... O poder da escrita de Calvino está na dimensão estética das suas fantasias, na costura de suas frases e na ousadia das suas metáforas. Talvez, tenha escrito o guia de cidade mais inusitado e, mas é impossível esquecê-lo, é como um cristal iluminado, protegido pela armadura da eternidade.

Viver a cidade passa pelo desafio de conhecê-la, de decifrá-la. Há guias que não se exteriorizam, mas que estão escondidos nas batidas do coração. Ninguém consegue viver (n)a cidade, sem interpretá-la. Não é preciso, para isso, imensas elucubrações. Os registros vão sendo anotados no cotidiano, modificados, apagados, na velocidade de um tempo que a cultura projeta. Registros, muitas vezes, com a marca da subjetividade, como um espelho de momentos fugazes ou como sinais de permanências e de tradições quase insuperáveis. Cada um de nós possui seu guia, pois não se pode viver na cidade sem criar intimidades com suas ruas, becos, avenidas, monumentos, cheiros, vitrines, pessoas. Os registros ficam inscritos nas esquinas dos nossos corpos, nas vacilações dos nossos desejos. Muitos aprofundam suas interpretações, buscam criar intimidades mais concretas e assumidas, nomeiam-se narradores e se deixam envolver pela sua diversidade. A cidade se apresenta, para eles, como um oceano a ser descoberto. Escrever o guia significa, então, inventar embarcações, visualizar onde estão instalados seus cais, pintar céus com horizontes seguros, como programar uma grande viagem sem a previsão de retorno, pois se trata de um oceano que não tem águas transparentes, nem tampouco um porto definido. Nos anos 1930, Gilberto Freyre resolve inventar suas embarcações, navegar num oceano que tanto lhe encanta. Já existia entre Freyre e a ci-

[3] Idem, ibidem, p. 44.

dade do Recife um pacto de saudades e de desejos. Esse pacto exige mais proximidade. Era preciso nomear cada olhar que o consolidava. Desejo e saudade não são anônimos, cabe a quem os sente tentar hospedá-los no mundo das palavras.

II. O Recife de Gilberto Freyre

Gilberto Freyre nasce, no Recife, em 1900, onde hoje se localiza a movimentada Avenida Rosa e Silva. No início de 1917, parte para estudar nos Estados Unidos, convivendo com as inquietudes intelectuais do Modernismo norte-americano, contemplando outras paisagens, adaptando-se a outros costumes. Segue, em 1922, para a Europa, aproximando-se das ideias renovadoras de uma época que necessita de outras leituras do mundo social e de outros códigos de linguagem para compreender as mudanças trazidas pela modernidade. Volta para o Recife, em 1924, articulando-se com intelectuais para pensar os significados das relações entre o Regionalismo e o Modernismo brasileiros. A publicação do *Livro do Nordeste*, em 1925, anunciava os possíveis caminhos de sua profícua trajetória pelos territórios do saber, que nem mesmo as turbulências do movimento político de 1930 iriam intimidar. Eram tempos de esperanças, de pensar quais diálogos podiam ser criados para entender o Brasil com suas múltiplas identidades. Freyre manteve contatos com intelectuais paulistas e cariocas importantes para a construção do seu pensamento. Com a polêmica publicação de *Casa-grande & senzala*, lançou-se como um dos intérpretes mais citados da sociedade brasileira. Divergências e convergências cercavam seus escritos, animavam os debates juntamente com outras obras surgidas desde o início do Modernismo, das mais diversas matizes, de intelectuais como Caio Prado Jr., Sérgio Buarque de Holanda, Oswald de Andrade, Mário de Andrade, José Lins do Rego e tantos outros.

Freyre não esquece, porém, seu mundo mais próximo. Com a tiragem de apenas 105 exemplares, sai a edição do *Guia prático, histórico e sentimental da cidade do Recife*, com desenhos coloridos à mão por Luís Jardim, em 1934, dentro de uma perspectiva que consagra a linguagem do Modernismo. O Recife era a primeira cidade do Brasil a ter o seu guia, impressão das oficinas gráficas da The Propagandist, de Maurício Gomes Ferreira. Saudades do passado, mas com uma forma moderna de expressá-las. E um anúncio importante: o Recife não é uma cidade que se revela com facilidade. Nem todos conseguem captar seus mistérios. Basta consultar as descrições dos estrangeiros, citados por Freyre, que estiveram na cidade para visualizar como afirmaram suas frustrações, suas críticas, suas desilusões. O texto narra, com leveza, a construção do diálogo da cidade com seu passado e seus desejos de modernização, propondo-se, sutilmente, a revelar mistérios, sem contudo esgotá-los. Ele não deseja que a cidade se desnude ou não tem a pretensão de que a cidade seja o espelho de suas palavras. O desnudamento pode representar a perda dos encantos. Cada um que busque, com seu olhar, atravessar as armaduras protetoras dos múltiplos espaços da cidade, criando suas intimidades e seus distanciamentos.

No que contar do Recife dos anos de 1930, depois das travessias das primeiras décadas do século XX, tão marcadas pelas agitações políticas dos anos de 1920, pelos planos de modernização, pelas greves operárias de 1917 e 1919, pelas ironias dos escritos da sua imprensa? Numa narrativa sem linearidade, Freyre descreve a presença estrangeira na cidade, nos seus mais diversos aspectos, formais e informais. Não há, portanto, uma celebração do evento ou do institucional, mas uma tentativa de captar o cotidiano, mostrando que a cidade se faz e se refaz, não é monumento de concreto. A cidade são silêncios e ruídos, dos mais anônimos habitantes ou dos mais arrogantes proprietários.

No Recife, as instituições e os lugares do catolicismo têm um lugar privilegiado, com seus rituais e seus templos, reveladores do passado colonial, mas que permanecem ainda presentes. Freyre os visita com atenção, destacando seus significados arquitetônicos e simbólicos e suas localizações. Nos recintos das igrejas e dos conventos muitas memórias de tantos momentos onde o catolicismo reinava soberano, não apenas com suas crenças e os sacramentos, mas também com seus cânticos, com a fisionomia dos seus santos, com a rápida sinfonia dos sinos, com os sermões e discursos de seus padres, com a estética das suas construções, com as trilhas sagradas das suas procissões, com os desmandos e as piedades dos seus poderes. Uma parte expressiva é dedicada, por Freyre, a mostrar, muitas vezes de forma minuciosa, a forte presença do catolicismo no Recife.

Sua narrativa é sinuosa. Os temas misturam-se. Não perde de vista a multiplicidade, o inesperado que mora em cada espaço da cidade e do seu imaginário. Freyre lembra histórias de pescadores e seus feitos heroicos, suas valentias, suas promessas a Iemanjá, numa cidade que tem uma relação marcante com seus rios e que está aberta para os horizontes do oceano desde a fundação. Descreve as praias, que assumem o lugar especial no lazer da população: "Hoje o *chic* é o banho de mar. Boa Viagem, Olinda. São duas praias elegantes. Boa Viagem cheia de palacetes novos, nem todos se recomendando pelo bom gosto". A cidade, com seus entrelaçamentos com as águas, desperta a atenção de quem a visita. Com a modernização, a cidade ganha novos meios de transportes, outros personagens passam a fazer parte do cotidiano que Freyre sempre percorre com suas palavras e sua atenção com a cultura que se espraia pelas ruas, registrando o diálogo entre o passado e o presente.

O carnaval apresenta-se dentro dessa perspectiva. Nele é visível a influência africana, com suas danças e ritmos. O carnaval é uma festa de muitas cores, mas a presença africana transcende apenas o festivo. Está na culinária, na religião, no vocabulário, na memória que povoa a cidade nos seus mais escondidos recantos, com suas superstições, fantasmas, jogos do bicho, desconfianças e sabedorias. O Recife tem um rico imaginário que enriquece a narrativa. Freyre traz seu texto para as ruas, não esquecendo dos vendedores de comida, verdadeiros moradores da cidade nas suas encruzilhadas mais conhecidas. "Pelas esquinas das velhas ruas de São José – do Passo da Pátria, da Direita, da Tobias Barreto – que outrora teve o grande nome de Rua Sete Pecados Mortais – até há poucos anos se encontravam negras de fogareiro vendendo milho, tapioca, peixe frito. A negra Elvira. A Joana. Sinhá Maria. Várias outras. Também vendedores de gelada, muleques de midubi, vendedores de bolo e de caldo de cana."

Na citação anterior, fica claro como ele trabalha a linguagem: a leveza na nomeação, a síntese e a organicidade nas afirmações, garantindo revelações que surpreendem o leitor e anunciam a cidade como ampla moradia da cultura e da capacidade de invenção de cada um de seus habitantes. Por mais detalhada que seja a narrativa, é impossível dar conta das tantas astúcias e aventuras que compõem a vida humana, tendo a cidade como espaço privilegiado na construção dos tempos modernos. O texto segue seu percurso buscando apresentar a cidade aos seus visitantes, mas também aos moradores. Freyre fala dos serviços de assistência social, dos primeiros ensaios literários, da presença judaica, do dicionário de Antonio de Moraes Silva. O Recife tinha uma população expressiva para a época. Segundo o recenseamento, citado por Freyre, 313.150 pessoas moravam na cidade, onde havia 277 escolas, 630 mercearias, 390 oficinas, 33 centros espíritas, 14 sedes de seitas africanas... A cidade tem ares cosmopolitas, aberta a entrada das invenções modernas, sendo sua história atrelada à permanência de costumes de fora que se entrelaçam com seus hábitos mais antigos. O Recife é uma cidade de cores múltiplas, iluminada, território de paisagens tropicais, de pontes, de mercados, de praças e bairros com seus casarões e quintais imensos.

Gilberto Freyre explora de forma singular toda essa diversidade, não desprezando os aspectos mais cotidianos, dialogando também com o invisível que faz parte da história secular do Recife. Optamos por desenhar, com mais detalhes, a cartografia da primeira edição, porque nos coloca toda a matriz das outras três. É importante também assinalar as bases da pesquisa do autor, para escrever este *Guia*. Serviu-se ele das coleções do Instituto Arqueológico, Histórico e Geográfico Pernambucano, do *Diário de Pernambuco*, d'*A Província* e do *Jornal Pequeno*; do diário de Pero Lopes (edição anotada por Eugênio de Castro), das crônicas de Loreto Couto e Barleus, de diários de família. A escolha das fontes e sua leitura lembram muito as interpretações e os paradigmas construídos pela Escola dos Annales. Freyre renova, do ponto de vista da historiografia, contribuindo para que se fuja do elogio fácil aos grandes acontecimentos e se mergulhe na riqueza do inesperado que habita em cada esquina da cidade.

A segunda edição do *Guia* sai na Coleção Documentos Brasileiros, com ilustrações de Luís Jardim, na Livraria José Olympio Editora, em 1942. Freyre faz as atualizações necessárias, com acréscimos, que mostram uma cidade convivendo mais intensamente com a modernização. O *Guia* assume uma nova forma e aumenta seu número de páginas de maneira expressiva. Os temas de destaque continuam os mesmos, mas há uma divisão em itens e não uma narrativa contínua como na primeira edição. Os assuntos são relacionados no sumário. Não há perda de ritmo do texto, apenas uma preocupação de facilitar a leitura e anunciar a sequência do *Guia* logo no seu início. O autor cumpre sua proposta de não perder de vista o cotidiano da cidade, sua história, sem deixar de lado informações práticas para orientar os visitantes que dialogam com a subjetividade sempre presente, garantindo a singularidade do *Guia*. A terceira edição, de 1961, continua sendo pela José Oympio, mantendo as ilustrações de Luís Jardim. Há pequenas mudanças na sequência dos temas, preocupação em atualizar as informações, pois o Recife se transformou de forma significativa, vivenciando uma época de turbulências políticas e renovação cultural. Já se distanciava, claramente, da cidade dos anos 1930. A quarta edição, de 1968, mantém a estrutura anterior com as atualizações necessárias, mas traz um interessante e colorido mapa turístico de Rosa Maria e uma selecionada documentação fotográfica para dar uma visualização da cidade e dos seus personagens, suas relações com seus hábitos do passado e do presente.

Na edição que sai agora, publicada pela Global Editora, há o objetivo de enfatizar a importância da obra de Gilberto Freyre, respeitando e destacando suas ousadias, promovendo as atualizações necessárias sem quebrar a sua estrutura narrativa. Daí a opção pelos temas como pontos de reflexão e de base para a pesquisa das informações. Reunimos itens que tinham afinidades em blocos e fizemos textos de atualização, como priorizamos colocar as informações sobre o momento atual do Recife, seus serviços e sua dimensão urbana. É claro que não há intenção de esgotar o assunto. A cidade cresceu, multiplicaram-se seus espaços e tornou-se uma metrópole com muitos problemas e segredos. Mesmo assim não podemos perder de vista a dimensão subjetiva que marca o

Guia, prevalência de uma análise em que se destaca a interpretação e não a quantidade de dados. O autor não busca esgotar as informações, mas, sobretudo, criar um diálogo entre os tempos que constituem a história do Recife. Sabe que a cidade se revela e se esconde, como os sentimentos. Calvino e Freyre escrevem seus textos como se bordassem um manto, que envolve cada cidade, necessário para que um certo mistério garanta a permanência dos seus sonhos e o inesperado dos seus desejos.

ANTONIO PAULO REZENDE

é professor-adjunto do Departamento de História da Universidade Federal de Pernambuco. Obteve o grau de mestre em História na Universidade Estadual de Campinas. Doutorou-se em História na Universidade de São Paulo, mesma instituição onde realizou o pós-doutorado. Publicou diversos artigos sobre Gilberto Freyre em periódicos científicos e em obras coletivas, além de orientar pesquisas de grande relevância acadêmica em torno da história da cidade do Recife.
É especialista na história da capital pernambucana, sobre a qual vem publicando diversos artigos e livros, dentre os quais destacam-se *(Des)encantos modernos: histórias da cidade do Recife na década de 20* (Fundarpe, 1997) e *O Recife: histórias de uma cidade* (Fundação de Cultura da Cidade do Recife, 2005).

Guia Prático, Histórico e
Sentimental da Cidade do

Recife

A Magda.

O Caráter da Cidade

VIAJANTE que chega ao Recife por mar, ou trem, não é recebido por uma cidade escancarada à sua admiração, à espera dos primeiros olhos gulosos de pitoresco ou de cor. Nenhum porto de mar do Brasil se oferece menos ao turista. Quem vem do Rio ou da Bahia, cidades francas, cenográficas, fotogênicas, um ar sempre de dia de festa, as igrejas mais gordas que as recifenses, casas trepadas umas por cima das outras como grupos de gente se espremendo pra sair num retrato de revista, uma hospitalidade fácil, derramada – talvez fique a princípio desapontado com o Recife. Com o recato quase mourisco do Recife, cidade acanhada, escondendo-se por trás dos coqueiros; e angulosa, as igrejas magras, os sobrados estreitos, alguns, ainda hoje, com quartinhas às janelas, com gaiolas de passarinhos, de papagaios e até de araras, junto às varandas de ferro rendilhado; com mulatas de casas-de-rapariga em terceiro ou quarto andar, que de madrugada aparecem nuas nas varandas para provocarem os seminaristas de conventos, alvoroçando os frades moços empenhados nas primeiras rezas do dia. Cidade sem saliências nem relevos que deem na vista, toda ela num plano só, achatando-se por entre as touças de bananeiras que saem dos quintais dos sobrados burgueses; por entre as mangueiras, os sapotizeiros, as jaqueiras das casas mais afastadas.

Outra impressão, bem mais alegre, é a do viajante que chega de avião e a quem o Recife se oferece um pouco mais. Só as grandes manchas de água verde e azul dão para alegrar a vista.

A nenhum, porém, a cidade se entrega imediatamente: seu melhor encanto consiste mesmo em deixar-se conquistar aos poucos. É uma cidade que prefere namorados sentimentais a admiradores imediatos. De muito oferecido ou saliente, ela só tem o farol. Ou as torres das igrejas como a do Espírito Santo, outrora célebre pelas cores vivas que anunciavam aos recifenses navios à vista, vapores a chegar: da Europa, do Sul, das Áfricas, de outras Américas.

Sucede porém que raro é o viajante com o vagar ou a veneta para namoros tão demorados. Muitos saem do Recife com a impressão única, monótona, das ruas claras, batidas de sol, das pontes modernas, da gente quase toda morena. Um outro Recife – aquele que o inglês James Lancaster saqueou no século XVI, instalando-se em seguida nos armazéns de açúcar e obrigando os portugueses a puxarem carroças, fazendo deles os primeiros burros sem rabo do Brasil; onde no século XVII o Conde Maurício de Nassau, com seu séquito de homens louros – dos quais ainda não se veem descendentes – levantou o primeiro observatório astronômico na América, o primeiro jardim zoológico e dois palácios à beira do rio, um deles – O Vrijburg – cercado de coqueiros e das mais altas árvores dos trópicos; onde, no tempo do mesmo Nassau, floresceram pintores como Franz Post, cientistas como Piso e Marcgraf, eruditos como o pastor protestante Plante, Frei Manuel do Salvador e o Rabino Aboab da Fonseca; o Recife do primeiro centro de cultura israelita na América; da primeira assembleia política; cidade que por algum tempo reuniu a população mais heterogênea do continente – louros, morenos, pardos, negros – católicos, protestantes, judeus – portugueses, caboclos, flamengos, africanos, ingleses, alemães – fidalgos, soldados de fortuna, cristãos-novos, aventureiros, plebeus, degredados – gente das mais diversas procedências, credos, culturas, que aqui se misturou, fundindo-se num dos tipos mais sugestivos de brasileiro; o Recife das revoluções, dos crimes, das assombrações, dos cadáveres de padres ideológicos rolando pelo chão, dos fantasmas de moças nuas aparecendo a frades devassos, dos papafigos pegando meninos, dos maridos ciumentos esfaqueando mulheres, das serenatas de rapazes, pelo Capibaribe, nas noites de lua – todo esse Recife romântico, dramático, mal-assombrado, passa despercebido ao turista. E não que o turista, brasileiro ou estrangeiro, não queira saber dessas cousas: para o maior número são traços de um grande interesse, capazes de enriquecer enormemente a impressão que recolham da cidade. Mas como encontrar tais sugestões fora dos compêndios de História, das publicações eruditas, dos livros grandes, solenes, de que todo viajante que se preza foge prudentemente, com as valises tomadas pelos objetos de uso, pelos frascos de sais, pelos romances leves?

FAROL

O Recife, Cidade Cosmopolita

RECIFE é cidade cosmopolita. Está sempre a receber influências de várias partes do mundo: do Oriente, da Europa, dos Estados Unidos. Foi burgo holandês. Chegou a ser uma das cidades mais afrancesadas do Brasil. Também uma das mais anglicizadas. Foi com Tobias Barreto um centro intenso de germanismo: germanismo na jurisprudência, na filosofia, nas letras. Durante a Segunda Grande Guerra foi base americana.

Uma Sociedade Cultural Brasil-Estados Unidos, uma Associação de Cultura Franco-Brasileira, um Instituto Brasileiro-Argentino de Cultura, uma Sociedade de Cultura Inglesa, uma Casa da Itália, um Instituto de Cultura Hispânica, uma Associação Cristã Feminina, outra de *girls-scouts* – Bandeirantes – um Clube Alemão, um Clube Israelita, um Clube Sírio-Libanês concorrem para dar ao Recife aspecto cosmopolita.

Há em organização um moderno serviço de telefones, a cargo de suecos, mestres no assunto. Já rodam pelas ruas centrais os primeiros ônibus elétricos: material estrangeiro. Há também no Recife Western Telegraph e Italcable. Várias estações de rádio, com músicas e notícias do estrangeiro. Vários grupos de amadores de teatro que representam peças de autores estrangeiros, além de dramas ou comédias nacionais e regionais – destas se destacando as de Cavalcanti Borges, ao lado das de Ariano Suassuna; e dos movimentos de teatro de amadores, o animado por Valdemar de Oliveira. Televisão do *Jornal do Comércio*. Televisão dos *Associados*. Em construção, com uma torre monumental, a Televisão da Universidade, da Universidade Federal de Pernambuco. Há uma Sociedade de Cultura Musical que uma vez por outra traz ao Teatro Santa Isabel um pianista ou um violinista estrangeiro de renome.

Mais sobre o Cosmopolitismo do Recife

RECIFE sem ser uma cidade do colorido cosmopolita de São Paulo ou do Rio, mas, ao contrário, bem provinciana, tem uma população bastante salpicada de estrangeiros. Além daqueles cuja contribuição para o nosso desenvolvimento já referimos, e sem falar dos portugueses – que aqui são quase gente de casa – elementos de outras procedências vivem e trabalham no Recife ao lado dos "caboclos da terra". "Caboclos da terra" – é como gostam de denominar-se os que descendem dos velhos colonizadores dos séculos XVI e XVII, ou têm, com o sangue lusitano, espanhol, ou holandês, o dos indígenas e o dos africanos. Estes "caboclos da terra" são a grande maioria e, no tipo físico, contrastam com os outros nortistas (em geral braquicéfalos e de cara triangular) pela predominância – pelo menos aparente – da gente de cabeça alongada e rosto comprido. Mas, confraternizados com eles, aqui também se encontram italianos, espanhóis, alemães, sírios e até chineses e japoneses. Os chineses entregam-se em geral ao engomado de roupa de homens. Os japoneses dedicaram-se à horticultura: especialmente na Várzea, alguns em terra dos Brennand. Parece que outros em breve estarão no Recife como industriais. Italianos, há vários, uns com casa de imagens e objetos de arte, outros com agências de revista, muitos com cadeiras de engraxate. Alguns se têm distinguido na vida intelectual e artística da cidade. Vários aqui têm estado como padres, frades, professores, músicos. O padre italiano Donato Barrucco, que foi por algum tempo professor do então Ginásio Pernambucano, escreveu depois um livro sobre o Brasil, principalmente sobre Pernambuco, que é dos melhores do gênero: *Dodici anni di residenza nel Brasile* (1901).

Os alemães também tiveram aqui um professor de Alemão do mesmo Ginásio, que deixou fama não só de erudito, mas de regalão formidável. Dizem que no restaurante tomava assinatura para dois. Alemães são vários os frades de São Francisco e grande número dos de São Bento. Há uma Sociedade Cultural Germano-Brasileira. Há um clube.

Falta ao Recife de hoje um bom restaurante alemão. E por que não um francês? A própria Aliança Francesa poderia cuidar do assunto. Pois não só do espírito deve viver a influência da cultura da França noutros países: também do pão. Também do bom pão francês e da excelente *pâtisserie* francesa.

Seria também ótimo para o Recife que um encadernador francês, mestre dessa arte tão francesa, se instalasse à margem do Capibaribe.

Cidade Onde é Quase
Sempre Verão

RECIFE é uma cidade onde é verão quase o ano inteiro. Chove muito em junho e julho mas sem deixar de haver dias claros e bonitos. Em novembro caem as "chuvas de caju". Em janeiro, as "primeiras águas", que às vezes só vêm em fevereiro. Há duas estações: uma seca, que começa em setembro ou outubro, outra temperada, que principia em março ou abril. Não há excessos nem mudanças bruscas. São raras as trovoadas e estas mesmas, de ordinário, fracas. Não há furacões nem tempestades. Uma brisa constante refresca o Recife. Os casos de insolação são raríssimos. Violentas, aqui, só as enchentes do Capibaribe.

No Recife, as roseiras não se fazem de rogadas para se abrir em botões e em rosas de uma fragrância como só nos trópicos. E, ao lado das rosas, girassóis enormes; jasmins-de-cheiro que noite de lua tornam uma delícia o passeio pela cidade, ao longo das grades e dos muros das casas dos subúrbios. Tempo de caju, os cajueiros perfumam as estradas. Infelizmente não há mercados de flores na cidade; nem no centro do Recife parques que deem ao turista ideia, mesmo vaga, da grande riqueza e variedade de nossa vegetação e da nossa fauna. Isso foi no bom tempo de Nassau. O governador do Brasil holandês, que tanto amou o Recife, mandou fazer um parque e um jardim zoológico, que devem ter sido umas quase maravilhas. Bicho muito e dos mais bizarros. Árvores – uma variedade. Os coqueiros foram plantados já crescidos; e parecia sempre dia de festa a vida no Recife do tempo de Maurício de Nassau. Cidade cheia de gente se divertindo, passeando de bote, comendo merenda ao ar livre, vendo os bichos do jardim, gozando a sombra do arvoredo.

Depois de Nassau, restaurado o domínio português, ainda houve governadores amigos das árvores, como Henrique Freire e Dom Tomás de Melo. Plantaram-se gameleiras nos largos e à beira das estradas. Na República, porém, não se sabe por que estranho sentido de arte ou de higiene tropical, os prefeitos do Recife deram para perseguir as árvores como quem persegue inimigos. Outros para botar abaixo as velhas gameleiras para em seu lugar plantar *Ficus benjamim.* Felizmente vem se reatando, nos últimos decênios, aquela boa tradição. Isto, menos por iniciativa dos prefeitos do que pela pres-

são de campanhas jornalísticas, e, sobretudo, do Centro Regionalista do Nordeste. Um centro que não se limitou a "fazer literatura" – influiu de fato sobre
a vida da região e não apenas sobre a cultura do país.

Mas continua ainda, da parte de algumas autoridades recifenses, certo
horror às árvores. Um prefeito já chegou ao extremo de deixar que as árvores
da Praça Maciel Pinheiro engordassem, como na velha história de *Azeite, Senhora Velha* com os netinhos – para botá-las todas abaixo, e estender então
canteiros e arrelvados pela praça inteira, batida de sol.

Hoje, vai se desenvolvendo: um cada dia maior amor às árvores. E,
em todo caso, há o Jardim da Casa-Forte – obra do Mestre Roberto Burle
Marx – e o Parque de Dois Irmãos, já fora da cidade, mas aonde se pode ir
de ônibus. Menos de meia hora de ônibus. O turista não deixe de ir até o
Parque de Dois Irmãos. Já não é senão uma triste caricatura do que foi.
Mesmo assim continua a ser arremedo de parque. Passa-se lá uma manhã ou
uma tarde agradável, entre boas árvores e plantas da região. Foi o primeiro
passeio, no Recife, do notável fisiopatologista alemão Professor Konrad
Guenther, que aqui esteve contratado pelo Governador Sérgio Loreto para
estudar as pragas do algodão e da cana. O Professor Guenther deixou-se

prender pelo encanto da mata pernambucana. Era de tarde. Estava ficando escuro. Já não pôde ver as lavadeiras de Porta d'Água lavando roupas – caboclas, mulatas, negras velhas, mulheres de braço rijo, quase todas de vestido encarnado – que é para a gente do povo do Brasil uma espécie de cor ritual – as saias arregaçadas até as coxas, as velhas fumando cachimbo. Nem os mulequinhos tomando banho ou lavando cavalos. Flagrantes que só se viam durante o dia claro. No fim da tarde que o Professor Guenther foi a Dois Irmãos tinha chovido. Vinha de dentro do mato um cheiro forte de terra molhada. E o viajante sentiu-se dominado pelo encanto da noite tropical caindo sobre o Recife. Recordou-se dos seus dias voluptuosos em Ceilão: "foi como se tivesse reconquistado uma amante".

Quase o mesmo encanto experimentou o jornalista francês Louis Mouralis, que esteve no Recife em 1930. Do seu quarto no 6º andar do Hotel Central, deliciava-se toda manhã com a vista da cidade – os telhados vermelhos, as árvores dos quintais muito verdes, as torres de igreja muito brancas; e tudo dentro de uma luz pura, brilhante. Já Eduardo Prado, na última vez que desceu no Recife, em 1900, foi para escrever a um amigo da Europa que o Recife lhe parecera tão limpo, que era como se os holandeses tivessem deixado um pouco de si próprios na capital de Pernambuco.

O excesso de claridade e de sol deve ser corrigido no Recife por uma arborização inteligente. É uma cidade que precisa de muita árvore; e de jardins, não com canteirinhos, mas com arvoredo acolhedor, dando sombras largas, como as mangueiras do Entroncamento e principalmente as do Derby. Ao turista mais uma vez se recomenda que dê uma olhadela por esses jardins e também pelo Parque Amorim, onde tanto tempo viveu, já venerando, o peixe-boi.

Um tipo de arborização que poderia muito bem generalizar-se a várias ruas do Recife é a da avenida em frente ao Departamento de Saúde em Fernandes Vieira – que recorda o bom gosto de Amauri de Medeiros. Aí as copas das árvores se encontram e confundem, cobrindo a rua, de lado a lado, de uma delícia de sombra. Boas sombras se encontram também no Jardim da Casa-Forte: criação de Mestre Roberto Burle Marx.

O Recife também já foi chamado de "Veneza Americana boiando sobre as águas". Outros aqui têm se lembrado de cidades holandesas com seus canais. Alguém já comparou o Recife a Charleston. A verdade é que, vista do alto, em dia de sol, o Recife se apresenta tão salpicado de verdes árvores quanto de brilhos de águas.

Habitantes, Prédios, Veículos, e, Outra Vez, Pontes

RECIFE, com seu um milhão de habitantes – em números exatos: 1.056.100 –, é capital de um Estado, o de Pernambuco, cuja população, pela estimativa mais recente, é de 4.570.085 pessoas. Uma espécie, Pernambuco, de Argentina brasileira, com o Recife por Buenos Aires. Em 1950, do total da população pernambucana, 99,84% eram brasileiros natos, 0,02%, brasileiros naturalizados e 0,14%, estrangeiros. Quanto à religião, 95,90% dos pernambucanos eram em 1950 católicos romanos; 2,58%, protestantes; 0,57% espíritas. Também vários israelitas.

A população do Recife residia até há poucos anos – não há informações oficiais sobre a situação atual – em cerca de 93.412 prédios de um só pavimento; 6.704, de dois pavimentos; 201, de quatro pavimentos; 27, de cinco pavimentos; 22, de seis a dez pavimentos; 6, de mais de dez pavimentos. Atualmente o número de prédios se eleva a 170.000.

A tendência da edificação urbana do Recife, em bairros como o de São Pedro, Santo Antônio e mesmo São José, é, pelas próprias condições ecológicas da parte mais antiga da cidade, para a verticalidade. Tendência para a qual evidentemente concorreu a influência de europeus do Norte, senhores do Recife talássico durante anos, no século XVII. Com o maior número de pontes e os veículos modernos, porém, a área propriamente urbana do Recife, outrora confinada a ilhas ou quase-ilhas, vem se estendendo pelo continente: Boa Vista.

Corriam até há pouco pelas ruas da cidade – a regulamentação de tráfego no Recife está longe de ser exemplar! – 6.541 automóveis, 525 ônibus e caminhonetes, 27 ambulâncias, 117 motociclos, 2.043 bicicletas. E ainda: 758 caminhões comuns, 481 caminhonetes, 172 veículos fechados para mercadorias, 66 cisternas, tanques e pipas, 6 autossocorros, 10 reboques, 408 carroças. O número atual de veículos de vários tipos registrados no Recife é de 24.450.

O turista que se previna contra a maioria desses veículos: rodam alguns em tal velocidade que é como se considerassem as ruas do Recife pistas de corrida; e a pobre da gente que anda a pé, uma insignificância de gente. Ultimamente a situação melhorou. Mas ainda é de perigo para a vida de meninos e velhos, principalmente. Até as bicicletas fazem das suas. O Prefeito

Ponte Maurício de Nassau

atual cogita de melhorar a situação dos transportes urbanos, que é má, no Recife: consequência da demagogia que há anos se fez aqui contra os bondes, dos quais todo bom recifense tem hoje saudades, considerando-se uma espécie de Amélias da canção popular, entre os meios urbanos de transporte:

O bonde, sim, é que era transporte!

O Recife – repita-se – é uma cidade de pontes. Aqui estão as principais: Ponte do Motocolombó, Ponte da Madalena, Ponte do Derby, Ponte Lesserre, Ponte da Torre, Ponte 6 de Março, Ponte da Boa Vista, Ponte Duarte Coelho, Ponte Santa Isabel, Ponte Limoeiro, Ponte Buarque de Macedo, Ponte Maurício de Nassau, Ponte Giratória.

Há quem embirre com a Ponte da Boa Vista por ser uma velha ponte de estrada de ferro a fazer as vezes de ponte de cidade. Mas já está tão integrada na fisionomia do Recife – é o seu "Nariz de Cleópatra" – que seria uma lástima a sua substituição por alguma ponte nova e, como é hoje moda dizer-se, "funcional". O próprio Mestre Aníbal Fernandes – o maior dos cronistas da cidade e aquele que, durante quatro decênios, lhe dedicou mais vigilante amor – depois de ter, por algum tempo, clamado contra a Ponte da Boa Vista, converteu-se, no outono da vida, ao encanto desse "nariz de Cleópatra" recifense.

Essa ponte-nariz-de-Cleópatra tem sua história. Uma história de contrastes. Há fotos antigas, dos fins do século XIX e dos começos do século XX, onde aparecem iaiás elegantes da época, de vestidos e chapéus à francesa e luvas de Mme. Gerald, atravessando a ponte imperial. E outras fotos, da mesma época, que mostram recifenses menos elegantes muito napolitanamente defecando ao pé da mesma insigne e majestosa ponte ou de outras, das maiores.

Joaquim Nabuco e o Recife

UE grande homem mais ligado ao Recife do que Joaquim Nabuco? Tendo nascido num sobrado da capital de Pernambuco em 1849, Nabuco nunca se desprendeu do *seu* Recife, da *sua* Mauriceia, da *sua* Veneza tropical.

O Recife diz-nos sua filha Carolina que foi "sua primeira impressão de uma grande cidade". Por um dos seus papéis íntimos, escritos já na idade madura, sabe-se que depois de homem feito não esqueceu a cidade materna: o Recife por ele descoberto com olhos de menino de 8 anos, vindo para a "praça" do "mato", isto é, do Engenho Maçangana. O Recife "com suas pontes, suas torres, os mastros de seus navios, apertados uns contra os outros e ancorados dentro da cidade na água dos rios que a cruzam". Nunca se apagou de sua lembrança o convento recifense que também conheceu menino: um convento "com grandes escadarias e longos corredores revestidos de azulejos que representavam a vida de São Francisco de Assis". E já depois de muito viajado, evocaria seu velho Recife: "como Veneza, é uma cidade que sai da água e que nela se reflete, é uma cidade que sente a palpitação do oceano no mais profundo dos seus recantos", desse oceano que se vem "quebrar diante dela num lençol de espuma e se ajoelhará ainda por séculos perante a graça frágil dos coqueiros".

Noutra de suas páginas recorda quase proustianamente o rendilhado da sombra das folhas das mangueiras, ao sol brasileiro do Norte, nas areias dos quintais das casas dos subúrbios recifenses que mais deve ter frequentado: os da Madalena, os do Monteiro, os do Poço da Panela, os de Apipucos, os da Casa-Forte. Num desses subúrbios diz-se que flertou com uma bonita inglesa. Mas não sejamos indiscretos. Aliás os flertes de Quincas o Belo parecem ter sido quase todos platônicos. Quase inofensivos, portanto.

É certo que vindo fazer parte do seu curso superior na Faculdade de Direito do Recife, não se impressionou Nhô Quim com os mestres de Ciências Jurídicas e Sociais daqueles dias. Nem com os mestres nem com os *ismos* jurídico-filosóficos então em moda: seu sentido dos problemas brasileiros já era o histórico-sociológico, tão característico dos intelectuais autenticamente recifenses. Certo é que também uma multidão recifense chegou certa vez a vaiar o abolicionista cheio de ternuras inglesas para com a doce e, aos seus olhos, simbólica ou representativa figura da Princesa Imperial. Certo, ainda, que em jornais do Recife foi Joaquim Aurélio debochado, além de muito debicado pelos gaiatos como um "Nhô Quim" excessivamente dengoso no porte e nos modos. Havia no Recife quem o acusasse de pedante, de adamado, de taful. Quem não lhe perdoasse a elegância de usar pulseira. Quem o achasse afrancesado, inglesado, estrangeirado.

Não é de admirar: quase na mesma época, outro grande brasileiro de Pernambuco muito radicado ao Recife, embora nascido em engenho, foi debochado e debicado em extremo em jornais do Recife: Dom Vital, talvez o maior dos bispos que teve até hoje a diocese, depois arquidiocese, de Olinda e Recife. Também de Dom Vital se disse que era adamado. Que perfumava as barbas de capuchinho com frascos de cheiro mandados vir dos perfumistas mais elegantes de Paris. Que seus sapatos de bico fino eram sapatos de mulher e não de homem. Que chegava a ser como uma mulher barbada, de tão vaidoso e cioso de sua figura e de tão voltado para as frivolidades e glórias do mundo.

O Recife tem sido célebre pelas agressões de sua imprensa mais afoita a grandes pernambucanos, a alguns dos mais ilustres recifenses natos: agressões quase sempre da parte de brasileiros de outras províncias em sua primeira fase de recifenses às vezes apenas transitórios. Contra Nabuco, muito se extremaram sergipanos como Tobias e Sílvio Romero, em seus dias ainda crus de arrivistas intelectuais e sociais: fase que não conheceram os Gilberto Amado e os Aníbal Freire; nem os Odilon Nestor nem os Assis Chateaubriand; nem os José Lins do Rego nem os Ledo Ivo; nem os Aurélio Buarque nem os Valdemar Cavalcanti. Contra Dom Vital excedeu-se uma revista em que colaboravam principalmente cearenses como Franklin Távora e paraenses como H. Inglês de Sousa. Contra Oliveira Lima – recifense igual a Nabuco na grandeza da inteligência – concentrou-se todo o talento camiliano de um rio-grandense-do-norte, por algum tempo redator de poderoso jornal do Recife.

Os grandes recifenses como Nabuco sempre têm sabido perdoar ao Recife esses pecados de mocidade de jornalistas vindos ainda verdes de províncias menores que a de Pernambuco, a fim de se afirmarem nos jornais e nas cátedras da generosa capital de Pernambuco. Do que não se esquecem nunca tais recifenses é do que a cidade tem como que de eterno e certamente de próprio: os rios, as pontes, as igrejas, o Santa Isabel, os conventos, os altos sobrados, os também altos coqueiros, as palmeiras, os sapotizeiros, as mangueiras. As mangueiras que recortam sobre o chão dos quintais das casas aquelas rendas de sombras docemente, nostalgicamente, sutilmente proustianas de que só os nativos do Recife de Nabuco a Manuel Bandeira parecem saber decifrar os mistérios.

Nabuco nunca se esqueceu de ter sido vencida no Santa Isabel a batalha da Abolição. E chegou a escrever do Recife que era "a mais grata recordação" que levaria "da vida e do mundo" – uma recordação que ele esperava perdurasse para os seus filhos, netos, descendentes. Que o diga o nome que deu ao primeiro filho – Maurício – "em lembrança da nossa Mauriceia".

Ao sentir-se doente, lembrou-se em Washington da materna Recife: "Se Pernambuco pedir os meus ossos, tu não os pode negar", disse, então, mais uma vez, à esposa fluminense. O que se realizou. Falecendo em Washington, seu corpo veio em navio de guerra dos Estados Unidos para o Brasil a fim de ser sepultado na velha Recife. Como observou Graça Aranha, discípulo de Nabuco mais do que de Tobias (ainda que às vezes lamentavelmente retórico), Joaquim Nabuco teve no Recife o túmulo apropriado: "no chão arenoso que prolongava a praia de onde as barcaças carregavam os escravos para a liberdade" e perto não só da "funerária casuarina" como do "verdejante sapotizeiro" e do "coqueiro espiritual". Nascido no Recife, "o menino de Maçangana fizera a radiante volta das coisas e tornara singelamente à terra formadora da sua alma". À terra onde criança vira o primeiro navio grande pronto a partir para outras terras. Onde escrevera seu primeiro livro. Onde se estreara na política eleitoral.

Há no Recife uma estátua de Joaquim Nabuco. Outra do Barão do Rio Branco. Ainda outra – já se disse – de Martins Júnior completo: não lhe falta sequer – repita-se – o *pince-nez* de bacharel ou de doutor em Direito. Juntam-se essas estátuas de homens de letras e, ao mesmo tempo, de ação, às de puros homens de ação. Dentre os bustos de homens de letras não deve ser esquecido o do poeta Faria Neves, ao qual por iniciativa de um paraibano que é um amoroso do Recife – Odilon Ribeiro Coutinho – acaba de juntar-se o busto de Manuel Bandeira, também poeta – filho do Recife, nascido em casa da mesma Rua da União. É trabalho do escultor Celso Antônio; e quem diz trabalho do escultor Celso Antônio diz trabalho bom e honesto.

O Recife de Hoje em Anúncios de Jornal

O AUTOR deste *Guia* há anos que tem um fraco pelos anúncios de jornal: parecem-lhe material de primeira ordem para o estudo ou a interpretação de uma época, de uma região ou de uma cidade. Com relação ao Recife, usou-os de modo pioneiro em *Um engenheiro francês no Brasil*. Seguiu-o nessa utilização de anúncios em trabalho histórico o historiador Otávio Tarquínio de Sousa.

Aqui estão alguns anúncios recortados de jornais recifenses de ano recente que nos deixam entrever alguma coisa da vida cotidiana da capital não só de Pernambuco como do Nordeste – cidade onde se vendem bordados do Ceará, onde existe um comércio de castanhas-de-caju, onde quiromantes vindas ninguém sabe de onde oferecem "ao povo do Recife seus altos conhecimentos". Deixam-nos também os anúncios como que sentir a temperatura social do Recife como cidade, numas coisas muito provinciana, noutras já com seu tom de metrópole. Eis alguns anúncios recortados de jornais recentes:

"AOS Pobres – Consultas aos melhores médicos e médicas especialistas na cidade, a Cr$ 50,00. Radiografias. Exames de sangue. Fezes. Urina e outros, a preços populares. Extração de dente, sem dor, Cr$ 25,00. Obturações, Cr$ 25,00. *Serviço Bandeirante.*

ALGUÉM lhe deve? Duplicatas, Promissórias, Vales, etc. Serviço especializado de cobranças, em qualquer ponto do Brasil, a cargo de um advogado.

ABELHAS – Vendem-se colméias e núcleos de italianas e uruçus.

BÔLOS de Noiva – Primeira Comunhão – Aniversário e novidades para 15 anos. Flores e enfeites de goma. Preços especiais. Salgadinhos e doces. *Mme. E.*

BORDADOS Finos – De parabéns as noivas! Os bordados do Ceará são os mais admirados em tôda parte. Contrate os seus trabalhos diretamente com a bordadeira e sinta o prazer de serem os mesmos confeccionados no Recife por artista cearense. Visite sem compromisso.

BARCO Esportivo – Vende-se um construído em cedro, meia quilha, com guarnições de bronze e para motor de pôpa, até 20 H. P., preço único, Cr$ 6.000,00.

PRECISO alugar um quarto com janela, em casa de família de bons costumes, mesmo modesta. Exijo: beira-mar ou perto, que não tenha rapazes, entre Farol e Rio Tapado. Cartas para Praia.

EMPREGADAS – Precisa-se de uma cozinheira de forno e fogão e uma empregada para criança que tenha boa aparência. Exigem-se referências.

BARCAÇA – Vendemos uma com capacidade para 14 metros de areia. Ver na Ilha do Leite.

BALLET – Correções anatômicas para o Ballet. Ballet básico. Curso de Ballet.

CABELOS Brancos! *Ação Vegetal*, a fórmula mais perfeita até hoje! Está à venda na *Perfumaria Brasil* – Direita, 181 e na *Drogaria Conceição*, à Avenida Marquês de Olinda, 302 – Recife. Quer V. S.ª ter cabelos prêtos natural sem caspas, evitando a queda dos cabelos? A solução é usar a referida Loção que todos esperavam.

CASTANHAS de Caju – Compra-se qualquer quantidade.

LEIA com atenção: Encontra-se nesta cidade a célebre quiromante e ocultista *Madame X*, oferecendo ao povo do Recife seus altos conhecimentos sôbre o destino da humanidade. Antes de fazer qualquer negócio faça uma visita à célebre quiromante *Madame X*, que ela vem precedida de uma fama real, jamais obtida de uma crítica rigorosa e honesta. Ela tem a chave da vida que é o conhecimento das fôrças. Preços das consultas, simples Cr$ 20,00, média Cr$ 30,00, especial Cr$ 50,00. Todos os dias das 7 às 20 horas.

CABELEIREIRO – P. – Especialista em permanente a frio e tinturas que não avermelham.

FÔLHAS de Flandres – Coke 20 x 28'', 107 libras. Recebidas diretamente dos Estados Unidos.

DINHEIRO – Cautelas de penhôres, brilhantes, moedas, jóias finas de valor, compram-se e faz-se qualquer negócio. Sigilo absoluto.

A *Granja Galo de Ouro* está capacitada para resolver o problema do almôço e do jantar, fornecendo franguinhos de 3 meses, vacinados contra New Castle, vivos ou abatidos na hora. Especiais para churrasquinho e forno, fornecendo sangue para cabidela. Aceita também encomenda de ovos claros, para entrega semanal.

OBESIDADE, magreza, defeitos do corpo, rugas, pêlos, verrugas, massagem médica fácil. Ginástica.

PRECISA-SE de uma môça de boa aparência, tendo conhecimentos de escritório, sabendo escrever a máquina e com conhecimentos de contabilidade. Horário integral. Cartas com fotografia e endereço para a Caixa do jornal sob título Aviação.

SERVENTE – Necessita-se de um servente que tenha prática de empurrar carroça de mão.

STENO-Translator – Just arrived from The South and open for prompt engagement. Many years experience in various lines, including imports, exports, sales and office organization.

MÔÇAS e Rapazes – Precisamos para serviço de venda externamente.

VITRINISTA – Precisa-se de um que tenha experiência em artigos de camisaria e perfumarias e que seja também bom balcão. Paga-se bem, fineza só se apresentar quem esteja em condições.

SENHORA educada deseja encontrar casa de senhor ou senhora de fino trato, para dirigir e fazer mais serviços. Cartas neste jornal a 'Senhora'.

URGENTE – Cozinheira-arrumadeira – Precisam-se de duas, até 20 anos, que sejam sadias, ativas e sem compromissos.

URGENTE – Precisa-se arrumadeira ativa e sadia e sem compromissos.

CONSULTÓRIO Médico – Traspassa-se o contrato de uma sala (aluguel módico) e vendem-se os móveis da mesma: bureau, mesa clínica, estante para livros, tudo em sucupira, balança de bebê, idem adulto, etc. Preço de ocasião. Negócio urgente."

O RECIFE: PERMANÊNCIAS E MUDANÇAS

Gilberto Freyre procura nomear a cidade no que ela tem de mais singular. Ressalta as permanências, desenhando uma identidade que não se revela facilmente. Seu texto introdutório sobre o caráter da cidade se conserva nas edições do Guia e tem uma leveza contagiante. A cidade parece ganhar uma vida, um ânimo, um estar-no-mundo com autonomia que independe dos seus habitantes. Nem todos, afirma Freyre, conseguem captar as sutilezas da cidade. O Recife não se mostra com facilidade e o visitante não percebe, muitas vezes, como desvendar seus esconderijos e fascínios. Os olhares mudam dependendo de cada lugar ou mesmo de qual porta de entrada o turista visualiza a geografia da cidade. As portas, com o tempo, se multiplicaram, o Recife expandiu seus cenários, é impossível quantificar os muitos olhares que tentam contemplá-la.

O Recife é uma cidade que sempre conviveu com o cosmopolitismo. Sua abertura para o mar alargava horizontes, seu movimentado porto recebia muitos estrangeiros. Mesmo nos tempos iniciais da colonização portuguesa a cidade recebia muitos visitantes, alguns interessados em aqui permanecer ou em apenas realizar negócios lucrativos e voltar para suas terras. O Recife cresceu como polo importante de atividades comerciais da região e continua até hoje favorecendo a constante presença de pessoas de fora e atraindo convivências culturais marcadas pela diversidade. Constróem-se sintonias com o mundo, a cidade não fica adormecida na sua própria história.

O Porto perdeu quase toda sua referência como lugar central do comércio, de exportação e importação de mercadorias. Com as mudanças ocorridas na economia e a instabilidade constante da produção açucareira, o Porto de Suape ganha espaço e importância para agilizar os negócios. O Recife tem uma vida econômica dinâmica, apesar dos desníveis sociais, com um setor de serviços atuante e expressivo. A especialização das atividades toma conta das profissões, tornando as relações mais impessoais, fugindo das intimidades que antes existiam, sobretudo, na década em que Freyre escreveu seu primeiro Guia. Tudo isso contribui para que a cidade se reorganize e para que as pessoas vivam outras cumplicidades e, muitas vezes, se envolvam com um cotidiano individualista e solitário.

A cidade se modernizou, se alargou, ocupou espaços, redefinindo sua cartografia e aumentando seus segredos. Não há mais a prevalência dos grandes sobrados. A verticalização expande-se velozmente. O próprio habitante da cidade tem dificuldade de conhecê-la ou de reconhecê-la quando um tempo longe das suas paisagens. O concreto refez identidades que pareciam imutáveis. As invenções tecnoló-gicas invadem as ruas e as moradias para transformar os hábitos. Quem poderia es-perar tantas transformações? Em que memória caberia tantas lembranças? Portanto, o diálogo entre o passado e o presente se torna cada vez mais complexo. É a ansie-dade do futuro que dá o ritmo a essa dissonante sinfonia urbana.

Há uma diversidade soberana, uma mistura confusa, uma luta cotidiana para adaptar-se a situações novas. O antigo centro não é mais aquele lugar emblemático, síntese das tantas aventuras históricas vividas no decorrer dos séculos. Muitos que moram no Recife não têm a curiosidade de conhecê-lo ou não têm consciência da sua significação para memória da cidade. Ficam presos aos seus bairros, pouco interessa-dos nas outras travessias da cidade, cultuando os caminhos mais próximos, evitando os dissabores do trânsito. Uma cidade de muitas cidades com contrapontos imensos, cheios de surpresas e de medos. Mas continuam a chegar visitantes de muitos luga-res, inclusive estrangeiros em busca de descanso nas praias sedutoras, com expecta-tivas ditadas pelas propagandas turísticas.

Entre a época que Gilberto Freyre escreveu o primeiro Guia e o Recife atual uma longa e profunda transformação ocorreu. A cidade termina cedendo às turbulên-cias da modernização. Os namoros sentimentais foram substituídos por relações mais pragmáticas. O romantismo foi invadido pela pressa em fazer circular as mercadorias, fragmentando-se o tempo para os olhares mais demorados. O tempo tornou-se um valor de troca poderoso, uma mercadoria preciosa. Os ritmos do coração são escuta-dos com muita dificuldade. O que vale são as razões dos negócios, o império das tran-sações financeiras, as ilusões midiáticas, o burburinho dos shopping centers, o ruído sem fim dos celulares. Numa cidade de muitos espelhos fica difícil escolher qual é mesmo a imagem que mais a identifica. Isso não significa, porém, que ela perdeu seus encantos. Eles se fragmentaram, numa sociedade apressada, onde poucos cultivam as lembranças, onde a maioria se inebria com as novidades do consumo.

Imóveis

– Vendo apto. com 4/qts s/ 2 suítes, 3 sl, var, copa/cozinha/dês/poço, c.gás, academia, gerador, 2 gar. Ed. Ilha Sardenha

– Em Gravatá, Casa Pivê Montecristo, c/sts. mobiliadas, acabamento de luxo de R$ 180 mil p/ R$ 120 mil

Outros

– Pálio Weekend 97, c/ra, d. hid, vê, te, nova e revisada

– Consulta: c/baralho cigano, fone 33274394-Inez

– Alugue som e luz-Malhas, tensio, videokê, mesas, cadeiras, minitrio

– A Boa Casa da Massagem-relax 10 reais, isto mesmo 10 anos de experiência 10 técnicos de relax 10 massagistas profissionais 10 vezes + qualidade

– www.muitosexy.com.br

– Teclado Yamaha-4 oitavas, R$ 250

– A Bolsatel compra, vende, troca, pago em dinheiro é só ligar (celular)

Os Sinos da Cidade

DOMINGO era outrora um dia do Recife estar cheio de sinos tocando. Missa das 8. Das 9. Das 11. Das 12 horas. Missa à tarde, missa à noite. Era pela manhã, aos domingos, que os velhos sinos da cidade se desforravam do quase silêncio que eram obrigados a manter dia de semana. Porque em dias mais remotos, no tempo dos nossos avós, os sinos não se calavam: tudo se fazia por sinais de sino. Sinais que toda gente, mesmo a não entendida em solfa e liturgia, distinguia logo. Repiques em dó, em mi, em sol. Repiques anunciando inimigo à vista. Corsário! Pirata! Herege! Ou simplesmente navio do Reino. Anunciando nascimento, morte, gente doente precisando de ave-maria. Anunciando casamento, enterro, bispo que passava diante da igreja. Aniversários e casamentos reais. Eleição de pontífice. Festas máximas, extraordinárias, ordinárias. Ações de Graça. Anunciando as horas. A elevação da missa. Repiques contra as trovoadas. Repiques dando sinal de incêndio. Incêndio em São José. Na Boa Vista. Em Santo Antônio. Cinco badaladas, fogo no Recife. Seis, em Santo Antônio. Sete, em São José. Oito, Boa Vista. Um dia o recifense apurou o ouvido e notou São Francisco tocando incêndio. Era o Teatro Santa Isabel pegando fogo.

Ver incêndio era quase um divertimento no tempo dos nossos avós. Ai da casa que pegasse fogo! Porque bombeiro não havia: eram soldados que vinham; e, obrigando paisanos a carregar água, procuravam acabar com o fogo a jorros de balde e de caçamba.

Quase todos os sineiros do Recife de outrora – nos grandes tempos dos sinos – eram negros. Muleques reforçados dobravam os sinos grandes: *Bão-bão-bão!* Mulecotes, sinos menores. O africano foi o sineiro como também o músico das festas de igreja no Recife antigo.

A 5 de abril de 1878 aconteceu na cidade um fato triste, que Félix Cavalcanti de Albuquerque registra no seu *Diário* (1843-1901), por muito tempo conservado em ms. por pessoa da família, e há pouco publicado no livro *O Velho Félix*: "Em 5 de abril de 1878, à hora de recolher-se a procissão do Senhor dos Passos, um menino de côr preta que na sineira do Carmo dobrava o sino, precipitou-se da mesma sineira caindo sôbre duas mulheres que morreram logo. O choque abalou-o, mas dias depois passeava pela cidade sem dar indícios de sofrimento. Quem conhece a tôrre do Carmo e examinar o local em que está situada a calçada em roda, calcular a altura, não sendo contemporâneo do fato, por certo não poderá acreditar. Pois é uma verdade testemunhada por um povo imenso".

Ainda não houve "progressista" que se lembrasse de arrancar os velhos sinos do Recife às torres das igrejas e recolhê-los ao Museu do Estado. Ainda há sinos não só que tocam, no Recife, mas que se conservam intocáveis. Intocáveis e como que prontos a clamarem contra aqueles modernizadores da Igreja e da Cidade que se excedam nos seus furores "progressistas".

Tradições Várias do Recife, seus Nomes de Ruas, suas Árvores, seus Quitutes de Tabuleiro

RECIFE começou a expandir-se em cidade com nomes de ruas e becos – Alecrim, Sol, Aurora, Saudade, Padre Inglês, Sarapatel, Peixe Frito, Cirigado, Encantamento, Livramento, Rosário – que mereciam ser eternos. Alguns entretanto têm sido substituídos por nomes de homens mais ou menos ilustres ou de datas mais ou menos gloriosas. Homenagens justas mas que deveriam realizar-se sem o sacrifício daqueles nomes impregnados de experiência recifense. Foi assim que a Rua dos Sete Pecados Mortais deixou de assim chamar-se para adquirir o rótulo oficial e, no caso, inexpressivo, de Rua Tobias Barreto. Do Campo de Encanta-Moça quiseram recifenses desdenhosos de histórias de encantamentos e sensíveis apenas às de guerras, revoluções e invenções, que perdesse esse nome profundamente poético para denominar-se Santos Dumont. Felizmente já havia então quem zelasse não só pelas árvores antigas como pelos velhos nomes de ruas da cidade; e Encanta-Moça permaneceu Encanta-Moça.

Ao movimento a favor da conservação desses nomes antigos de ruas, becos, campos, praças, lugares, não tardou em dar seu apoio de recifense há anos residente no Rio, o poeta Manuel Bandeira. O que fez no seu poema, hoje célebre, *Evocação do Recife,* escrito precisamente a pedido de outro recifense que vinha concorrendo desde estudante em universidades estrangeiras para o não de todo inútil movimento de restauração ou conservação de nomes antigos de ruas do Recife, assim como para a conservação de árvores já tradicionais na cidade como palmeiras e gameleiras; e para a arborização das ruas e praças mais novas com árvores da região ou do trópico: mangueiras, por exemplo. As mangueiras que em 1924 seriam plantadas pioneiramente no Largo do Entroncamento. Aliás, nesse ano fundou-se no Recife o Centro Regionalista do Nordeste, sob a presidência de um mestre de Direito Internacional e poeta enamorado ao mesmo tempo de Paris e do Recife, de Constantinopla e de Olinda: Odilon Nestor.

Desde então muito se tem feito no Recife a favor da doçaria tradicional da cidade, representada pelas pretas de tabuleiro e por sua arte não de todo perdida de quiteiras urbanas; a favor dos móveis de jacarandá de fabricação recifense (os de Béranger, de Spieler e de outros artistas); em prol de áreas de recreio para as crianças pobres do Recife em que se conservassem jogos e brinquedos tradicionais e regionais como as gangorras ou jangalamastes ou caxipins; a favor da regionalização do Parque de Dois Irmãos que passaria a ser para a população do Recife um parque com árvores, plantas e animais da região ou aqui aclimadas. Trabalho, em grande parte, dos regionalistas-modernistas desde 1923 ou 24 em ação no Recife.

Fundado no Recife aquele Centro Regionalista do Nordeste, muito fez o Centro, durante anos decisivos, a favor da harmonização do progresso técnico da capital de Pernambuco com a sua fisionomia tradicional e com o seu caráter regional. Dentre outras iniciativas do Centro ficou célebre a sua Semana da Árvore (1924), que marcou o início da moderna atitude de respeito pela árvore entre a gente mais esclarecida da cidade. Foi uma espécie de semana de Santas Missões, em que os pregadores regionalistas clamaram pela salvação das árvores da cidade ou pela sua reabilitação, com um fervor de missionários empenhados na salvação de almas ou na reabilitação de homens. Ainda hoje há quem se lembre dessa semana como que missionária como de um acontecimento que despertou muito recifense descuidado para a importância das árvores na vida da velha cidade. Das árvores, das plantas, dos parques, das áreas de recreio – recreio sombreado por árvores – para as crianças recifenses. Quase na mesma época um inquérito de estudantes de Sociologia da Escola Normal do Estado, orientado pelo primeiro professor moderno da matéria a realizar, não só no Recife como também no Brasil, pesquisas de campo com seus alunos, veio mostrar ser alarmante, neste particular, a situação das crianças da cidade: estavam desaparecendo os sítios sem que o Município cuidasse de reservar áreas públicas arborizadas para o recreio de suas crianças e repouso de seus adultos. Alarmado com essa revelação, um prefeito de espírito público – o velho Costa Maia que, na mocidade, fôra juiz no Brasil ainda monárquico – criou na capital de Pernambuco os primeiros *playgrounds* no Brasil. Foi isto em 1929.

Restaurantes, Mercados, Casas de Frutas

PEIXE, sempre houve muito bom no Recife, pescado nos rios ou trazido do mar pelos jangadeiros: agora é que está raro. Peixe, caranguejo, lagosta, pitu, camarão. É famosa a cavala-perna-de--moça. O Restaurante Leite, que é uma tradição recifense, foi no que se celebrizou nos seus grandes dias: em peixe pernambucano. Continua a ser sua especialidade, agora que é para o Recife o que os velhos restaurantes franceses são para New Orleans. Também se especializa em sobremesas – doces das boas frutas da terra. O turista prove no Recife doce de goiaba ou de caju em calda – aqui como em todo o Brasil comido com queijo. É a maneira ortodoxa de se comer qualquer doce em Pernambuco.

Querendo um restaurantezinho, com seu bocado de cor local, sua gaiola de papagaio ou passarinho, procure o visitante o Pátio do Mercado: talvez encontre aí ou em alguma rua ou algum pátio mais recifense de São José alguma tasca com reminiscências do velho Dudu. Este foi o último restaurante autenticamente recifense.

Outros restaurantes do moderno Recife: o Casimiro e o Galo de Ouro, à Gamboa do Carmo. Ótimas peixadas. Bom peru à brasileira. Vinhos portugueses autênticos. No Pátio de São Pedro há restaurante – o Gregório – que se especializa em carne de sol com farofa e queijo do sertão; e, à Estrada dos Remédios, está o Alvinho, especializado em guaiamum, que o proprietário engorda em caritós, à vista dos fregueses. Bons restaurantes com especialidades típicas da região estes dois.

Os mercados principais são o de São José, o de Santo Amaro, o de Encruzilhada, o da Madalena, o de Casa Amarela, o de Afogados. Mercadinhos, há alguns. Existe um na Imbiribeira, outro no Engenho de Meio. Nessas "vilas" há também cursos de Arte Culinária; e numa delas reside Dona Pia, negra provecta nesta arte e perita em sarapatéis. Há também, agora, no Recife, supermercados de feitio moderno.

O Recife é uma cidade em cujos mercados raramente falta uma fruta tropical. Tempo de verão, às vezes, é uma fartura. O Recife cheira a fruta madura: manga, mangaba, caju, goiaba madura, de sapoti, de jaca mole. De outubro a fevereiro aparece o abacaxi destacando-se o pico-de-rosa. De novembro

HOMEM DOS CARANGUEJOS

a março, a manga – salientando-se a de Itamaracá, a rosa, a jasmim. De outubro a dezembro, o tamarindo, tão bom para refrescos e sorvetes. De março a agosto, laranja – devendo-se preferir a que vem de Vitória. De janeiro a março, jaca. De novembro a fevereiro, sapoti. De novembro a janeiro, caju. De fevereiro a junho, é a primeira safra de goiaba; de setembro a dezembro, a segunda. E nunca falta coco (de que também se faz sorvete ou creme), nem banana, de que se prepara um doce muito gostoso, além da banana frita ou assada, com açúcar, canela e queijo. Chama-se isto de *cartola*. O creme de abacate é uma delícia. Há casas especialistas em sorvetes, destacando-se a sorveteria de um japonês pernambucanizado: tornou-se célebre pelos seus gelados pernambucaníssimos. São até doces demais. Famosa durante algum tempo foi a sorveteria do Barbosa, no fim da Rua do Rangel – rua muito boa do turista passar por ela devagarinho, gozando o que os ingleses chamam a *atmosfera* ou a cor local.

Havia na Rua do Rangel uma casa de bichos e de passarinhos que era um regalo. Essa casa fechou. Existe agora outra à Rua do Bom Jesus; e ainda outra, se encontra à Rua da Praia. Passarinho, papagaio, arara.

Os principais passarinhos do arvoredo do Recife são: lavadeira, canário, galo-de-campina, sabiá-gongá, bem-te-vi, cagasebite, azulão, rouxinol, beija-flor, colete, patativa, anum, papa-capim. O arvoredo dos arredores da cidade ainda está cheio deles; e nas tardes de verão, de cigarras, que alguns recifenses chamam hoje "olegárias". Homenagem ao poeta americano Olegário Mariano.

Há quem se queixe de que com a derrubada das árvores antigas e a fragmentação dos velhos sítios (de modo algum substituídos por parques) o Recife esteja cada dia mais pobre de pássaros e de frutas: até mesmo de mangas – as famosas, mangas-rosas, jasmim, espada e carlota do Recife. E na verdade são hoje raras nos mercados algumas das velhas frutas recifenses: o cajá e o próprio caju (acerca do qual o Professor Mauro Mota, em sugestivo trabalho, recorda que velho médico recifense, falecido com mais de 90 anos, o Dr. Cosme Sá Pereira, destacava de tal modo as virtudes do caju que era como se já previsse o moderno critério de se exaltarem as frutas pelas vitaminas), o abacate, a pitomba, a carambola, o oiti, o tamarindo, a pinha, o araticum, plebeiamente chamado cagão, o jambo, o maracujá, o ingá, o juá, a jaca, o abacaxi. A propósito de caju: o recifense ilustre, Alfredo Brandão, ainda colhe dos seus cajueiros recifenses em Paissandu cajus verdadeiramente gigantes. Seria o caso da Universidade Rural, que tem sua sede no Recife, ou do Horto de Dois Irmãos, promover a generalização desse tipo de cajueiro nos parques e quintais da cidade. Desse caju e das mangas que melhor vêm resistindo à praga das mangueiras que, nos últimos anos, devastaram tantas das mais tradicionais "matas de mangueiras" da cidade, como a do sítio outrora do anglo-pernambucano Boxwell, na Jaqueira.

No Mercado de São José encontram-se à venda, além de frutas, de ervas, de miudezas, de fumo em rolo, de queijo do sertão, de redes de Timbaúba, de quartinhas e potes de barro, os famosos folhetos de "histórias" regionais: aventuras de cangaceiros, proezas de "amarelinhos", façanhas dos chamados "camões". Às vezes aparece um cantador com sua viola; ou um cego-cantador; ou algum novo Ascenso Ferreira a recitar para os recifenses versos populares da gente do interior. Ascenso em pessoa poderá ser surpreendido – gordo, imenso, chapelão de matuto – em algum bar mais pitoresco da cidade, tomando, já tarde da noite, sua cerveja gelada. Não deixe o turista de procurar ver o Maestro Nelson Ferreira regendo no Português uma das suas orquestras recifenses. É *show* dos bons.

Interessante será também uma visita, tempo de carnaval, a alguma sede de maracatu em subúrbio do Recife. E feliz do turista que conseguir fazer amizade com um dos filhos do babalorixá, há anos morto, Pai Adão; e obter dele que organize um xangô com um pouco de ortodoxia e da arte – arte de dança acompanhada de sons africanos – que tornaram célebres as funções daquele velho cujo único rival foi, no Brasil, Pai Martiniano, da Bahia. Ambos sabiam falar nagô; e haviam estudado na África sua religião e sua arte. Mas, ao contrário dos joãozinhos da Gomeia, escondiam-se dos curiosos. Não se exibiam como bailarinos. Mas se Serge Lifar os visse dançar talvez dissesse: Bravo, colegas!

Vendedores de Rua e Feiras

PELAS esquinas das velhas ruas de São José – do Passo da Pátria, da Direita, da Tobias Barreto – que outrora teve o grande nome de Rua dos Sete Pecados Mortais – até há poucos anos se encontravam negras de fogareiro vendendo milho, tapioca, peixe frito. A negra Elvira. A Joana. Sinhá Maria. Várias outras. Também vendedoras de gelada, muleques de midubi, vendedores de bolo e de caldo de cana.

FRUTAS DE MESA

Além dos mercados, o Recife tem nos seus arredores feiras pitorescas. Muitos dos vendedores são matutos, que trazem à cidade seu milho, suas frutas, suas cuias, farinheiras e colheres de pau, seus chapéus de palha, seus tamancos; negras gordas, de vestido engomado com suas bonecas de pano ou suas rendas; *baianas* de fogareiro que assam milho, fritam peixe no azeite, fazem tapioca, mungunzá, café; homens com gaiolas de passarinho. Produtos, de uma simplicidade primitiva, indígenas e africanos: panacuns, balaios feitos de palma de palmeira e de timbó, arapucas de pegar passarinho, redes e cordas de tucum, esteiras de pipiri, panelas, potes, cumbucas, coités, cabaços, bilhas, quartinhas, urupemas, abanos. Quase sempre há nas feiras dois cegos, tocadores de violão, se desafiando.

As frutas e hortaliças dos mercados e feiras do Recife vêm, quase todas, de Vitória, Caruaru, Goiana, Limoeiro, Pau-d'Alho, Floresta dos Leões, Pesqueira, Belo Jardim, Garanhuns, Gravatá, Bezerros. De Garanhuns vêm também bonitas flores. Encontram-se hoje, também, nos mercados e nas feiras recifenses, saborosos melões de plantações japonesas. O japonês é uma presença cada vez mais saudável no Nordeste. Já se veem mestiços de japoneses com brasileiros antigos: boas misturas.

NEGRA DA TAPIOCA

Nas feiras e mercados procure o turista surpreender tipos regionais de homem, de mulher, de menino. Os mais caboclos quase sempre permanecem de cócoras. As mulheres gostam de fumar seus cachimbinhos de barro ou de pau. Aparecem cigarros de palha.

Diz-se que por vezes entre vendedores de cigarros de palha estão muito velhacamente vendedores de cigarros de maconha: maconha de Alagoas. Não são raros, nas feiras, sertanejos que vêm ao Recife vender sua farinha e às vezes seus umbus. Repare o turista em alguns deles, de sandálias ou alpercatas. Mesmo quando já velhos, há entre eles uns magricelas vigorosos que lembram o tipo de sertanejo exaltado por Euclides da Cunha.

VENDEDOR DE FRUTAS

Num mercado ou numa feira dessas o turista poderá ouvir, se afiar o ouvido, muito pernambucanismo brabo: "O cabra é colhudo mesmo!" "Te meto a peixeira no fiofó!" "Uma chimarra!" "O amarelinho tem sulipa de macho!" "Ele que soque o dinheiro no fundo!" "Basta de tanta bufa!" "Não catuca que eu sou muito cosquenta!" "Que frango mais cheio de tarrabufado!" "É danado pra xumbergar!"

O Recife foi até há poucos anos cidade de muitos vendedores ambulantes – de peixe, de macaxeira, de fruta, de galinha. De manhãzinha cedo eles já estavam gritando: "Banana-prata e maçã madurinha! Macaxeira! Miúdo! Figo! Curimã! Cioba! Tainha! Cavala-perna-de-moça! Dourado! Carapeba!"

Esses são os peixes aristocráticos. Há peixes de 2ª, de 3ª, de 4ª e de 5ª, toda uma hierarquia, até os plebeus: bagre, caraúna, budião, arraia, passando por chicharro, carapitanga, xaréu, serigado, aribebéu, boca-mole, palombeta. E hoje está muito em voga o peixe trazido aos mercados do Recife por barcos japoneses: principalmente albacora.

Nunca se compra nada pelo primeiro preço que o vendedor pede. Ajusta-se. É uma arte em que as donas de casa do Recife são peritas.

O freguês de galinha vinha outrora às casas dos recifenses, a cavalo, com dois caçuás ou garajaus cheios: hoje essa figura começa a se tornar rara nas ruas da cidade. Raros são também os vendedores de peixe ou de camarão, que outrora iam de uma casa a outra. Ou os de ostras do tipo negro velho que atravessava o Recife, até os dias da Primeira Grande Guerra, com um balaio enorme à cabeça e gritando: "Ostras! É chegada agora! É chegada agora! É chegada agora!" O vendedor de vassouras e espanadores fazia outrora verdadeiros discursos, tremendo a voz, e cantando que nem um napolitano: "Olha o vassoureiro! O vassoureiro vai passando! O vassoureiro vai embora!"

Segunda-feira, à voz dos vendedores se misturava outrora a dos velhinhos, cegos e aleijados, pedindo esmola. "Uma esmolinha pelo amor de Deus!" Havia cegos que tocavam harmônico. Outros, violão. Alguns cantavam modinhas. Havia até há pouco um portuga que cantava fados. E um aleijado que corria as ruas num carrinho puxado por dois carneiros.

Quando não se dava esmola, se gritava de dentro de casa: "Perdoe, devoto!" Costume hoje raro.

Hoje no Recife ainda se dá esmola a "devotos". Muitos são os mendigos que vêm do interior atraídos pela "cidade grande". O Recife foi durante anos obrigado, com seus próprios recursos e sem ajuda federal, a dar assistência a desajustados do Nordeste inteiro em asilos, hospitais, escolas, postos de puericultura. Alguns desses desajustados foram por algum tempo atendidos pelo Serviço impropriamente chamado "contra o Mucambo": "mucambo" que, no caso, não passa do "sofá" da célebre anedota. Só agora com a Sudene – agência federal – o Recife se acha um tanto aliviado desses encargos federais, desempenhados heroicamente com seus próprios recursos.

Tipos Populares

INDA há tipos populares no Recife? Parece que nem isso. Também deles é inimigo o progresso – ou certa espécie de progresso que parece dar vergonha às cidades que crescem desordenadamente de serem diferentes das já crescidas e grandiosas. Entretanto, quem garatuja este arremedo guia (guia que sendo sentimental é também o seu tanto histórico e às vezes dá-se o luxo de ser prático) conheceu ainda, nos dias do Recife da República Velha, tipos populares muito pitorescamente recifenses. Conheceu, quando ainda menino de colégio, o sertanejo Cariri: velho de barba de Antônio Conselheiro que servia para as mães fazerem medo aos filhos malcriados com um "Cariri vem aí!" que era a continuação do antigo e terrível "Cabeleira ê-vem!" ou do "Cuidado com o Papa-Figo!" Conheceu "Madame Négresse": negra velha que falava francês, gritava em francês e até cantava em francês: um francês aprendido por ela com as freiras de algum asilo ou do colégio velho, do tempo em que os asilos, hospitais e colégios do Recife eram redutos de cultura francesa representada por irmãs de caridade e religiosas, mestras de meninas. Conheceu o "Doutor Corujinha" que, à esquina da Lafaiete, pretendia impressionar os ingênuos, simulando erudição com uns óculos que lhe davam na verdade aspecto ao mesmo tempo de coruja e de doutor. Conheceu a própria "Dondon enfeitada", velhota arredondada que se enfeitava demais com toda espécie de requififes – demais e arcaicamente – provocando vaias de muleques de rua. Conheceu o "Maracujá de Gaveta", que parecia com efeito um maracujá esquecido em fundo de gaveta de armário ou de guarda-comida, de tão enrugado de pele. Conheceu o Padre Telésforo, que fora à Guerra do Paraguai como capelão e quando passava pelos quartéis da cidade tinha direito a brado de armas: cuspia muito e diziam as más-línguas que nunca mudava de meias que, de roxas, haviam se tornado pardas. Conheceu Bochecha: beberrão já inchado de tanta cerveja e de tanta cachaça, que se especializava em parecer íntimo de rapazes finos, a todos chamando "colega" e pedindo cigarros ou níqueis para o "café".

Também conheceu as figuras, há pouco recordadas, em páginas deveras interessantes, pelo cronista Eustórgio Vanderlei, como tipos populares, sem que a essa classificação eles se ajustem perfeitamente, de Bonifácio Barbicha e Sacramento Mulato. Foram talvez menos tipos populares do que instituições ligadas ao velho sistema recifense de convivência burguesa-aristocrática, em sua derradeira época de estabilidade ou nos seus primeiros tempos de desintegração. Eram eles que se encarregavam de dirigir o serviço de copa nas festas mais elegantes de casamento, batizado, aniversários; em banquetes; em jantares. Às vezes eles próprios se incumbiam de preparar jantares ou banquetes: o que já significava o declínio, embora suave, daquele sistema e o nítido começo de sua substituição pelo atual, menos caseiro e mais industrial; menos patriarcal e mais comercial. Apresentavam-se sempre de casaca, que nem senadores da República ou conselheiros do Império, gravata branca, camisa de peitilho duro e punhos reluzentes de goma. Sacramento era um mulatão alto e de boas maneiras, mesmo porque, homem de boa origem, tinha algum sangue azul. Bonifácio, porém, o excedia no aspecto fidalgo: com uma barba que lembrava a do Conselheiro Rosa e Silva nos dias em que o velho Rosa era ainda árbitro de elegância não só para o Recife como para o próprio Rio – o Rio da Chapelaria Watson – esse mestre de copa parecia às vezes menos o servo que o rei das festas de gente menos sinhá. Era como se ilustrasse alguma parábola bíblica em jantares de novos-ricos a arremedarem fidalgos: o fidalgo era o servo.

Não faltavam ao Recife, antes de sua descaracterização em cidade grande demais para conservar ingenuidades pitorescas, tipos e instituições dessa espécie, hoje raros. Raríssimos. Um dos últimos redutos de pitoresco recifense foi o Maracatu de Dona Santa. Outro, já um tanto cenográfico, o chamado Centro Folclórico de Apipucos, onde o advogado Lopes Salgado (Bebinho) reúne às vezes maracatus, caboclinhos e até xangôs mais exibicionistas: os mais discretos quem hoje os conhece melhor é o médico René Ribeiro. Ou o antropólogo Valdemar Valente. Aliás, um jornalista que é bom conhecedor do Recife, Severino Barbosa, vem organizando um *Itinerário dos xangôs do Recife*.

Onde estão os cegos que se esmeravam em pedir esmolas pelas casas do Recife, cantando ao som de realejos? Os italianos com macacas espevitadas, vestidas de mulher, que dançavam, também, ao som de realejos e de cantigas que os próprios donos improvisavam? Os frades da Penha de barbas de gigantes de histórias do *Tico-Tico* e sotaque de gringos que aterrorizavam meninos, pedindo às portas ou às janelas das casas, ou às grades dos jardins, esmolas para Nossa Senhora numa voz de comando tão forte que fazia tremer as louças e os vidros das próprias salas de jantar? Os vendedores de alfeolo (felô), de al-fenim e de cuscuz que conservavam viva entre nós uma reminiscência luso--mourisca? As velhas que vendiam rendas branquíssimas em baús de flandres cor-de-rosa? Os vendedores de mel de engenho, de mel de furo e de caldo de cana que iam também de casa em casa vendendo seu melado ou sua garapa como a lembrarem ao recifense sua ligação com os canaviais pernambucanos?

No Recife do fim do século XIX e de começo do XX, havia muito quem fosse náufrago salvo quase por milagre de soçobrar no traiçoeiro verde mar das canas-de-açúcar, tão doce para uns e tão amargo para outros. Náufrago dessa espécie foi Félix Cavalcanti de Albuquerque, pernambucano de engenho que se tornou em muita coisa recifense típico. Inclusive no gosto ou na doença de mudar de casa. Parecia que tinha carretéis nos pés. Estava sempre a mudar de casa acompanhado da sua vasta família, dos seus fortes jacarandás, dos seus rijos vinháticos, dos seus pesados livros. É interessante acompanhar, através dos registros no seu diário, suas peregrinações pelo velho Recife – sobrados de um São José (então residência de famílias de prol como as de vários senhores de engenho e titulares), para casas quase suburbanas: sobrevivências coloniais de antigas chácaras. Entre os livros que o seguiam, uma coleção das obras de Cesare Cantù. Desse velho pernambucano, nascido em engenho e absorvido pelo Recife, foram publicadas já as memórias: "Memórias de um Cavalcanti", que constam do livro *O Velho Félix,* do mesmo autor deste arremedo de guia.

O Velho Félix e Outras Figuras do Recife Antigo

O RECIFE conservou-se Félix Cavalcanti de Albuquerque – pernambucano de engenho transferido para a cidade – homem de espírito um tanto aristocrático-rural em política. Daí não tolerar José Mariano. Este foi aristocrata de engenho que no Recife tomou feitio rasgadamente democrático e mesmo populista: tornou-se amigo até de capoeiras. Era um boêmio de fraque de doutor e de barbas de patriarca. Homem bravo e simpaticão. Comia sarapatel de noite pelos quiosques. Confraternizava com a gente mais plebeia da cidade que chegou a amá-lo com o seu melhor e mais puro amor. Não deixe o turista de visitar no Poço da Panela o busto que aí se inaugurou há pouco, de José Mariano – José Mariano Carneiro da Cunha – perto do sítio onde foi durante anos a casa desse político liberal. Nem a casa, nos Aflitos, dos homens do Clube do Cupim: um deles, o próprio José Mariano. Mariano deu ao movimento da Abolição no Recife um aspecto romântico de conspiração, de insurreição secreta, promovendo fugas de negros em barcaças que desciam o rio cheias de capim. Capim por cima e negro fugido por baixo. Foi Mariano populista antes de haver populismo sistemático no Brasil do mesmo modo que outro recifense ilustre, Joaquim Nabuco, foi trabalhista antes de haver trabalhismo sistemático entre nós.

No Recife dos últimos tempos do Império proferiu o segundo Nabuco – pernambucano nascido no Recife, criado em Engenho do Cabo mas reabsorvido pelo Recife – algumas de suas mais notáveis conferências não só abolicionistas como trabalhistas. Conferências e discursos – vários deles no Teatro Santa Isabel. Daí ele poder ter dito neste velho teatro, quando passou pelo Recife em 1906, já Embaixador da República em Washington, o cabelo todo gloriosamente branco: "Ganhamos aqui a batalha da Abolição".

Do Santa Isabel recorde-se mais uma vez que foi construído por certo engenheiro francês: L. L. Vauthier. Estão publicadas as "cartas sobre arquitetura", escritas do Recife, ainda na primeira metade do século XIX, por esse francês admirável e o seu diário íntimo, também escrito no Recife e cheio de indiscrições sobre a sociedade recifense da época – que veio a Pernambuco a convite de um presidente de província educado em Paris: Francisco do Rêgo Barros, depois Barão da Boa Vista. Desse homem público pernambucano e grande benfeitor do Recife há uma estátua no Campo das Princesas: perto do Palácio do Governo e no local onde foi no século XVII um dos palácios do Conde Maurício de Nassau.

Teatro Santa Isabel

Pregões

O RECIFE tornou-se célebre no Brasil inteiro pelos seus pregões, ao lado das cantigas de carregadores de piano. Já não se ouvem essas cantigas: os raros pianos que hoje atravessam as ruas da capital de Pernambuco, carregam-nos caminhões. E é como se carregassem ferro, madeira, cimento. Prosaicamente. Inexpressivamente. Banalmente. Sem outro ruído senão o das ingresias dos caminhões.

E dos pregões já não se ouve o do preto velho vendedor de ostras que do século XIX chegou ao começo do XX:

LAMPIÃO VELHO

> *Ostra, é chegada agora*
> *É chegada agora*
> *É chegada agora!*

Nem o dos vendedores de mel de engenho. Nem o das pretas vendedoras de sabão da costa. Nem o dos vassoureiros que quando atravessavam as ruas pareciam figuras de homens a caminho de festas, de tão cheios de penachos e de cores vivas. Já não se ouvem os pregões dos vendedores de alfeolo, de cuscuz, de alfenim, de tareco, de arroz-doce em tigela, de cocada, de rolete de cana, de farinha de castanha em cartucho. Uns porque já ninguém vende alfeolo (felô) ou alfenim nas ruas do Recife. Se há hoje vendedor de alfeolo ou alfenim na cidade é quase secreto. E onde está a farinha de castanha dos outros tempos? A deliciosa farinha de castanha vendida em cartuchos que pareciam brinquedos iguais aos corrupios e aos manés-gostosos de papelão de cor? Cartuchos franjados. Outros pregões recifenses desapareceram porque a venda dos doces ou dos artigos que eles anunciam tornou-se melancolica-

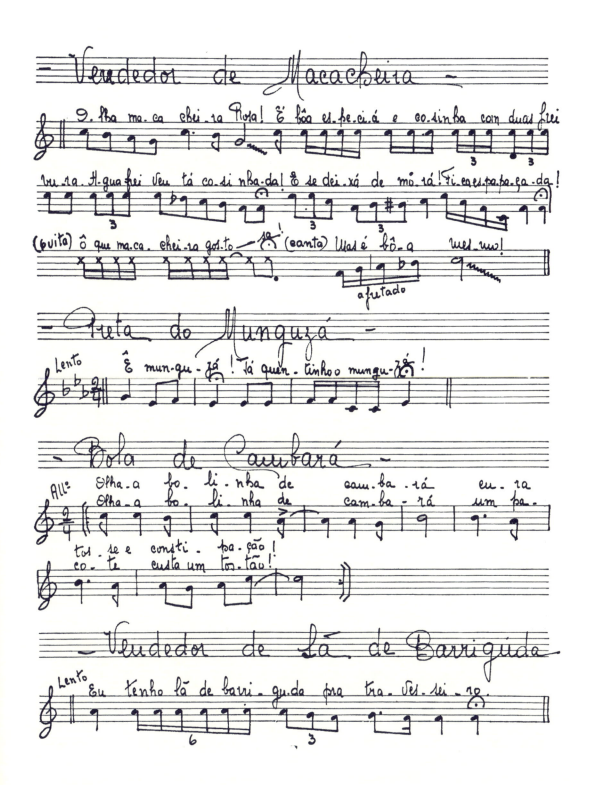

- VENDEDOR DE BATATA -

lento ô ba-ta-ta! Ba-ta-ta ra- i- nha! ô ba-ta-ta o-lha batata!

- SORVETEIRO -

lento sor- ve - Te! É de cô- co ver-de! sorve-te E de co-co ver-de!

- CARREGADORES DE PIANO -

Mod.to zum-ba minha nêga zum — ba meu se-nhor, quem quizer embar-

car— tremde fer-ro já che — gou.

II -
Vamos meu amor
pra beira do mar
vapor já está no porto
já tá pra chegar

III
Minha mãe me deu
com o machucador
bateu-me na cabeça
mas não magoou.

- VENDEDOR DE PITOMBA -

Cho- ra me ni no pra compra pi tôm-ba, chora me nino pra comprá pi-

tom- ba! (Falado) chora me ni-no! Ei! pi pi pi pi pi- tom — ba!

mente silenciosa na capital de Pernambuco. Abafados pelas buzinas dos automóveis e dos alto-falantes: duas pragas terríveis. Dois inimigos de morte dos pregões vindos dos velhos dias coloniais.

Felizmente ainda há quem anuncie munguzá, cantando:

É munguzá! Tá quentinho o munguzá!

E sorvete, à noite, pelas velhas ruas de São José – último reduto do Recife mais autênticamente recifense do tempo das aventuras de Frei Jorge, o glutão:

Sorvete! É de coco verde!

Ou lã de barriguda:

Eu tenho lã de barriguda pra travesseiro!

De alguns desses vendedores de rua, o escultor Abelardo da Hora vem levantando estátuas em tamanho monumental. Uma delas pode ser vista no Parque de Dois Irmãos.

A Sr.ta Maria Cristina Tasso obteve, especialmente para este *Guia,* do Maestro Nélson Ferreira – cujas músicas de caráter dionisíaco há anos vêm alegrando os carnavais do Recife de modo caracteristicamente recifense, tendo por companheiros as marchas e os frevos do Maestro Capiba e de outros compositores regionais – anotações musicais e letras dos mais famosos pregões da capital de Pernambuco, uns já desaparecidos, alguns, felizmente, ainda vivos; e nem todos alegres, antes marcados alguns por uma tristeza que lembra a dos fados. Vão publicados nos próprios autógrafos do compositor, com os agradecimentos do autor do *Guia* ao maestro recifense, por essa sua valiosa colaboração.

Indústrias Urbanas

O RECIFE se acham estabelecidas 882 indústrias, além de 8.500 estabelecimentos comerciais.

No Recife está o Moinho de Trigo, que é, no gênero, modelar. Continuam a ser do Recife indústrias já tradicionais como a dos biscoitos Pilar, a dos móveis Holanda, a dos refrigerantes Fratelli Vita, a dos azulejos e vidros Brennand, várias de tecidos. E a elas vêm se juntando, nos últimos quatro anos, com a nova atividade da Sudene, várias indústrias novas.

O COTIDIANO: ENCANTO E INVENÇÃO

Gilberto Freyre aguçou todos os sentidos para experimentar a cidade. Sons, cheiros, cores destacados neste Guia compõem o Recife e evidenciam que sua criação não é monopólio de arquitetos e geógrafos. Ao contar histórias corriqueiras, o sociólogo nos ensina que os habitantes, e visitantes, de uma cidade, ao praticarem seus espaços, ao inverterem e produzirem sentidos ao traçado urbano, além daqueles definidos pelos urbanistas, arquitetam uma outra cidade, delineiam fronteiras, antes inexistentes, abrem caminhos, constroem pontes, muitas até imaginárias, que permitem trocas não apenas materiais, mas também de sonhos, temores e expectativas. Com as práticas dos espaços emerge uma outra geografia da cidade. Com as práticas, mas também com as palavras. Através da escrita, da narrativa que escolhe o que contar, que seleciona personagens e lugares, também se constrói uma outra espacialidade, fora daquela traçada nos mapas e guias convencionais.

Foram muitos dos detalhes da cidade, de suas histórias miúdas, dos tipos pitorescos que encantaram Gilberto Freyre. Ele narra e cria outros itinerários. Registra os sons, destaca os cheiros das frutas e árvores de sua cidade e elege o vendedor ambulante, o antigo mascate, como uma figura toda recifense. A culinária, os restaurantes, os mercados citados por ele eram muito mais do que simples locais de refeição ou de compras, eram, no seu entender, índices dessa cultura tão local, admirada e defendida nos seus escritos.

A pobreza e a mendicância despertaram também o interesse de Freyre. Desde a primeira edição deste Guia, o Recife, como a maioria das capitais, atrai muitas pessoas em busca de melhores oportunidades de trabalho e de moradia; um contingente que termina sendo empurrado para os morros e subúrbios, onde se concentram elevados graus de pobreza. Mas é também nessas áreas, que abrigam pessoas que lutam diariamente pela sobrevivência, que têm surgido no Recife diversos grupos musicais e de dança. Os jovens do Alto José do Pinho, do Morro da Conceição e de tantos outros têm demonstrado que a cultura é um eficiente instrumento contra a violência e a exclusão social.

Em Recife muitas ações andam sendo feitas para fomentar a economia da cidade e combater a pobreza e a exclusão social. Um exemplo é o Projeto Porto Digital. Trata-se de um projeto que envolve o Governo de Pernambuco, a Prefeitura da Cidade do Recife, o Centro de Informática da Universidade Federal de Pernambuco, o Centro de Estudos e Sistemas Avançados de Recife (Cesar), bem como diversas empresas de tecnologia da informação (Motorola, Oracle, Microsoft, dentre outras). Instalado no Bairro do Recife esse parque tecnológico urbano de classe mundial fomenta um ambiente inovador de negócios de tecnologia da informação e comunicação. Com cinco anos de história, o Porto Digital é o principal parque tecnológico do país em número de empresas e faturamento. São mais de 100 instituições instaladas no Bairro do Recife, dando uma nova vocação econômica para a antiga região portuária que, em vez de açúcar, hoje exporta conhecimento. Além de enfrentar o desafio de viabilizar um polo de alta tecnologia em Pernambuco, o Porto Digital busca alcançar ainda dois grandes objetivos: preservar o parque histórico e promover a inclusão social. Uma das populações mais beneficiadas nas vizinhanças são os habitantes de Pilar, que vivem no norte da ilha e cuja qualidade de vida, medida pelo Índice de Desenvolvimento Humano (IDH) das Nações Unidas, é das mais baixas da região metropolitana.

O Recife atual possui muitos locais onde o visitante poderá ouvir várias outras histórias e transformar as suas próprias, locais onde descobrirá diversos itinerários para ir ao mesmo lugar, já que por meio dos passos e das narrativas a cidade se multiplica. Espaços como os mercados públicos. No Recife eles são muito mais que locais de venda de frutas, verduras e carnes. São 17 mercados ao todo, alguns com anexos, somando 2.277 boxes. Os mercados da cidade são lugares de muita conversa, da cerveja gelada a um preço camarada, de frutas da época; são frequentados por jovens, boêmios e trabalhadores e possuem todo um charme.

Caminhando pelas avenidas Conde da Boa Vista e Dantas Barreto, o turista notará que da década de 1960 aos dias de hoje o comércio ambulante expandiu-se bastante no centro do Recife. Conflitos entre a Prefeitura e os chamados camelôs são muito comuns, dilemas gerados pelo aumento da informalidade e pela necessidade do poder público de ordenar e "embelezar" a cidade. A cidade do Recife tem cerca de 8 mil ambulantes circulando pelas ruas, a maioria deles no chamado Centro Expandido – área que vai do Marco Zero, no Recife Antigo, à Avenida Agamenon Magalhães, no Derby/Tacaruna. Destes, cerca de 6 mil são cadastrados pela Prefeitura.

Em meados dos anos 1990, a Prefeitura do Recife executou um projeto de revitalização do centro da cidade, que incluiu o ordenamento do comércio informal. Para tanto, criou o Calçadão dos Mascates, no final da Avenida Dantas Barreto, no Bairro de São José. Nascia o Camelódromo e o Shopping Popular Santa Rita. A ideia era, segundo os autores do projeto, recompor a qualidade ambiental do bairro histórico e tradicional do Recife. Hoje, sabe-se que a visão foi equivocada. Os equipamentos estão praticamente ociosos e precisam ser revitalizados para que venham a cumprir o seu papel. Os ambulantes, driblando a ordem imposta, retornaram às ruas e estão espalhados por todo o Recife.

O Recife: sua Luz, seu Ar, suas Águas

Á QUEM ame o Recife com particular amor não só pela sua luz – a luz vinda do sol e que se torna às vezes um tanto tirânica pelo próprio excesso da sua pureza tropical, à qual se junta agora a luz elétrica, vinda da Paulo Afonso – como pelo seu clima. Pelo seu ar, sua temperatura, a doçura das suas manhãs e dos seus fins de tarde: doçura de que está tocada a poesia de mais de um recifense hoje. Principalmente a de Mauro Mota que é, com o há pouco falecido Manuel Bandeira, Joaquim Cardoso, João Cabral de Melo Neto, Carlos Pena, Carlos Moreira, Ascenso Ferreira, Audálio Alves e mais Edmir Domingues, Paulo Fernando Craveiro, Gonçalves de Oliveira, Marcos Santander, Tarcísio Meira César, poeta dos que mais trazem a marca do Recife em seus versos. João Cabral de Melo Neto, este vem se tornando o poeta por excelência do Capibaribe. Cônsul, não esquece no estrangeiro o Capibaribe. Nem o Capibaribe nem o Recife.

No fim do século XIX, esteve no Brasil um norte-americano que procurou conhecer o país de norte a sul antes de retratá-lo no livro *Brasil, its condition and prospects,* publicado em Nova York. Chamava-se Andrews e não era poeta: foi, além de cônsul-geral dos Estados Unidos no Brasil, ministro do seu país na Suécia e na Noruega. Tendo conhecido os dois extremos de gelo e de sol, de frio e de calor, optou pelo sol e pelo calor. Seu livro é de um tropicalista que se apaixonou pelo Brasil: país de sol. Sem invernos ásperos. Sem neves incômodas. E sua grande paixão no Brasil parece ter sido pelo Recife.

Chega a se mostrar inclinado a avaliar um clima pela liberdade que dá às pessoas de permanecerem ao ar livre o ano inteiro, ligando assim o trópico ao próprio ideal, outrora grego – o grego da ágora – e hoje, em grande parte, ibero-americano, de liberdade pessoal. E a este propósito escreve palavras memoráveis para os ouvidos de um recifense e que são estas, no original inglês: *"From all that I can learn, the climate of the city of Pernambuco is the most delightful of any in Brazil. Though a little more damp, it has not the extremes of heat and cold of Rio de Janeiro... All the year round it is favored with the fresh sea-breeze".* A famosa "brisa" cantada pelo poeta recifense Manuel Bandeira num dos seus versos de saudade de Pernambuco e do Recife.

Poderia ter salientado Mister Andrews o velho hábito recifense de ao ar livre se discutir política, se conversar sobre literatura, opereta ou corrida de cavalo, se realizarem transações comerciais, as mais graúdas. Velho hábito conservado por outros viajantes, um deles certo inglês chamado Martin, que notou continuar a haver na capital de Pernambuco, nos começos do século XX, um espaço, ao ar livre, sombreado de árvores – com certeza a Lingueta – que era o centro do que os ingleses chamam *gossip* e nós, tagarelice ou mexerico: tanto dos brancos importantes da cidade – os que realizavam às vezes, no meio dessa tagarelice aparentemente toda vã, transações de muitos contos de réis – como da gente simples: carregadores e catraieiros negros e mulatos que se espalhavam à sombra das gameleiras, conversando, fumando e cuspindo. Conversando e às vezes praguejando: pragas – as dos carregadores de cor e as dos marítimos nacionais e estrangeiros – que os papagaios, também numerosos, em suas gaiolas às portas dos restaurantes, hotéis e tavernas da antiga Lingueta, aprendiam com espantosa facilidade, tornando-se então preciosos para os estrangeiros. Tornaram-se célebres na Europa esses papagaios do Recife pelos muitos "*son of a...*" ou "filho da..." que eram capazes de gritar.

Era ainda, nos princípios deste século, hábito recifense – conservado dos portugueses – cuspirem os homens a todo instante, emporcalhando calçadas de ruas, bondes, escadarias de igreja. De outro inglês é a observação de ninguém exceder o português na capacidade de escarrar como quem raspasse ou limpasse a garganta com todo o vigor; e um pouco dessa capacidade encontrou Martin nos recifenses de há meio século. É um mal que vem se atenuando entre nós. Já não se cospe tanto no Recife como há meio século; nem os homens de agora escarram com o estridor dos velhos dias. O Recife é hoje, talvez, uma cidade mais limpa do que o Rio. Menos cuspida e até menos mijada por vadios desavergonhados. Menos emporcalhada por gente incauta em suas dejeções. Fotografias que o tempo começa a empalidecer mostram ter vindo até à época dos fotógrafos o hábito de alguns desses incautos defecarem napolitanamente ao pé das pontes recifenses, exibindo traseiros para escândalo das inglesas mais severas; e houve tempo em que os despejos se faziam também na água do mar ou dos rios que pacientemente vêm tolerando dos recifenses mais crus toda espécie de maus-tratos. Vingam-se às vezes, é certo, essas águas, desses recifenses inundando-lhes as casas com suas enchentes; matando crianças e velhos; carregando trastes e panelas de gente pobre; engolindo pescadores em peraus; seduzindo namorados para suicídios românticos por afogamento nos redemoinhos que fazem às vezes os cadáveres dançar danças macabras. Mas sua atitude normal é a de tolerarem maus-tratos com uma paciência franciscana. São águas franciscanas, as que servem o Recife e os recifenses.

Das suas perversões por industriais desorientados, escreveu páginas de mestre, do ponto de vista científico, o Professor Aluísio Bezerra Coutinho, da Faculdade de Medicina do Recife. Este médico e os engenheiros Lauro Borba e Antônio Baltar muito se têm preocupado nos últimos anos com problemas recifenses: velha preocupação de recifenses formados na Europa como o médico do meado do século XIX, Aquino Fonseca, conhecido por "Goela de Prata" (que foi talvez o primeiro no Brasil a cuidar de problemas de zoneamento urbano) e o engenheiro da mesma época, Mamede, que teve um continuador no filho, diretor da Companhia das Águas. Isto sem nos esquecermos de Saturnino de Brito: sua Escola Brasileira de Saneamento foi em parte fundada ou organizada no Recife.

É pena que os maus urbanistas recifenses venham revelando, nos últimos anos, fúria que em alguns parece doença contra as águas que outrora se espalhavam tão à vontade pelo burgo, como a justificarem suas pretensões a "Veneza Americana". A fobia a essas águas vem se tornando tal no Recife que breve haverá quem queira aterrar primeiro o Beberibe, depois o Capibaribe, para sobre esses ex-rios se edificarem casas de apartamentos e vilas disto ou daquilo. Quando o contrário é que devia fazer-se no Recife: associar-se o mais possível a água à beleza e à própria higiene da cidade. O sanitarista Saturnino de Brito – que tanto benefício fez ao Recife – foi a ideia que mais afagou: a dessa maior associação da água com a cidade, por meio de canais dos quais deixou os traçados. Infelizmente não vem sendo seguido. Nem ele quanto a águas e canais nem o velho médico recifense do meado do século XIX educado em Paris, Joaquim de Aquino Fonseca (que o professor Gilberto Osório não demore em nos dar sua biografia!), quanto ao zoneamento do Recife. Nos últimos anos, até olarias vêm as autoridades permitindo que se ergam, como nunca se ergueram, sobre ruas de residência, com seus ruídos e suas fumaças direta e brutalmente envolvendo casas de residência de inermes recifenses; e suas escavações estragando as margens recifenses dos rios e desfigurando os mais românticos dos subúrbios antigos.

Mesmo sem guia, o turista, andando à toa pelo Recife, descobre os rios: os dois rios recifenses com suas várias pontes. E mesmo sem saber distinguir do Capibaribe o Beberibe – que vem ao Recife apenas para encontrar-se com o mar e cumprir assim uma obrigação de todos os rios – o turista não tarda a se sentir numa cidade formada por ilhas e quase-ilhas. Antes do seu encontro com o mar, deixa-se o meio boêmio Beberibe enobrecer em rio oficial. Só depois de contemplado todas as tardes pelo Governador do Estado, da varanda de um palácio à beira-rio, o Beberibe perde sua condição de rio e torna-se água de oceano. Muda então de sexo à vista de qualquer curioso.

O Palácio dos Governadores fica hoje quase no mesmo lugar em que no século XVII o Conde Maurício de Nassau levantou com algum fausto seu castelo: a cavaleiro dos dois rios. Numa perfeita situação recifense. Apenas, como edifício, é um casarão banal. Sem a graça do Palácio de Nassau ou sem a dignidade de um antigo sobradão nobre, dos que os portugueses souberam levantar no Brasil, na Índia, em Angola.

Os Rios e suas Margens Urbanas

 CAPIBARIBE, porém, é no Recife um rio menos oficial que o Beberibe: antes de passar pelo Palácio do Governo, atravessa boa parte da cidade, ligando-se amorosamente aos quintais de muitas casas, aos sítios de muitos casarões, ao Hospital Pedro II, à Detenção, a muito sobrado: inclusive os da Rua da Aurora. Deixa-se ver por meninos doentes e por presos que nele põem suas esperanças de liberdade; em suas águas brincam garotos pobres; por elas descem, ao lado de barcaças cheias de tijolos, ioles de adolescentes esportivos.

Da Rua da Aurora já se disse que é uma das ruas mais caracteristicamente recifenses: talvez a mais recifense. É de todas a mais cortejada pelo Capibaribe. Seu nome é poético. O turista não se esqueça em momento algum de que está numa cidade de poetas. Lembre-se sempre de que alguns dos maiores poetas brasileiros de hoje são do Recife. O pernambucano pode ser por fora um secarrão. Por dentro, é uma gente a que não falta o sentido poético da vida e da paisagem. Daí nomes de ruas que parecem títulos de poemas: Aurora, Sol, Saudade, Soledade, Amizade, Ninfas, Real da Torre, Rosário. Encanta-Moça é outro delicioso nome recifense: o do seu mais velho aeroporto. Na Rua da Aurora está a Prefeitura. Está a Repartição Central de Polícia. Está o Palácio Joaquim Nabuco: a Assembleia do Estado. Está o Colégio – outrora Ginásio Pernambucano, onde no século XIX fizeram seus estudos secundários vários brasileiros eminentes. Um deles Epitácio Pessoa, que foi aluno gratuito da instituição: instituição bem recifense no seu modo generosamente materno de vir servindo ao Nordeste e até o Norte inteiro do Brasil; e não apenas a Pernambuco. Servindo, educando, curando. É também o caso da faculdade de Direito – hoje parte da Universidade Federal de Pernambuco – cujo palácio, inaugurado em 1911, o turista está no dever de visitar, prestando homenagem à memória dos juristas que enobreceram o passado da velha Escola, fundada em Olinda e alguns anos depois transferida para o Recife. Olinda de 1827 a 1854, cidade animada pelas troças, pela alegria, pelo ruído de estudantes de Direito: animação que de 1854 até quase os nossos dias foi um dos característicos do Recife. Um busto de jovem, no jardim da Faculdade de Direito, recorda o martírio de Demócrito de Sousa Filho – estudante que morreu assassinado

RUA DA AURORA À MARGEM DO CAPIBARIBE

na tarde de 3 de março de 1945 quando, com outros bravos, reavivou com seu sangue e seu brio uma das tradições mais recifenses: a do amor à liberdade e a do horror aos tiranos. Tradição vinda das revoluções de 1817, de 1824, de 1849. Vinda de mais longe: da expulsão dos holandeses no século XVII.

A torre da Faculdade de Direito pode ser avistada do rio. Seus estudantes já não são tão numerosos como outrora; nem tão trocistas. Mesmo porque a Universidade Federal de Pernambuco inclui há anos outras escolas: Medicina, Engenharia, Filosofia, Ciências Econômicas, Odontologia.

Outra instituição recifense há longos anos – há mais de século – a serviço do Brasil – especialmente do Norte e do Nordeste do Brasil – e não apenas de Pernambuco, é o Teatro Santa Isabel – célebre pelo seu passado como teatro onde se fizeram aplaudir alguns dos maiores artistas europeus que visitaram o Brasil no século XIX; célebre pelos discursos que aí proferiu na campanha abolicionista o grande brasileiro do Recife que foi Joaquim Nabuco; e notável também como arquitetura: obra do francês Louis Léger Vauthier. Também é avistado do rio.

E um tanto ignorada dos turistas é a Escola Normal do Estado, onde, entretanto, madrugou, no país, o moderno estudo de Sociologia acompanhado de pesquisas de campo. Chama-se agora Instituto de Educação. Está instalada em edifício moderno.

O Recife e o Mar

Á quem à noite goste de sair de tocha pelos arrecifes do Recife à procura de lagosta. Nos arrecifes também se encontram polvos, dos quais se preparam quitutes que rivalizam com os ensopados de lagosta. Para além dos arrecifes pode-se fazer pesca submarina: especialidade, nos domingos e dias santos, de um grupo de recifenses ilustres, um deles ad-

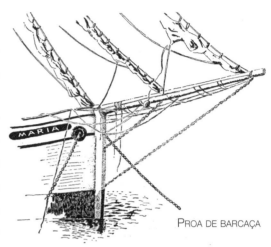

PROA DE BARCAÇA

mirável mestre brasileiro de cirurgia, conhecido e respeitado na Europa: Luís Tavares. Outro cientista do Recife e aqui residente, com renome no estrangeiro, é o químico que dirige o Instituto de Antibióticos: Osvaldo Lima. Ainda outro, o diretor do Instituto Álvaro Osório de Almeida: Nélson Chaves. E não nos esqueçamos do pesquisador médico, Luís Siqueira, conhecido também pela sua bela coleção de orquídeas; nem do Professor Ruy Marques, diretor do Instituto de Medicina Tropical.

Mas voltemos aos esportes, para destacar que um dos mais agradáveis nas águas do mar do Recife é jangada-*sailing,* isto é, sair o turista de jangada pelas águas além dos arrecifes – é claro que sob os cuidados de um jangadeiro idôneo. Foi o que fez John Dos Passos quando esteve no Recife de onde, ao sair, escreveu a um amigo recifense que deixava esta parte do Brasil encantado com as jangadas e cheio de admiração pela perícia dos jangadeiros. Também pela arte popular de cerâmica e pela da madeira talhada, que admirara nas velhas igrejas.

Cidade quase-ilha ou quase-arquipélago, levantada entre a água do mar e a mata tropical, compreende-se que o Recife se faça notar por estes valores: água, mata, arte de talha, arte de cerâmica, jangada, pontes, sobrados altos, culinária em que dominam o peixe, a lagosta, o camarão, frutas, importações da Europa, do Oriente, dos Estados Unidos.

O porto do Recife, sendo um dos mais modernos, continua, no seu aspecto comercial e humano, um dos mais românticos do Brasil. Nele estão sempre a descarregar e a carregar navios dos quais se desprendem os mais vários odores: odores do Oriente, da África, da Europa, da América do Norte, da Amazônia. Odores de madeira importada do Pará. De tratores e de máquinas *made in USA* e no Japão e ainda com o cheiro de graxa das fábricas maternas. De bicarbonato de amônio vindo da Polônia. De goma-laca, vinda da Holanda. De arroz, feijão e vinho do Rio Grande do Sul. De bacalhau chegado da América do Norte (ao qual se vem juntando ultimamente o peixe sadio e barato que os barcos japoneses de pesca vêm fornecendo ao recifense médio). De azeite espanhol. De cebola do Rio de Janeiro. Também de açúcar pernambucano a caminho da Inglaterra. De abacaxi, para a Argentina. De óleo de mamona e lagosta, para os Estados Unidos.

Muitos dos lobos-do-mar estrangeiros desembarcam no Recife sôfregos pelas frutas e alguns pelas mulheres da terra; vários, por fumo preto; um ou outro, pela maconha que, sendo proibida, é adquirida pelos marítimos a preços altos a vendedores misteriosos.

Marinheiros ruivos e marujos japoneses misturam-se aos nacionais no cais do Recife onde, entretanto, poucos são os vapores grandes que atracam. É um porto que necessita de dragagem para que nele voltem a tocar os transatlânticos de grande calado. Um porto digno das atenções do Governo Federal.

CARREGANDO BARCOS DE AÇÚCAR

Pontes e, Outra Vez, Águas

ONTES são várias as que se levantam sobre as águas do Capibaribe, também elas dando ao Recife uma fisionomia única entre as cidades brasileiras. Algumas são antigas: do tempo do Império. Outras vêm sendo renovadas. Ou são de todo novas.

Não nos esqueçamos de que uma ponte do Recife é evocada em verso célebre de Augusto dos Anjos que caminhando pela "Ponte Buarque de Macedo" viu sua "sombra magra" em direção à "Casa do Agra". O Agra é uma instituição recifense: velha casa funerária que foi também, por muito tempo, famosa pelos seus coches com lanternas de prata, cocheiros de cartola preta e de luvas brancas, seus carros festivos para casamentos e batizados elegantes.

A propósito de pontes e de Capibaribe, deve ser destacado o fato de continuar o esporte do remo uma das mais vivas tradições recifenses, embora as regatas já não tenham o esplendor de outrora. Não há recifense autêntico que não acompanhe a atual Federação Aquática Pernambucana em seu pavor à ideia, dita urbanística, de ser aterrada a bacia do Capibaribe que serve de raia às regatas recifenses, para em seu lugar ser construída uma praça de estacionamento de automóveis. A verdade é que não se compreende o Recife desquitado da água que lhe vem distinguindo a fisionomia: a água do Capibaribe; a água do Beberibe; a água do mar; a água do açude dos Apipucos (que uns insensatos já pretenderam secar, tendo as lavadeiras e os moradores dos arrabaldes se levantado em massa contra a infeliz ideia); a água do Riacho de Prata, também de Apipucos, onde é tradição estar sepultada a prata que foi de Branca Dias, rica judia da época colonial que a Inquisição teria perseguido, obrigando-a a esconder sua fortuna naquele riacho desde então mal-assombrado. Infelizmente as águas de rio são hoje no Recife – célebre outrora pelos seus banhos de Caxangá e de Apipucos – águas sujas. O banho bom, higiênico, lúdico – outrora um dos regalos de Beberibe – é, no Recife atual, o de mar. Sobretudo na Boa Viagem.

Pelos recifes ou arrecifes de Boa Viagem é agradável passear o menino, o moço e até o velho, quando o mar está baixo; e os peixinhos, uns azuis, outros amarelos listrados de preto, se deixam ver em toda a sua glória

PONTE DE SANTA ISABEL, RUA DA AURORA

de cores, nadando nas poças esverdeadas que o sol aquece. O sol aquece, tempo de verão e de mar baixo, a água das várias bacias que em Boa Viagem são uma verdadeira sucessão de piscinas, entre os arrecifes e a praia. Tem-se a ideia de que, dentro dessas piscinas, alguém prepara a água de banho: uma misteriosa mucama que gradua a temperatura do mar – o mar assim condicionado em piscinas – para regalo dos muitos ioiôs e das muitas iaiás da terra ou vindas do Sul e do estrangeiro que não encontram aqui o frio das águas europeias ou mesmo das de Copacabana; e sim uma água ao mesmo tempo verde e morna. Um banho em Boa Viagem é um dos maiores regalos que o Recife oferece a adventícios tanto quanto a nativos. Uma das experiências mais recifenses que um adventício pode ter no Recife: um mar de água morna, um sol que em pouco tempo amorena o corpo do europeu ou do brasileiro do Sul; vento fresco; recifes; sargaço. Um cheiro bom de sargaço recebe às vezes o turista.

Há no banho nessas piscinas, nos dias de sol forte e vento macio, quando o mar começa a subir, mais de uma temperatura: à água quente da beira da praia se misturam deliciosamente outras águas: mornas e até frias. A sensação é a de um banho mágico, encantado; não um simples banho preparado por mucama misteriosa para seu ioiô ou para sua iaiá mas por moura de história fantástica para o seu predileto; e esse predileto é todo indivíduo que entre no mar naquelas piscinas. É o pobre, é o rico, é o nativo, é o turista. Ninguém dá cafuné nesse turista, é certo; mas há por vezes uma brisa volutuosa que sopra do mar sobre os cabelos do indivíduo mais indiferente a agrados, acariciando-os como se fosse mulher festejando o namorado. O namorado imerso nas águas beira-mar do Recife.

Jangadeiros e Pescadores: Ainda sobre as Águas de Mar e de Rio do Recife

AS, para os jangadeiros, o mar continua cheio de monstros. Mãe-d'agua. Iemanjá. Peixes cabeludos. O turista não deixe de ver de perto, na praia do Pina, na de Boa Viagem, na de Olinda, uma jangada de pescador pernambucano. É de uma simplicidade tal que só sendo de povo primitivo – dos povos que os antropólogos chamam primitivos.

Os pescadores são arrojados. Nessas jangadas com uma vela no meio, eles vão às vezes até Fernando de Noronha. Passam noites inteiras longe de terra sem ver os coqueiros das praias nem as torres das igrejas do Recife. Dizem que às vezes salta por perto deles um peixe monstruoso com uma serra capaz de cortar a jangada pelo meio. Acen-

QUARTINHA NA JANELA

dem uma luzinha que é para os vapores não irem em cima da jangada. Guiam--se pelas estrelas, pelas torres de igrejas, pelos coqueiros. Muitos pescadores, como também remadores, estivadores, ociosos da beira do cais, trazem o corpo tatuado. Signo-salmão. Cruzes. Nomes de namoradas. São homens calados mas têm dentro deles um mundo de crença.

O céu estrelado está para eles cheio de sinais. A lua – adoram a lua. Não como românticos: como crentes mesmo. Não serram madeira para jangada nem caibros para o mucambo em noite de lua cheia que a madeira apodrece. Não apontam para a lua que o dedo cria verruga. Quando nasce um menino apresentam-no à lua.

Acreditam em Iemanjá, a santa do mar. Não há no Recife traços de sacrifícios religiosos ao Mar – que na Bahia dizem que chegaram a ser até de gente: mulecas que os negros ofereciam vivas a Mãe-d'Água. Mas não falta à nossa população mestiça o culto do mar, ao lado do culto da água e dos astros; e de outros, vários outros, em que se notam sobrevivências africanas e indígenas. No Fundão chegou a haver uma seita de Adoradores da Água e dos

Astros. Quem vai a Beberibe pela estrada de automóvel passa por uma casinha toda branca, cheia de uns enfeites cabalísticos. Era aí que se reuniam os Adoradores. Vestiam-se de branco. Não tocavam em álcool nem em remédio: só em água. Às vezes saía um bando deles de madrugada, contentes e cantando hinos: iam adorar a água numa cachoeira ou num braço de rio. Ainda hoje deve haver restos de adoradores da água do Recife.

Nada mais natural que o fato de no Recife haver gente que adore a água. A cidade pode-se dizer que saiu de dentro da água como uma Iara. O rio está ligado da maneira mais íntima à história da cidade. O rio, o mar e os mangues. Assassinatos, cheias, revoluções, fugas de escravos, assaltos de bandidos às pontes fazem da história do Capibaribe a história do Recife. Muito lugar, onde hoje é asfalto, há menos de cem anos era quase lagoa, por onde se andava de bote. O largo da Faculdade de Direito, por exemplo. A Camboa do Carmo. A Rua das Águas Verdes. Raras cidades como o Recife com tanta água. Dois rios, um deles vindo dos sertões, aqui se encontram; dividem a cidade em ilhas; e a maré vem quase dentro das casas, aos quintais, aos fundos de cozinha, pôr-se franciscanamente ao serviço dos pobres, deixar que as mulheres lavem a roupa e as panelas, que os mulequinhos brinquem de "nadar no rio" e tomem banho. Irmã água. Não água parada mas água viva. Já Joaquim Nabuco notava que as águas do Recife não eram como as de Veneza, doentias, porém claras e saudáveis. E o recifense foi sempre um grande camarada da água. Dos banhos de rio e hoje dos de mar. Aliás o serviço de água no Recife foi por algum tempo ótimo. O turista, podendo, dê seu passeio às represas de Gurjaú, donde vem quase toda a água que o recifense consome. O vice-almirante inglês *Sir* Cyril Feller, que aqui esteve em 1929, ficou encantado com as instalações de Gurjaú. Trabalho de Saturnino de Brito, sanitarista brasileiro.

O bote ou a canoa foi uma instituição caracteristicamente recifense. Muitos dos nossos avós, que moravam na Madalena, ou passavam a festa em Monteiro, no Poço, em Caxangá, em Apipucos, quando vinham à cidade era de bote, chapéu de sol aberto, os negros nus da cintura para cima remando. Quando mudavam de casa – mudar de casa é cousa ainda muito comum no Recife – lá vinha um bote grande para levar os jacarandás. De tarde era de bote ou canoa que se passeava pelas águas da Madalena, as sinhá-donas muito enganjentas de seus vestidos de renda cor de creme, os homens de cartola, um ou outro mais à fresca, de escandaloso chapéu do chile e paletó de alpaca.

Jangadas na Praia de Boa Viagem

E os casarões da Madalena davam todos a frente para o rio. Ainda hoje, subindo-se o Capibaribe de lancha – passeio que o turista se empenhe com seus amigos para fazer, de preferência de manhã cedo, ou no fim da tarde – veem-se dessas velhas casas, amigas do rio. O rio, porém, não tem o prestígio de outrora. Já não se veem às suas margens os banheiros de palha da gente lorde; da gente que ia passar a festa no Poço, cujas águas chegaram a ser consideradas quase milagrosas, dando origem à devoção de N. S.ª do Poço da Panela. Só muleques tomam banho e lavam cavalos. Só as ioles com os rapazes do Náutico ou uma ou outra lancha alegram o rio de encarnados e azuis esportivos.

O poeta Manuel Bandeira, que nasceu e criou-se no Recife, ainda alcançou o tempo das moças tomarem banho de rio em Caxangá. Um dia, Bandeira, ainda menino, viu uma "moça nuinha no banho". Foi o seu "primeiro alumbramento". Mas isso foi bom no tempo de Tollenare. Princípio do século XIX. O viajante francês subia uma vez de bote o Capibaribe quando viu nuinhas, no banho, não uma, mas várias moças, todas alegres e nadando como umas náiades. Também ficou alumbrado.

Hoje o chique repita-se que é o banho de mar. Boa Viagem, Olinda. São as duas praias elegantes da gente recifense. Boa Viagem cheia de palacetes novos, nem todos se recomendando pelo bom gosto. O turista seja indulgente: lembre-se dos horrores de Copacabana. Uma Copacabana que não tem o mar de água docemente morna das praias do Recife.

Para ver um banho popular, o turista vá ao Pina. O europeu achará curiosíssimo, num banho como no do Pina, a variedade de cor da gente recifense. Domina um moreno avermelhado, mas veem-se todas aquelas "cores de fruto" que Lafcadio Hearn achou tão bonitas nas mestiças de Martinica. Desde um amarelo cor de casca de banana ao negro lustroso, azulado, quase africano. A mulatinha do Recife, esta é um encanto; o seu "quindim" tem admiradores ilustres, tanto entre recifenses antigos como entre forasteiros. Um deles morreu há pouco na França, enjoado até o fim da vida da brancura das elegantes parisienses; e sempre saudoso das negrinhas que conheceu nas praias de Pernambuco.

Pelo rio ainda descem pirogas quase iguais às dos indígenas de 1500. Também barcaças, umas gordas, enormes, que vêm dos engenhos cheias de açúcar, de madeira, de abacaxis ou das olarias, cheias de tijolos. Algumas têm nomes sentimentais: Tua Maria, Jaci, Iara; outras se chamam Estou Aqui, Minha Avó, Vou-me Embora. Descarregam no Cais do Apolo, no Cais

MUCAMBOS – PINA

do Ramos, no Cais da Aurora, na cabeça de negros, mulatos, quadrarões; cabras nus da cintura pra cima; quase todos mestiços de sangue africano – dos tais que certos arianistas e muitos indianófilos querem fazer passar por incapazes e molengos. Em princípios do século XIX, Tollenare e Koster e em 1852, Mansfield, se impressionaram com a robustez desses homens de cor que se viam por toda parte de Recife – carregando pesos, fazendo os trabalhos brutos, os grandes carretos de outrora, antes das carroças puxadas a boi, substituídas pelos caminhões; antes da água encanada, dos esgotos, da eletricidade. "Em geral são esplêndidos padrões do desenvolvimento muscular", Mansfield escreveu dos trabalhadores negros que viu na capital de Pernambuco. Trabalhando, mas sem perderem nunca a "dignidade" e o "olhar independente"; sem perderem a "jovialidade". Cantando quase sempre. Cantando carregavam os negros os grandes pianos de cauda das iaiás – costume que veio quase aos nossos dias; e o açúcar bruto dos ioiôs; e os fardos de algodão. Cantando traziam pelo rio as grandes barcaças. Remavam distâncias enormes. E de noite, tempo de festa, sambavam; ou dançavam nos xangôs suas danças religiosas.

Parques

EM o Recife os seguintes parques e hortos públicos: Bosque do Jardim Zoobotânico, em Dois Irmãos; Sementeira do Pombal, em Santo Amaro; Parque 13 de Maio, em Santo Amaro; Parque do Derby, no Derby.

Eletricidade no Recife

 DISTRIBUIÇÃO de energia elétrica em Pernambuco é realizada pela Companhia Pernambucana de Eletricidade. A Celpe mantém um Escritório Autônomo no Recife, encarregado de controlar o serviço de eletricidade na cidade, em substituição à Tramways.

O Recife conta com um total de 22.000 luminárias. Deste total 13.400 são de mercúrio.

Até março de 1968, o Recife contava com uma rede de luminárias de 880 km, sendo 520 de luminárias de mercúrio.

Os bondes do Recife foram por algum tempo excelentes. Modelares até. A iluminação não se tornou ideal, depois que a energia passou a vir da Paulo Afonso. Continua a haver muito recifense irritado com a inconstância da eletricidade. Os telefones são também responsáveis por algumas enxaquecas e irritações entre recifenses: quando chove, quase sempre deixam de funcionar. São terrivelmente inconstantes. Há evidente necessidade de reajustamento técnico nesses serviços.

Está em reorganização o serviço de telefones da cidade. Com o atual, o turista precisa ter paciência. É talvez o pior de todo o Brasil.

Passeio a Olinda e Igaraçu

EMORANDO no Recife, o turista não deixe de ir a Olinda. É a mãe do Recife. Podendo vá também a Igaraçu, que é a avó. Cidade morta, com velhas igrejas e um convento de frades de São Francisco do século XVI – hoje recolhimento de moças, dirigido por freiras – cheio de jacarandás e azulejos velhos, Igaraçu foi um dos primeiros pontos de colonização portuguesa da América.

De Olinda, salientaremos pontos de interesse: o antigo Colégio dos Jesuítas, do primeiro século da colonização; o Convento de S. Francisco, também do primeiro século, com jacarandás e principalmente azulejos preciosos; o Mosteiro de S. Bento, onde se instalou o Curso Jurídico, hoje Faculdade de Direito do Recife; a casa, na Rua de São Bento, em que morou Fernandes Vieira; o antigo palácio dos bispos; as ruínas do velho Senado da Câmara, onde em 1710 se verificou o primeiro movimento, no Brasil, no sentido de uma república, e esta aristocrática, dirigida pelos fidalgos olindenses. Fidalgos descendentes dos que no século XVII, nesta mesma Olinda, prenderam um governador enviado de S. M. e o expulsaram da Capitania. Não deixe o turista de subir até à Misericórdia. Visite a igreja, que é do século XVI: de lá dizem as crônicas que o Capitão André Pereira Temudo, sozinho, "lutou à espada até cair morto" contra os holandeses que foram saquear a casa de Deus. Tem jacarandás e azulejos dignos de atenção – sendo que nos azulejos, as figurinhas do Menino Deus e dos anjos se apresentam todas mutiladas – o pudor de um século recatado tendo corrigido as expansões de outro, mais livre. Do alto da Misericórdia avista-se o Recife. Também do alto da Sé. É uma das melhores vistas da capital de Pernambuco.

Vai-se a Olinda de ônibus ou de automóvel. Para Boa Viagem há uma avenida, excelente para passeio de automóvel. E outra para Socorro, onde está hoje instalada uma vila militar.

Entre Águas e Matas Emerge a Cidade Quase-Ilha

O Recife de copas de árvores acolhedoras para conversas e namoricos, de fascinante litoral, com praias que permitem ao visitante mirar uma variedade de cores, de rios bondosos que embelezam o centro e os arrabaldes da cidade é o Recife de Gilberto Freyre. Ele desenha sua cidade, aponta lugares e caminhos para moradores e visitantes e define o caráter todo sentimental desta relação entre as pessoas e o sol, as matas, as águas e a terra que constituem esta cidade. O Recife se multiplica e, ao mesmo tempo, se individualiza através da relação afetiva estabelecida entre ela e seus habitantes. Calor, cheiro e luz dão um tom todo passional a essa relação. Já não se vive a cidade apenas fisicamente, mas sobretudo sentimentalmente. O Recife de Freyre é tão natural, tão exuberante, graças, em grande parte, às águas que o margeiam, que fazem as vezes de espelhos naturais, refletindo seu vaivém diário. Águas que adornam, alimentam, que transportam, deslocando pessoas e muitas esperanças, mas que também devoram, arrastando os desejos com sua fúria e trazendo desalento.

Mas a paisagem do Recife transformou-se. A fresca do Capibaribe e das árvores é agora quase imperceptível. Outro cheiro, outro ritmo, outras paisagens. Homens e mulheres a refazer seus cenários, a construir o palco de suas vidas. No entanto, o centro do Recife guarda muitos contrastes. O Recife de Gilberto Freyre, de Manuel Bandeira, de Vicente do Rego Monteiro, com sua natureza exuberante, convive com o Recife dos anônimos transeuntes da contemporaneidade. Assim, mesmo estando no movimentado centro do Recife, o visitante poderá desfrutar do Parque 13 de Maio situado entre as ruas Princesa Isabel, João Lira, Hospício e Saudade. Uma área de lazer construída em 1939, numa área de mil metros quadrados. Há nesse parque um minizoológico, fontes luminosas, vários banquinhos, pipoqueiros, playground, esculturas e muitas crianças brincando, sobretudo no final da tarde.

É possível também entrar em contato com a natureza tão exaltada por Freyre, encaminhando-se o visitante para os bairros um pouco mais afastados do centro. Localizado entre a Avenida Rui Barbosa e a Rua do Futuro fica o Parque da Jaqueira, área de lazer que conta com uma pista de cooper, uma ciclovia, vários jardins, playground, pista de bicicross, pista de patinação e diversas árvores frutíferas e de ornamentação. Já no Bairro de Dois Irmãos, o turista poderá conhecer o Museu de Ciências Naturais, andar de charrete, trenzinho e pedalinho, apreciar a fauna e a flora da Mata Atlântica e observar alguns animais em liberdade. Ainda em Dois Irmãos, estão localizados, atualmente, o campus da Universidade Federal

Rural de Pernambuco (criada em 1947), com área de 147 hectares e mais de uma centena de edifícios e o Laboratório Farmacêutico de Pernambuco – Lafepe. Depois de conhecer os arrabaldes da cidade, se o visitante voltar às ruas centrais do Recife no finalzinho da tarde, não deixe de parar na Rua da Aurora, sentir o cheiro do Capibaribe e, diminuindo a velocidade do dia a dia, observar da calçada do Museu de Arte Moderna Aluísio Magalhães (Mamam) o espetáculo do pôr do sol e o brilho das águas tão exaltadas pelos poetas.

Chegando pela manhã à Avenida Conde da Boa Vista, o visitante notará que o canto dos pássaros ou o sino das igrejas foram abafados pelo som dos vendedores de CDs e de bugigangas, pelo barulho dos ônibus e pelos alto-falantes das inúmeras lojas da Rua Imperatriz, da Rua Nova, da Camboa do Carmo, da Sete de Setembro, verdadeiros shopping centers populares. Caminhe o visitante em direção ao Bairro de São José, atravesse a Ponte Buarque de Macedo, conheça a agitada Avenida Guararapes ou mais conhecida como Avenida dos Correios, e vá ao Cais de Santa Rita. Chegando, verá como o Rio Capibaribe ainda é responsável pela sobrevivência de muitas pessoas que nas suas margens pescam e comercializam o peixe. Mas aguce o olhar também para o verde-escuro denunciando os maus-tratos com suas águas. Permanecendo à beira do rio notará também como os arranha-céus substituem gradativamente as copas frondosas das árvores. Atravessando a Ponte Maurício de Nassau, visite o Bairro do Recife. Do Observatório Malakoff, na bela Praça do Arsenal da Marinha, o visitante terá uma visão inesquecível do mar que liga Recife a Olinda.

Para aproveitar o sol do Recife, as indicações de Freyre ainda são bastante atuais. Visite a Praia do Pina, uma praia urbana, com muitos bares e badalação. Na orla, encontram-se quadras de tênis, de futebol e de voleibol, além de alguns parques para crianças. Conheça ainda a Praia de Boa Viagem, a mais famosa do Recife, com aproximadamente 7 km de extensão; ela é delimitada pela Praia do Pina de um lado e pela Praia de Piedade do outro. A zona mais frequentada da praia é a parte central; aqui se encontram moradores das proximidades e os turistas que ficam nos diversos hotéis e pousadas da região. É o trecho preferido para práticas de caminhada e a área mais bem equipada e mais bem policiada de Boa Viagem.

Protestantismo

PROTESTANTISMO data entre nós dos tempos coloniais, quando reformados holandeses e calvinistas franceses andaram querendo fazer adeptos no Brasil. Em 1630 o Rev. João Baers já celebrava publicamente em Olinda segundo o rito calvinista. Primeiro na Câmara Municipal improvisada em capela; depois na Igreja do Salvador. E quando se tratou, no governo do Conde Maurício de Nassau, do plano da cidade do Recife, Maurício quis que se levantasse um templo calvinista no coração mesmo da cidade. Perto do Paço Municipal. Traçou o plano o arquiteto Pieter Post; e data daí o primeiro grande templo protestante no Brasil, com o Rev. Francisco Plante por capelão. Diz-se que houve outro, chamado dos franceses, onde é agora a Igreja do Espírito Santo, na Praça Dezessete; mas afirmam alguns que não, que dava a frente para o Cais do Ramos. Várias igrejas católicas sabe-se que foram transformadas pelos hereges em templos calvinistas – uma delas a de São Frei Pedro Gonçalves do Recife, onde foi enterrado Ernesto, irmão do Conde Maurício.

Hoje existem no Recife um seminário presbiteriano, outro, batista, igrejas presbiterianas, batistas, metodistas, adventistas – várias igrejas evangélicas onde se lê a Bíblia e se cantam hinos traduzidos do inglês. Entre os hinos, um que começa assim:

> *Filhos da luz, salvos da perdição*
> *Amados do Senhor!*

Os ingleses mantêm no Recife um cemitério protestante em Santo Amaro, que data dos princípios do século XIX e onde se acha sepultado um pernambucano ilustre, o General Abreu Lima; e uma Igreja Anglicana, com capelão, por longos anos situada à Rua da Aurora e agora nos Aflitos. Vários ingleses do Recife, porém, são católicos. Inclusive os já famosos "ingleses de Apipucos". Fato curioso, porém, é que o velho órgão que se encontra na antiga capela, agora igreja, de Apipucos, tem esta procedência: a primeira Igreja Anglicana no Recife, estabelecida à Rua da Aurora no começo do século XIX. Órgão ecumênico, portanto. E como órgão ecumênico, precedeu João XXIII.

Horários de Missas Católicas
e de Cultos Evangélicos

MAIORIA das igrejas está aberta à visitação pública durante os expedientes comerciais (8 às 12 horas e 14 às 18) e nas horas de função religiosa.

Entre 5 e 10 horas há missas quase contínuas, especialmente nas igrejas do Carmo, de Santo Antônio, Convento de Santo Antônio e na Matriz da Boa Vista. Daí em diante, o horário é o seguinte:

11:00 – Santo Antônio (Praça da Independência); 11:20 – Espírito Santo (Praça Dezessete); 12:30 – São Pedro dos Clérigos; 18:00 – Rosário dos Pretos (Rua Larga do Rosário); Conceição dos Militares (Rua Nova); 18:15 – Santo Antônio (Praça da Independência); 18:30 – Carmo (Pátio do Carmo); 19:00 – Boa Vista (Praça Maciel Pinheiro); 19:30 – Carmo (Pátio do Carmo).

Quanto aos cultos evangélicos aos domingos, o horário é o que se segue nas principais igrejas:

10:30 e 19:30 – Igreja Batista da Capunga (Rua Fernandes Vieira, 769); 20:00 – Primeira Igreja Batista do Recife (Avenida Conde da Boa Vista, s/n); 19:30 – Igreja Presbiteriana Fundamentalista (Cais José Mariano, s/n); 9:30 e 20:00 – Igreja Presbiteriana da Boa Vista (Avenida Conde da Boa Vista); 9:15 e 20:00 – Igreja Congregacional (Rua do Príncipe, 328).

Há duas sinagogas no Recife que se encontram uma, na Rua Marins, outra na Rua da Glória.

Semana Santa e Festas de Igreja

RECIFE colonial e dos primeiros tempos do Império teve sua Semana Santa faustosa. Na quinta-feira maior, muito ruge-ruge de vestido de seda, visita às igrejas, aos altares enfeitados. Na sexta, a procissão do Senhor dos Passos, com as irmandades; confrarias, pendões: penitentes nus da cintura pra cima flagelando-se a cacos de vidro. Senhoras vestidas de roxo e de preto. O drama da Paixão representado nas igrejas.

Hoje, a Semana Santa não tem o fausto de outrora.

O Recife, entretanto, conserva-se fiel a sua velha fé. O mês de maio se celebra em quase todas as casas. As festas de igreja ainda são muitas: a de Santo Amaro, a do Morro da Conceição, a do Poço. No dia 16 de julho, a de Nossa Senhora do Carmo, padroeira da cidade. No primeiro domingo de setembro, a de Nossa Senhora da Penha, padroeira do comércio do Recife.

Procissões, Conventos e Colégios de Religiosos

AINDA saem à rua várias procissões. Na segunda semana da Quaresma, a do Senhor Atado. Na terceira, a dos Martírios. Na quarta, a de Passos. No dia de *Corpus Christi,* a de *Corpus Christi.*

Os andores de Nosso Senhor e dos santos atravessam as ruas acompanhados de muito povo, enfeitados de flores; banda de música; sinos tocando; o ar, mole de incenso e do cheiro de rosas se desfolhando sobre os santos; senhoras descalças e meninos vestidos de anjos, em pagamento de promessas; negras velhas de xale azul; velhinhas de mantilha preta; moças de vestido branco e fita azul; senhoras dos Apostolados; padres; frades; seminaristas; meninos de colégio; confrarias e irmandades com os seus guiões encarnados, seus pendões roxos, suas cruzes, suas lanternas de prata antiga. Os irmãos de Bom Jesus dos Passos, velha irmandade, que data de 1654, são os de capa roxa; os do Sacramento, os de capa encarnada; aqueles de hábitos roxos, um deles de grandes bigodes, são os da Confraria de Bom Jesus da Via-Sacra, que data também dos tempos coloniais. Confraria outrora só de portugueses, conhecidos por "tamancões" porque iam assistir a missa de madrugada, de tamancos. Os de hábito branco com capa azul são os irmãos de N. S.ª da Boa Morte; branco com capa azul, Soledade; capa branca, Rosário do Recife (fundada em 1654); hábito branco, capa amarela, Senhora Sant'Ana (fundada em 1721); hábito branco, murça roxa, Patriarca São José (fundada em São José Ribamar em 1735); hábito branco, murça cinzenta, Bom Parto; manto roxo, Bom Jesus dos Aflitos, outrora de pescadores; hábito preto, Santa Rita de Cássia (fundada em 1726); capa roxa, Martírios, de homens de cor; hábito azul e capa encarnada, Sant'Ana da Igreja de Santa Cruz (fundada em 1807); hábito branco e capa azul, N. S.ª do Terço; hábito branco com cruz de malta enfeitada de ouro, Celestial SS. Trindade; capa roxa, Bom Jesus dos Martírios; hábito azul com capa parda, São José da Agonia; hábito cor de café e capa creme, N. S.ª da Luz; hábito de cor de café, Glorioso São Benedito, outrora irmandade de negros, muito antiga; capa encarnada, Sacramento de Santo Antônio e Espírito Santo; hábito roxo, capa encarnada, Bom Jesus das Chagas (fundada em 1789); fita branca e azul, Conceição dos Militares.

Negociantes, advogados, operários, médicos, industriais fazem parte dessas irmandades e confrarias; outros, da Ordem Terceira do Carmo (hábito preto, capa branca) e São Francisco (hábito cinzento) que saem também à rua com suas cruzes para acompanhar os enterros dos irmãos. Mandam dizer missa por eles. Amparam velhas e viúvas. Há também, no Recife, os irmãos da Santa Casa de Misericórdia, instituição que vem dos tempos coloniais e tem prestado a Pernambuco bons serviços de assistência social. Mantém orfanatos, hospitais, recolhimentos, cuida dos lázaros. O Hospital Pedro II, por exemplo, é da Santa Casa. Consta que foi o fidalgo João Pais Barreto que fundou em Olinda, em 1568, o Hospital da Misericórdia, dezesseis anos depois organizando-se a Santa Casa, na Igreja da Misericórdia.

Conventos, há no Recife o dos frades do Carmo, o dos Franciscanos, o dos frades da Penha. Colégios de padres ou religiosos, o Nóbrega, dos Jesuítas, o dos Maristas, o dos Salesianos, o de São João. E para meninas existem vários de freiras ou madres. Entre outros, o de São José e das Damas Cristãs. O das cônegas de Santo Agostinho. O Vera Cruz. O da Sagrada Família.

PORTÃO VELHO

Missas

ISSA, o recifense tem sempre uma igreja perto onde ouvi-la. O viajante católico que passar aqui o domingo, e quiser ouvir sua missa, tome nota de algumas das igrejas da cidade: Igreja do Sagrado Coração (Colégio Salesiano); de Nossa Senhora de Fátima; Capela do Hospital de Santo Amaro; Igreja de Nossa Senhora da Penha; Basílica de Nossa Senhora do Carmo; matrizes da Torre e da Casa-Forte; Igreja do Convento de São Francisco; capelas do Recolhimento da Glória, de Santa Isabel, em Casa Amarela, de Nossa Senhora do Bom Parto (Campo Grande), do Colégio de Nossa Senhora de Pompeia; dos hospitais Dom Pedro II, dos Alienados (Tamarineira) e Osvaldo Cruz; matrizes de Nossa Senhora da Paz (Afogados) e de São Sebastião do Cordeiro; capelas do palácio arquiepiscopal, dos Colégios Marista, Nossa Senhora das Lágrimas (Campo Grande), São José, Sagrada Família, do Asilo do Bom Pastor, de São José (no Sancho), do Convento das Carmelitas Descalças e da Casa de Detenção; matrizes de São José, Boa Vista, Nossa Senhora do Rosário do Pina, das Graças, de Belém da Encruzilhada, do Arraial, da Soledade, do Barro e do Arruda; igrejas dos Martírios e da Santa Cruz; capelas do Colégio da Nóbrega (para os congregados marianos), de Santo Amaro das Salinas, dos Colégios Eucarístico, Santa Margarida e Damas Cristãs ou da Instrução Cristã (Ponte d'Uchoa), do Ginásio do Recife, do Externato do Sagrado Coração (Rua da União), de São Benedito, do Hospital do Pronto Socorro, da fábrica da Torre; Igreja de São Pedro dos Clérigos, do Paraíso, de Apipucos; capelas do Colégio de São Vicente de Paulo (Estância), do morro do Arraial, do Remédios; de Iputinga; matrizes das Ordens Terceiras do Carmo e São Francisco, da Santa Cruz, do Rosário de Santo Antônio, de São José de Ribamar, de São Francisco de Paula (Caxanguá), de Pilar e de Tijipió; capelas de São Sebastião da Macaxeira (Santo Amaro), dos hospitais dos Lázaros e Português; Capela de Gameleira (arrabalde pobre de São José); Igreja da Conceição dos Militares; matrizes de Santo Antônio, da Boa Vista (missa para crianças), da Piedade, de Beberibe, da Várzea, de Belém da Encruzilhada; Igreja de Santa Cecília; Capela de Boa Viagem; Concatedral da Madre de Deus; Igreja de

São José do Manguinho; Igreja do Espírito Santo; Igreja do Livramento (missa do Comércio, só para homens).

Dos interiores de igreja destacam-se pelo esplendor ou apenas pela graça da sua arte o da Madre de Deus, o de São Pedro, o da Capela Dourada, o da Igreja do Convento dos Franciscanos, o da Igreja do Convento do Carmo. O interior da Igreja dos Capuchinhos tem alguma coisa de imponente e o da Conceição dos Militares, à entrada, pinturas no teto das batalhas com holandeses do século XVII. No claustro do Convento de S. Antônio dos Franciscanos do Recife foram há pouco descobertos azulejos holandeses do século XVII – assuntos profanos – preciosos. Talvez tenham sido do Palácio de Nassau e, por serem profanos, depois de colocados no claustro por um provincial tenham sido caiados por sucessivos outros durante séculos.

Xangôs

ANGÔS, havia vários pelo velho Recife. Uns, em mucambos à sombra de grandes gameleiras ou entre coqueirais. Outros, em casinhas de barro sumidas na mucambaria do Fundão. Ainda existem alguns; mas já deformados. Em decadência.

Os antigos eram verdadeiras religiões, com suas danças, seus maracás, seus santos a que se faziam sacrifícios de comida e de azeite de dendê, seus pais de terreiro, suas galinhas pretas, seus ramos de jurema, suas folhas de maconha que fumadas fechavam o corpo do crente e lhe davam sonhos de amor. Josefina Minha Fé, pretalhona simpática que morreu em 1936, tinha um cavalinho de pau a quem se faziam pedidos como a um ministro ou político, escrevendo uma petição e botando o papel por baixo do bicho. No dia seguinte Josefina tirava o papel e lia misticamente o despacho.

Havia também a baiana Joana, de Bomba Grande, que trabalhava com galinha preta. E seitas africanas – uma porção. A de Cosme e Damião, na Rua das Meninas nº 4. A de São Sebastião, no Beco do Cochicho. Uma na Água Fria, na Rua do Manjerico. Outra – de Santa Bárbara – no Jacaré. A de Santo Antônio, no Fundão, de ritos nagôs baldeados com jejes – informa a mãe do terreiro. A de Pai Adão, que estivera na África e falava iorubano. E ainda a de Xambá, a de Obaruidá e a de Obaomim.

Pai Adão morreu em 1936. Seu enterro foi um acontecimento. Verdadeira multidão. Quase igual ao enterro de José Mariano.

Na Cruz do Patrão, onde nos tempos coloniais os negros se reuniam para fazer catimbó, diz a tradição que uma vez apareceu o Diabo, pegou uma negra do toutiço gordo e se sumiu com ela no meio da água. Tudo isso entre estouros e no meio de muita catinga de enxofre. É um dos lugares mal-assombrados do Recife, ligado a fuzilamentos e assassinatos. Parece que é o sítio onde outrora se enterravam negros novos – dos tais que Maria Graham viu enterrados à beira da água com pedaços do corpo aparecendo. Outro sítio mal-assombrado é o Encanta-Moça, para as bandas do Pina, onde é tradição que se encantou uma moça com quem o marido judiava muito. Ainda outro, foi a Rua do Encantamento. E também o Chora-Menino, onde dizem que noite de escuro se ouviu durante anos choro de inocente, de vítimas de uma matança que aí teria havido nos começos do século XIX.

O *Roteiro* de Severino Barbosa aos xangôs do Recife vai ser precioso para aqueles turistas que desejam conhecer o autêntico em vez do para inglês ver. Ver ou ouvir.

Aliás um inglês ilustre, o psiquiatra Sargant, de Londres, esteve há pouco tempo no Recife especialmente para ver, ouvir e sentir xangô recifense. O que fez em companhia do autor deste *Guia* que, para tanto, recorreu principalmente a seu velho amigo Pai Mariano.

O terreiro de Mariano está no Fundão de Dentro: à Rua Marcílio Dias, 65. É babalorixá genuíno. Faz matança de animais para o sacrifício segundo o mais puro ritual. Distribui a carne pelos filhos e guarda por vários dias os ossos no peji. Danças e cantos autênticos. O inglês Sargant – conhecedor do assunto – ficou encantado com o que viu, ouviu e apurou no terreiro do velho Mariano. Fotografou, filmou e gravou muita coisa.

Outros bons terreiros: o do patriarca Apolinário, contemporâneo do maior babalorixá que já teve o Recife: Adão. Segue a "linha do Congo". A grande festa do seu terreiro, dedicada ao Senhor do Bonfim, é a do Inhame e em louvor de Oxalá, "o santo dos santos". Realiza-se na penúltima sexta-feira de setembro. Ainda outros terreiros autênticos: o de José Romão, filho do famoso Adão. Fica à Estrada Velha de Água Fria. Ritual nagô. Festa principal: a 8 de dezembro, consagrada a Iemanjá, a "Rainha do Mar". Os "filhos do santo" de Romão são os que com mais devoção vão à noite, naquele dia, às praias do Recife, levar flores a Iemanjá. Uma Iemanjá que está tomando o lugar de Nossa Senhora no culto de muito recifense, desde que certos bispos e alguns padres católicos vêm desprezando a Mãe de Jesus sob o pretexto de deverem racionalizar, socializar e "purificar o catolicismo de superstições". O recifense, porém, o que principalmente quer da "sua" religião é principalmente resposta à sua ânsia mística. Daí, entre a gente do Recife, muita devoção a Iemanjá, o Oxalá, a Umbanda, misturada agora ao seu catolicismo que alguns daqueles bispos e padres pretendem transformar em *ismo* apenas humanitário ou social.

Terreiro que atrai muito devoto, no Recife de agora, é da ialorixá Lídia, à Travessa do Caenga, em Beberibe. Matriarca, é sogra de José Romão. Rito nagô.

Também do rito nagô é o terreiro da ialorixá Amália, à Estrada de São Benedito, nos Peixinhos. Aí há grandes festas a 2 de fevereiro e a 16 de junho, consagradas à Oxum (Nossa Senhora do Carmo, padroeira do Recife).

Ainda do rito nagô é o terreiro da ialorixá Das Dores. É mãe de terreiro muito querida da sua gente, essa Das Dores que é baiana e descende de escravo da "nação Jeje".

Há vários outros terreiros no Recife de hoje. Ao declínio do catolicismo como religião mística está correspondendo, na capital de Pernambuco como no interior, considerável aumento de seitas místicas protestantes, de umbanda, de centros espiritistas e de seitas afro-brasileiras com assimilações de crenças e de devoções católicas.

É o que indica – essa assimilação – o calendário das festas religiosas mais populares nos xangôs do Recife: um sincretismo que, de assimilação de crenças africanas a favor do catolicismo, vem passando a ser, por falta deste, de assimilação de crenças e cultos católicos a favor de uma como renascença católico-africana. Renascença que talvez venha a enriquecer no futuro – quando bispos e padres mais lúcidos que alguns dos atuais assumirem a liderança católica no Brasil – um catolicismo mais místico ou mais espiritual.

É o seguinte o calendário das festas religiosas mais populares nos terreiros de xangô do Recife: Abalu-aiê (São Sebastião) – 20 de janeiro; Ogum (São Jorge) – 23 de abril; Xangô (São João) – 23 de junho; Oxum (Nossa Senhora do Carmo) – 16 de julho; Nanã Burucu (Nossa Senhora de Santana) – 26 de julho; Exu (São Bartolomeu) – 24 de agosto; Ibeijis (Cosme e Damião) – 27 de setembro; Iemanjá (Nossa Senhora da Conceição) – 8 de dezembro; Iansã (Santa Bárbara) – 13 de dezembro; Oxalá (Senhor do Bonfim) – 31 de dezembro.

Repita-se que, em louvação de Oxalá (Senhor do Bonfim), na penúltima sexta-feira de setembro, no terreiro do Pai Apolinário, há grande festa chamada do Inhame. Só se admitem turistas reverentes.

Sonhos, Remédios e Crendices

RECIFENSE acredita muito em sonho. O jogo do bicho – instituição popular, não apenas recifense nem pernambucana, mas brasileira – está baseado largamente em sonhos. Sonha-se com um bicho ou cousa que sugira um dos 25 bichos do jogo, e joga-se. Há felizardos que sonham já com o número e tiram milhar ou bilhete de loteria. Quem sonha com casamento ou batizado, joga peru; defunto, urso; doutor ou bacharel, burro; moça, borboleta; ovos, cobra; soldado, macaco; aguardente, avestruz; mata ou carne, tigre; chaleira, elefante. E há outras associações mais sutis.

O recifense, como bom brasileiro que é, acredita em remédio caseiro, cultiva seu bocado de superstições. Alguns remédios caseiros: para vermes, mastruço; asma, cebola-cecém; tosse, cambará; para desarranjo dos intestinos, capim-santo; para limpar o sangue, batata-de-purga; para dor de estômago, chá de cidreira; para espinhela caída, emplastro confortativo.

A crença em dinheiro enterrado é uma das mais comuns no Recife. Nos tempos coloniais, como não havia banco, enterrou-se muita joia e dinheiro nos sobrados. A cidade está cheia de casas mal-assombradas. O dinheiro, é crença geral que se anuncia por barulhos de móveis, pratos se quebrando, às vezes mesmo visagens. O sobrado à Rua de Santa Rita Velha, antigo nº 3, teve fama de mal-assombrado. A visagem só sossegou quando um sapateiro, um tal Juca, desenterrou uma botija de dinheiro. O sobrado da Estrela, à Rua Imperial, foi outro.

Há no Recife supersticiosos que só entram em casa com o pé direito. Que desconfiam das borboletas pretas. Do besouro-mangangá e do sapo-cururu. Mas alegram-se se veem entrar em casa uma esperança ou uma aranha; trazem felicidade. Um pé de arruda ou de pinhão-roxo no quintal é bom contra o mau-olhado. Noite de São João – que no Recife é ainda noite alegre de fogos, de bolos, de canjica de milho – todos devem armar uma fogueira no quintal ou defronte da casa: senão o Diabo vem dançar. Os meninos do Recife têm medo do papa-figo, do "negro do surrão", do Cabeleira, de Cariri. Dos nenéns alguns ainda trazem figa no pescoço contra o mau-olhado.

As Igrejas e o Passado Sentimental do Recifense

O RECIFENSE não está ligado às suas igrejas só por devoção aos santos, mas de um modo lírico, sentimental: porque se acostumou à voz dos sinos chamando-o para missa, ou anunciando incêndio; porque em momento de dor ou aperreio ele ou pessoa sua se pegou com Nossa Senhora, fez promessa, alcançou a graça; porque nas igrejas se casou, se batizaram seus filhos e estão enterrados avós queridos.

Outrora era nas igrejas que se enterravam os mortos. O turista indo a uma igreja velha do Recife há de dar com inscrições marcando catacumbas e jazigos. Nomes de famílias antigas. De recifenses de quatro costados. Ainda hoje se recolhem os ossos, em urnas, à sombra dos altares da Virgem e dos Santos. E marcando-as, palavras de saudade: "filhinho querido"; "mãezinha do coração"; "nossa adorada Teté". O que na Europa é luxo reservado aos reis, no Escurial, e aos grandes poetas e aos sábios e estadistas na Abadia de Westminster e no Panteão, nesta boa cidade que o turista está vendo foi até pouco tempo direito de todo burguês devoto de Nossa Senhora.

Nas igrejas se acham também promessas, quadros de ex-votos, pés, mãos, rins, corações, braços de cera ou de madeira, velas, cachos de cabelo. São promessas que foram atendidas; e por gratidão ao santo ou à Virgem Maria lá vem aquele pé de cera ou aquele quadro pintado em madeira ou em tela.

Um recifense doente do pé ficou bom: pediu a Nossa Senhora, pediu com fé, e o pé sarou. Esse recifense foi o velho Vilaça; em pagamento da promessa mandou fundir o maior sino de igreja que tem o Recife: o da Matriz de São José, com o peso de 24 arrobas e um som que chega até Tijipió.

Outro, que ia se afogando no mar, pegou-se com o santo e as ondas o trouxeram à praia vivinho da silva. Não tem dúvida em proclamar bem alto sua gratidão de homem de fé: reproduz a cena horrível para todos os outros recifenses verem de que é capaz um santo poderoso e bom.

Mas o turista talvez não ache sabor nenhum nessas cousas sentimentais; e só nas pitorescas e históricas.

Igrejas Pitorescas e Históricas

S IGREJAS do Recife não falta interesse histórico, muito menos riqueza de pitoresco.

O estilo que predomina nelas é o barroco. Naturalmente não há no Recife nenhuma maravilha de arte religiosa. Nenhuma catedral que se compare, já não diremos às europeias, mas às do México e do Peru. Mas o barroquismo, por natureza romântico, exprimiu-se aqui nuns à-vontades deliciosos; numas assimetrias e irregularidades que dão às nossas igrejas, como a quase toda a arquitetura colonial brasileira, encantos de espontaneidade; um não sei quê fácil de sentir – pelo menos quando se é da terra – mas difícil de definir ou interpretar.

O turista saia da Praça da Independência e tome a Rua Larga do Rosário, ao lado da Igreja do Rosário, largue-se pela Rua do Fogo adentro, até o pátio de São Pedro: aí o espera uma das igrejas mais românticas do Brasil: a de São Pedro dos Clérigos. Domina um pátio onde sobradinhos e casas de porta e janela se agarram umas às outras.

Logo a porta de São Pedro, de motivo barroco, é uma delícia. Suas torres, das mais bonitas que tem a cidade. Cada uma, com quatro tochas. De cada lado da igreja, um desses lampiões bem recifenses, pegados à parede. No interior, altares entalhados, retábulos de talha dourada, jacarandás pretos, púlpitos bem trabalhados; uma pia de pedra portuguesa. Merece bem uma demorada visita a Igreja de São Pedro. Foi há pouco restaurada pelos técnicos do Patrimônio Histórico e Artístico Nacional. Quando esteve no Recife, como Embaixatriz do Reino Unido no Brasil, Lady Wallinger visitou várias igrejas. A que mais a encantou foi a de São Pedro.

Uma igreja que não tem título nenhum de glória, mas apenas o encanto do seu pitoresco, é a do Livramento. Aí, outrora, não havia noite que o nicho não estivesse aceso, dominando do alto todo o bairro, como um olho de pessoa acordada que vigiasse pela gente dormindo. Que visse tudo o que se passava de noite. Os namoros. Os assassinatos. As festas com sereno na janela. E de dia, o movimento, as mulheres fazendo compras, os meninos brincando, os homens conversando. E os casamentos, os batizados, os enterros de

Igreja de São Pedro dos Clérigos

segunda classe. Como aquela torre magra, toda revestida de louça portuguesa, da Igreja do Terço, de que falam os versos de Odilon Nestor:

Viste cobrir de beijos muito berço
De cravos brancos muitos noivos
E de boninas e de goivos
Mil caixões enfeitar.

Odilon Nestor, paraibano, é um poeta profundamente ligado à vida do Recife. O Recife é aliás a metrópole sentimental do Nordeste inteiro e não apenas de Pernambuco. Além do que é, e tem sido, cidade de muito poeta bom, nascido dentro das suas portas ou vindo de fora, estudar nas suas escolas, como Castro Alves e Augusto dos Anjos

À porta da Igreja do Terço, que foi dantes um nicho – o nicho da Rua dos Codiares, onde os devotos vinham rezar o terço – o revolucionário da Confederação do Equador (1824), Frei Joaquim do Amor Divino Caneca, foi degradado das ordens sacras. Frei Caneca era para ser enforcado; mas não houve carrasco que se prestasse a justiçá-lo. De modo que o frade revolucionário acabou arcabuzado no Largo de Cinco Pontas, perto de outra igreja, a de São José. Igreja que não oferece interesse nenhum, a não ser o do sino, da promessa de Vilaça; e a este já nos referimos. Só vá visitá-la quem quiser ver, por curiosidade mórbida, a que extremos chegou o mau gosto das restaurações nas igrejas do Recife.

Outras Igrejas e Conventos

UTRAS igrejas e conventos que merecem a visita do turista: o Convento de São Francisco, que data de 1606. O tipo do convento franciscano. Tem pelas suas capelas, pelos seus corredores, uma verdadeira riqueza de azulejos. Cenas do *Gênesis*. Outras de martírios de missionários. Os milagres do Rosário. A vida de Santo Antônio. Além dos azulejos, jacarandás entalhados, cômodas com painéis emoldurados em talha, o coro. E uma biblioteca sossegada, boa para a meditação e para as leituras santas. De vez em quando, pelo silêncio do claustro, um rumor de alpercata: um frade magro vem confessar uma velha de preto. Observe o turista no claustro os frisos de azulejos: talvez os mais antigos desse gênero no Recife. São azulejos holandeses. Há quem pense terem sido do Palácio das Torres do Conde Maurício de Nassau.

O Convento da Penha não tem a doçura luso-brasileira do de São Francisco, nem os azulejos e jacarandás coloniais, amaciados pelo tempo. Faz pouco mais de cinquenta anos que os capuchinhos italianos levantaram no Recife este novo convento. A igreja não tem que ver com uma igreja italiana. Torres em lanceta. Zimbório gordo. Os sinos são de mestre Vilaça. No interior, um altar-mor imponente com baixo-relevo de Besabel. Dezessete altares de mármore. Na sacristia, bonito jacarandá império. No refeitório, uma mesa toscana, simples, dura e ascética. Os bancos, também, de uma dureza franciscana. Todo o primor de arquitetura que aqui se admira foi obra de frade. Na sacristia, conserva-se o retrato do arquiteto – um capuchinho de olhar severo. Os capuchinhos têm fama de homens terríveis por trás de suas barbas secas; e por isso diz-se que o Diabo tem mais medo deles que dos outros religiosos. Andam muito pelos sertões, pregando santas missões, confessando, casando, batizando até filho de cangaceiro. Ao rumo de suas sandálias o sertanejo começa a rezar o Senhor Deus, Misericórdia! Foi um capuchinho do Recife que, no século passado, andando pelo sertão, deu com um povoado onde os homens trocavam de mulher e as mulheres trocavam de marido com a maior simplicidade deste mundo. Obra do Diabo contra a qual o frade levantou a voz acre. Quando aparece endemoniado no Recife, é o frade da Penha que se traz para tirar do coitado o espírito imundo. Os encafifados, também: outrora vinham ao convento para o frade lhes dar uma surra de cordões de São Francisco. Mas nem todos os frades da Penha têm sido homens tremendos da força de Frei Celestino, nem mesmo da marca de Frei Vital, capuchinho que foi feito bispo de Olinda aos vinte e tantos anos e enfrentou com coragem a Maçonaria todo-poderosa do tempo do Império. Preso, conservou uma serenidade admirável. É na Basílica da Penha que se conservam os restos mortais do frade moço e puro que soube ser tão fiel à sua fé. Na primitiva Igreja da Penha sepultou-se outro homem de coragem, poeta sem papas na língua que levou a vida troçando de tudo: Gregório de Matos.

No interior da Igreja da Penha, há uma boa estátua de Dom Vital. No pátio, outra. A esta é difícil fazer-se o mais leve elogio.

No Convento do Carmo há jacarandás e azulejos dignos de atenção: o coro, o capítulo, os balaústres. Os painéis representam a Paixão de Cristo. Mais ou menos onde fica hoje o convento, erguia-se no século XVII o Palácio da Boa Vista, do Conde Maurício de Nassau. A torre do convento, pensam alguns pesquisadores que ainda é resto do palácio.

Na Igreja do Espírito Santo, preste o turista atenção às portas almofadadas; e, no interior, à talha das varandas. Tome nota da data da construção: 1689. As armas que se veem sobre a porta são as da Companhia de Jesus. Os padres tiveram aqui seu colégio, que é hoje na Soledade, no casarão que foi por muito tempo palácio dos bispos.

Na Igreja da Madre de Deus encontrará o visitante uma capela-mor que é um primor. Os retábulos que aí se veem com a riqueza da talha são bem típicos da devoção luso-brasileira e da arte colonial. Infelizmente, depois de recentes reformas, essa boa igreja do século XVII perdeu seus antigos candelabros, substituídos por uns lampiões no estilo dos lampiões de rua. Há na Madre de Deus muita coisa que foi da Igreja do Corpo Santo; uma imagem de Nossa Senhora que foi do Arco do Recife; o Cristo do antigo Arco do Bom Jesus das Portas. Pedaços de altares, de arcos e de igrejas demolidas. Na sacristia há muito que admirar: o teto em caixotões; a pia de pedra de Lisboa (quanto recifense foi aí batizado!); as cômodas e repositórios de jacarandá; as relíquias do tempo dos padres de S. Filipe Néri. E em grandes arcas, a prataria velha, a ourama colonial – resplendores, castiçais, turíbulos, coroas, cálices, cruzes, lanternas de prata lavrada – que o turista só com muito empenho conseguirá ver. Também o pedaço de uma cabeça de Cristo, um enorme crucificado de madeira que deve ter sido um primor de imagem.

CAPELA DA JAQUEIRA

A Igreja da Conceição dos Militares tem obras de talha ricas; altar-mor imponente; cômodas de jacarandá na sacristia. No teto debaixo do coro, uma pintura da batalha dos Guararapes entre holandeses e brasileiros. Trabalho tosco, mas bem sugestivo, do século XVIII. Não deixe o turista de visitar a Conceição dos Militares.

Na Matriz da Boa Vista, admire-se a fachada, toda em cantaria de Lisboa. Na Igreja de Santa Rita de Cássia, atente-se nas armas do Governador César de Meneses.

A Igreja de Santo Antônio data do século XVIII, mas tem sofrido muita reforma. O altar-mor é bonitão. Na sacristia, entre os velhos jacarandás, havia uma peça de grande interesse para o turista: o palanquim em que outrora se conduzia o Santíssimo e que está agora no Museu do Estado. Por muito tempo, até princípios do século XIX, o palanquim ou a serpentina foi o meio de transporte que dominou no Recife. Algumas senhoras até nas igrejas entravam de serpentina, nos ombros dos pajens negros. Foi preciso que o Bispo D. José Fialho as repreendesse. Que aquilo era um insulto à casa de Deus. No tempo de Boa Vista, com o afrancesamento da vida no Recife, é que as ruas perderam o requinte oriental dos palanquins, para se encherem de "traquitanas, carros, seges, cabriolés, e carrinhos", obstruindo, "dia e noite, os populosos caminhos". Hoje o Recife está cheio mas é de automóveis. Desapareceram os últimos carros de cavalo que foram os *coupés,* os *landaux* e as *vitórias* da Casa Agra, com os seus boleeiros de cartola gritando "olha o carro!". Alguns carros do Agra, eram uns primores. Forrados de cetim. Lanternas de prata. Os boleeiros de cartola, sobrecasaca e luvas brancas. Nesses carros de luxo rodava o aristocrata recifense dia de casamento, de batizado, de festa. Os carros de enterro – de luxo, de primeira, de segunda classe – variavam de enfeite, de dourado, de penacho, sendo os de luxo puxados por quatro cavalos cobertos de preto.

O turista não deixe de fazer uma visitinha à Igreja do Rosário: nem à de São José de Ribamar. Não que nenhuma delas tenha interesse artístico ou mesmo histórico. Mas pelas sugestões folclóricas. A do Rosário, por exemplo, foi doada aos africanos do Recife e seus descendentes por el-Rei Afonso VII. Altar-mor de talha muito bonita. Uma imagem de São Benedito bem pretinho a quem os negros ainda hoje trazem flores, moedas e velas de cera. Diante dessa igreja, os africanos, nos dias de festa, vinham outrora dançar suas danças, tocar seus ganzás, seus matungos, seus maracatus – restos das antigas organizações coloniais de reis de congo, ou reis que os escravos tinham o direito de eleger. Os maracatus, ainda hoje, quando saem dia do carnaval, solenes e

Igreja do Carmo

místicos, a rainha toda de saias de roda, muito teteia, coroa, na mão direita a boneca sagrada, uns mulequinhos atrás da negra segurando-lhe o manto, e a gente toda dançando com mais unção religiosa do que entusiasmo carnavalesco – vêm dançar diante da Igreja do Rosário. Aliás, o turista, podendo, não deixe de ver um maracatu do Recife. Ainda há alguns: Leão do Norte, Cambinda Nova, Pavão Dourado, Estrela Brilhante, Leão Coroado. Vão mantendo como podem a tradição dos grandes maracatus do tempo de negros da Costa ricos. O último parece que foi o Oriente Pequeno. Mas os de hoje – o de Dona Santa, por exemplo – ainda arrastam muita gente; as rainhas descem dos mucambos do Outeiro, ou saem das suas tocas no Fundão, cheias de joias; os instrumentos são africanos: tambaques, ganzás; a boneca, vestida de seda e enfeitada de ouro: "Boneca de seda! É seda só!" Os negros de Cambinda quando saem é cantando muito enganjentos:

> *Se Recife fosse meu*
> *Eu mandava ladriá*
> *Com pedrinha diamante*
> *Pra Cambinda passeá!*

Já os de Leão do Norte são mais diplomatas e mais humildes:

> *Isso é um á, é um b, é um c*
> *Isso é um c, é um b, é um á*
> *Viva o chefe de poliça*
> *E o prefeito do lugá!*

Quanto à Igreja de São José de Ribamar, chega-se lá por uma rua que parece de subúrbio. Uma dessas ruas mais suburbanas de São José, até há poucos anos com meninozinhos nus brincando na calçada, os homens de pijama tomando fresco em espreguiçadeiras de lona, colegiais comprando sorvete e bolo de tabuleiro, às vezes o som de um piano fanhoso com uma moça tocando alguma valsa sentimental. A igreja não tem nada de extraordinário, a não ser o fato de que diante dela se reuniam outrora os pescadores de São José à espera da maré alta. Seus santos por muito tempo receberam promessas de pescadores – homens que acreditam também em tritões, em Iemanjá, em monstros. Fazem até suas promessinhas a Iemanjá. Mas já não moram por São José; e sim nos coqueirais do Pina e em Olinda. Entretanto, foi na praia de Santa Rita, perto da Igreja de São José de Ribamar, que em 1900 se encontrou um monstro marinho que o Recife inteiro foi ver. "Há muitos dias" – vem no *Jornal Pequeno* de 30 de maio de 1900 – "dizia-se ter aparecido na ilha do Pina um monstro marinho de formato desconhecido". Até que "ontem o nosso repórter viu na Praia de Santa Rita, onde houve grande ajuntamento de curiosos durante todo o dia, um enorme peixe de forma esquisita e muito cabeludo [...]".

Não é de admirar. Desde os primeiros tempos do Brasil que as águas pernambucanas, de Itamaracá ao Cabo de Santo Agostinho, águas azuis mas com manchas tão verdes que devem ter mesmo sereias e mães-d'água traiçoeiras; desde o princípio do século XVI que as águas deste mar têm fama de mal-assombradas. Alonso de Santa Cruz, piloto da expedição de Sebastião Cabôto (1526), chegou a batizar de "Rio dos Monstros", o futuro Rio Igaraçu. É que nele dizia-se haver monstros horríveis. E dos tais cabeludos – braços caídos, mãos da forma de pés de pato, corpo coberto de pelos, cabelos compridos. Saltavam à água que pareciam umas rãs; mas tinham traseiras de macaco e parece que cauda peluda. Falava-se também nuns outros monstros – uns cavalos-marinhos de pernas curtas. Filipe Cavalcanti, o florentino que se tornou senhor de engenho em Pernambuco e fundador de numerosa família brasileira, refere ainda outro monstro das águas pernambucanas: cabeça e pescoço de cão, mãos e braços de homem, peito e ventre de peixe, e pés de pássaro.

De 1900 até hoje, nunca mais deu às praias das vizinhanças do Recife nenhum peixe cabeludo nem monstro marinho. Uma vez por outra, dá a alguma praia algum resto enorme de baleia. Ou então um tubarão ainda vivo que dizem se anunciar por um cheiro bom de melancia.

O Recife das Muitas Crenças

O catolicismo tem uma história secular na formação da cidade do Recife. Não há como negar sua presença cotidiana desde os tempos de colônia, quando os portugueses firmavam sua dominação colonial. Tudo está registrado, não apenas nas crenças e nas orações. As construções arquitetônicas são sinais concretos de que o catolicismo permanece forte, apesar das muitas mudanças. Conhecer a cidade é não perder de vista sua dimensão religiosa secular. Visitar as igrejas e os conventos que resistem às ações do tempo é fundamental.

Elas permanecem com sua magia presente, maravilhando todos. As igrejas citadas por Gilberto Freyre continuam sendo lugares de grandes cerimônias religiosas, embora seja visível a dificuldade de assegurar sua manutenção. Seus sinos não ecoam com a majestade de antes, pois os ruídos são tantos que acabam por inibir seus toques ritmados. As procissões seguem seus percursos conseguindo sensibilizar parte da população católica, sobretudo as realizadas no centro das cidades, nas datas mais solenes, como na Semana Santa. O calendário religioso sofre, porém, com a modernização avassaladora dos últimos anos e as possibilidades de lazer, por ela, oferecidas.

O crescimento da cidade trouxe a afirmação de outras crenças religiosas com seus hábitos diferenciados. É marcante a presença de várias igrejas de matizes calvinista e luterana que se espalham por vários bairros do Recife. Congregam um número expressivo de seguidores que vem aumentando nas últimas décadas de maneira expressiva, atingindo várias camadas sociais. Seria difícil nomeá-las na totalidade. Mais recentemente, a chegada de grupos religiosos com práticas que fogem ao cristianismo mais tradicional tem gerado polêmicas. Já há muitos templos, alguns localizados na região central da cidade, com construções modernas e de grande porte, onde se destaca um discurso salvacionista de grande repercussão.

Há, portanto, uma diversidade visível, característica das cidades metropolitanas, com suas carências e sua heterogeneidade. A presença também dos cultos afro-brasileiros é expressiva, mostrando as bases culturais que alimentam a cidade, onde a contribuição africana é indiscutível. Além disso, mudou-se a forma de cada crença e/ou religião se aproximar do seu público. Há uma disputa por espaços nos programas de rádio e de televisão e um pragmatismo na busca de novos adeptos. A religiosidade ganha outras dimensões que, velozmente, invadem o cotidiano da cidade. Afinal, vivemos a sociedade dos espetáculos, onde as fronteiras entre o sagrado e o profano se misturam.

O budismo, antes praticamente desconhecido, hoje se faz atuante, divulgando seus princípios éticos, atraindo, sobretudo, a parte da população mais intelectualizada. A cartografia religiosa da cidade ganhou outros mapas, dialogando com as transformações de uma sociedade que cultiva o valor de troca e esquece os sentimentos sagrados da sua tradição. É comum encontrar, nos mesmos bairros, templos ou lugares onde os olhares sobre as possibilidades de transcendência espiritual sejam, inclusive, conflitantes. O Recife não podia esconder-se da globalização, por mais que a sua memória estivesse povoada de outros projetos e desejos.

Aeroporto e Estação Ferroviária

UTRO ponto ao mesmo tempo moderno e romântico do Recife é o Aeroporto de Guararapes. O edifício é novo. Murais de Lula Cardoso Ayres e de Francisco Brennand dão ao interior dessa estação um encanto especial: levam ao estrangeiro que chega de países frios a primeira sensação artística do trópico e das suas cores de mulheres, das suas formas de animais e de frutas. Aqui carregam e descarregam passageiros e carga, aviões internacionais e intranacionais. O Recife se comunica diariamente por avião com várias cidades da Europa e da América; com Dacar; e com as principais cidades do Brasil.

Há também uma Estação Ferroviária – a Central, da Rede do Nordeste – e de onde partem trens para vários pontos do Nordeste. E outra, rodoviária, perto do Grande Hotel, centro de todo um sistema de comunicações da capital com o interior do Estado.

Há também aviões capazes de levar rapidamente o turista a Garanhuns – cidade a quase mil metros acima do nível do mar, fresca e durante algum tempo, até fria, com um moderno hotel, em construção, num dos seus altos – e à Paulo Afonso: a famosa cachoeira que alguns consideram mais bela que a Niágara ou a Vitória ou Iguaçu. Das águas do Recife é quase um salto a viagem por avião às águas da Paulo Afonso.

O Recife e os Primeiros Voos da Europa ao Brasil

RECIFE foi o primeiro ponto do Brasil atingido pelos aviadores portugueses Gago Coutinho e Sacadura Cabral, no seu voo de Portugal ao Rio de Janeiro. Um monumento, no Cais Martins de Barros, recorda esse feito esportivo. Foi ainda esta cidade a primeira da América que recebeu, entre festas, os aviadores espanhóis que, num voo só, atravessaram o Atlântico Sul. E ainda – repita-se – a primeira cidade brasileira onde tocou o Zeppelin em sua viagem de inauguração da linha Europa-América do Sul.

Hoje o Recife se acha servido por várias companhias de serviço aéreo. À grandiosa estação, à altura da importância do tráfego internacional de aviões que ligam o Recife a vários países, que serve hoje a cidade, já se fez referência.

O Porto Novo

 RECIFE é hoje um porto carvoeiro. Na extremidade norte foi construída a Ponte de Carvão, como é conhecido vulgarmente o Transbordador para Carvão e Minérios. Trata-se de uma grande estrutura metálica com capacidade para movimentar 300 toneladas horárias. Tem cerca de 50 metros de altura.

O Porto do Recife será um porto capaz – quando bem drenado – de tratar bem vapores modernos que nas águas do Recife se encontram, muitas vezes, com jangadas de um primitivismo quase indígena.

Aviões, Carros, Navios: Um Recife de Muitos Caminhos

O Recife abre muitos caminhos aos moradores e visitantes que desejam conhecê-lo. Gilberto Freyre demonstrava na terceira edição deste Guia grande entusiasmo com o então Aeroporto dos Guararapes, mais uma possibilidade de entrada para muitos visitantes na sua cidade. Cosmopolita, ele sabia que o transporte aéreo proporcionava voos inimagináveis, deslocamentos não apenas territoriais, mas também muitas trocas intelectuais e culturais.

Situado a 11 quilômetros do centro do Recife, o Aeroporto Internacional dos Guararapes tem suas raízes históricas com a Segunda Guerra Mundial, quando o único campo de pouso de que o Recife dispunha era o parque do Encanta Moça, na Ilha do Pina. No fim da década de 1940 para início dos anos 1950, o Recife passou a ter grande importância no tráfego aéreo em meio às aerovias do Atlântico Sul e Europa, pela sua importante posição geográfica. Os aviões internacionais da época não tinham autonomia suficiente para fazer o percurso até a Europa, em voo direto a caminho do Rio de Janeiro e São Paulo, sendo forçados a pousar no Recife. As acanhadas instalações do Ibura tornaram-se inadequadas, não suportando crescente demanda no setor. No início de 1950, foi dado o pontapé inicial das obras de construção do Aeroporto Internacional dos Guararapes e em 18 de janeiro de 1958 ele foi inaugurado. Após as reformas de ampliação das décadas de 1970 e 1990, em julho de 2004 foi reaberto o novo terminal de passageiros do Aeroporto Internacional do Recife Guararapes-Gilberto Freyre, considerado o maior e mais moderno do Norte/Nordeste do país. Com 52 mil metros quadrados de área construída, 32 mil metros a mais do que o antigo terminal, o espaço passa a ter estrutura para receber 5 milhões de passageiros por ano, superando a capacidade anterior que era de 1,5 milhão de pessoas.

Quando sair do aeroporto e visitar as ruas e avenidas do Recife perceberá o visitante, como ocorre em todo grande centro urbano, a tensa e intensa relação existente entre os moradores e os meios de transportes. O Recife possui hoje frota de 362 mil veículos registrados no município. Na última década, a cidade teve um aumento de 44% na sua frota, causando forte pressão no sistema viário.

Felizmente, é possível fugir dos congestionamentos e conhecer os vários bairros do Recife sem gastar muito dinheiro. O turista pode utilizar o Metrô do Recife que faz parte do Sistema Estrutural Integrado (SEI), com 6 terminais e 44 linhas de ônibus, além da integração através de bilhetes em 8 estações com outras 27 linhas de ônibus. O Metrô do Recife começou a circular em março de 1985, quando foi inaugurado o primeiro trecho, ligando o centro do Recife à estação Werneck, numa extensão de 6,2 quilômetros. Em seguida, outras estações foram inauguradas. Em outubro de 1986, o Metrô chegou ao Terminal Integrado de Passageiros (TIP), que é a Estação Rodoviária do Recife, localizada a 16 quilômetros do centro da cidade. À época de sua inauguração (1986), era a segunda maior estação rodoviária do Brasil em área construída. A Rodoviária Interestadual que serve ao Recife localiza-se na verdade no município de Jaboatão dos Guararapes e fica a aproximadamente 20 quilômetros de Boa Viagem e do centro, e a 26 quilômetros de Olinda. Existe uma cooperativa de táxis que funciona com exclusividade na rodoviária. Os preços das corridas são previamente acertados e pagos no guichê; como a rodoviária é distante de todos os bairros turísticos, as corridas podem ficar caras; tente obter um desconto.

Não perca o turista a oportunidade de conhecer a região portuária do Recife. A cidade foi chamada no século XVI por Duarte Coelho de Cidade dos Navios. Sua história e a do seu porto se confundem. O Porto do Recife está profundamente ligado ao surgimento e ao desenvolvimento socioeconômico e cultural do Estado de Pernambuco e do Nordeste, por ter sido o ponto de trocas de mercadorias e abastecimento das capitanias do Piauí, Ceará, Paraíba, Alagoas e Sergipe. Durante a Primeira e Segunda Guerras Mundiais, o Porto do Recife também teve relevante participação histórica, quando serviu de base de apoio às Forças Expedicionárias Brasileira e Norte-Americana.

Os armazéns que compunham o complexo portuário do Recife, atualmente, são utilizados como centros de atividades culturais de grupos de dança, teatro, bibliotecas virtuais, exposições, feiras artesanais, lojas e shoppings. Enquanto os prédios de arquitetura de estilo colonial, onde funcionava o comércio, escritórios de representações e moradias, foram tombados pelo Instituto do Patrimônio Histórico Artístico Nacional (Iphan), transformando-se em instituições culturais, bares e restaurantes frequentados por jovens e adultos.

O Recife, como a Esmeraldina de Calvino, possui ainda muitos trajetos a serem descobertos e percorridos pelo visitante, alguns sólidos e outros líquidos, alguns patentes e outros bem escondidos. Gilberto Freyre, neste Guia, indicou muitos de seus percursos: agora, visitante, construa os seus.

JANGADA

O Recife e os Ingleses

NTRETANTO, o inglês que passar pelo Recife ficará querendo mais bem à cidade depois que souber das aventuras, quase de romance de R. L. S., do seu compatriota, o pirata Lancaster, no Pernambuco do século XVI – no tempo em que o vilarejo, hoje capital do Estado, apenas começava a sair do meio dos mangues, das tocas de guaiamuns, para equilibrar-se nas pernas de pau das primeiras casas bambas, palhoças e armazéns de açúcar; depois de se recordar de que no Recife esteve, por volta de 1830, o grande Charles Darwin, atraído precisamente pelo caráter especial da formação geológica dos rochedos do litoral.* Sobre esses rochedos escreveu Darwin um ensaio: *On a Remarkable Bar of Sandstone of Pernambuco on the Coast of Brazil*. É verdade que o sábio deixou o Recife queixando-se não só da imundície das ruas e do sombrio das casas como da falta de "urbanidade" dos habitantes de Pernambuco. Em duas casas, os moradores recusaram-lhe a passagem pelo fundo dos quintais. Mas é possível que o naturista inglês, feio como era, tivesse feito medo a mulheres e crianças, horrorizadas talvez com as barbas e o cabelo grande do estrangeiro, num tempo em que por toda a Província era ainda enorme o pavor do Cabeleira:

> *Fecha a porta, Rosa,*
> *Cabeleira ê-vem*
> *Matando mulheres*
> *Meninos também!*

Um inglês que desembarque no Recife ficará interessado em saber de outras ligações de sua gente com a cidade. Que um seu compatriota, por exemplo, um tal Bowen, defendeu a causa dos revolucionários pernambucanos em 1817 nos Estados Unidos, antes mesmo de Cabugá. Que aqui estiveram, colecionando plantas ou bichos, os naturalistas Waterton, Swainson,

---

* Esta frase inicial refere-se ao fim do capítulo "O caráter da cidade". (N. E.).

122

Gardner, Mansfield – o Mansfield indiscreto e um tanto má-língua que chamou ao velho Manuel Tomé de Jesus, do Engenho Noruega, de velho sovina: só lhe dera para cobrir-se um lençol sujo. Waterton – o mais romântico de todos aqueles naturalistas – deixou-se seduzir de modo particular pelo Monteiro.

Outro inglês, este simples negociante, Mr. Ulick Ralph Burke, foi aqui hospedado pelos Aquino Fonseca e publicou, depois, no seu diário (1844), que da farta mesa patriarcal dos industriais recifenses só gostara do peru e do fiambre. Mas em todos esses naturalistas e viajantes britânicos, as indiscrições são compensadas por grandes elogios aos pernambucanos e ao Recife. Mansfield, escrevendo em 1852, disse que o Recife era um jardim, os coqueiros tão majestosos como os olmos das vizinhanças de Bowner; o ardor do sol mitigado sempre por uma brisa suave; as noites, deliciosamente frescas; as borboletas, uns encantos. E aqui conheceu senhoras de belo caráter e casas de campo que, se não fossem as escarradeiras, seriam, por dentro, iguais às inglesas. Burke diz que o seu quarto na casa dos Aquino Fonseca era um regalo: alegre, bem arejado, uma boa cama de jacarandá, escovas de roupa, de cabelo, de unha, oito frascos de cheiro e *eaux de toilette*, tudo muito limpo, mesmo para um inglês. E no teatro, aonde foi uma noite, Mr. Burke ficou encantado não só com a decoração do edifício mas com a gente elegante do Recife, que lhe pareceu superior à do Rio: *"Remarkably nice and well dressed people",* escreve o inglês, dos recifenses de 1880; e no Rio ele não conhecera gente bangalafumenga, mas aristocratas do porte do Visconde de Barbacena. O clima caluniado de Pernambuco – *"this much abused climate of Pernambuco"* – pareceu-lhe bom e saudável; encantaram-no as pontes sobre o Capibaribe; os bondes; as ruas; as lojas; viu aqui mais livrarias do que no Rio; enfim tudo no Recife lhe deu mais ideia de cidade do que o Rio: *"the whole place looks more like a real town than Rio"*.

Waterton – voltemos a essa figura boa de romântico que aqui esteve nos princípios do século XIX – andando um dia pelas campinas do Monteiro – subúrbio do Recife onde foi outrora um engenho de cana e é ainda hoje meio rústico, com baixas de capim, jitiranas, velhas mangueiras, jaqueiras enormes, cajueiros à beira do rio e, como toda a zona de Dois Irmãos e Poço da Panela, ponto preferido pelos ingleses para residência – quase foi mordido por uma cobra venenosa. Mas leiam o seu *Wanderings in South America* (Londres, 1824). Tem páginas de recordações líricas do Recife. Saudades dos coqueiros, das palmeiras, das laranjeiras. Saudades quase tão grandes como as da Guiana, onde conheceu a menina inglesa tocada de sangue ameríndio que se tornou sua esposa.

Mas quem escreveu sobre Pernambuco um livro que é uma delícia foi o inglês Henry Koster. Não era botânico nem geólogo nem missionário mas simplesmente inglês. Um inglês fraco do peito e por isso obrigado a procurar clima quente. O clima de Pernambuco não o curou; mas prolongou-lhe a vida e ainda por cima deu-lhe força e disposição para escrever um dos melhores livros que existem sobre o Brasil: *Travels in Brazil* (1816). Livro de viagem dos bons, dos que se leem com gosto, como os romances. E quase todo sobre Pernambuco.

Outro livro de admirável exatidão é o de Maria Graham. Casada com um oficial da Marinha inglesa, Maria Graham esteve no Recife no tempo da Junta de Goiana. Seu diário de viagem traz gravuras excelentes. Ilustrado é também o livro de Koster; e certa *The History of Brazil* (1821) de um James Henderson. Henderson copiou muita cousa do Padre Casal. Mas, em compensação, seu livro vem cheio de ilustrações originais, algumas de raro interesse para a história social do Recife.

Não se pode fazer a história social do Recife sem ler os diários e os livros de viagem desses ingleses; como não se pode ler a história do Recife sem dar de vez em quando com um nome cheio de *ww* ou uma figura de inglês. Principalmente de engenheiro inglês. Os serviços de esgotos foram aqui iniciados em 1859 por uma Companhia Inglesa; os de gás por engenheiros ingleses; os de eletricidade e os de telégrafo por técnicos ingleses. Um clérigo anglicano deixou o nome ligado a velha rua recifense, o Beco do Padre Inglês, onde por muito tempo existiu a pensão dos telegrafistas da Western Telegraph. A reforma dos serviços de saneamento, a cargo de Saturnino de Brito, grande técnico brasileiro, foi precedida por um estudo de notável sanitarista inglês, Sir Douglas Fox: *The sanitation of Recife* (1907); as obras do porto do Recife, pelas sondagens de Sir John Hawkshaw. Em 1884 foi um engenheiro inglês, Oswald Brown, quem se encarregou dos estudos de novo plano de abastecimento de água à cidade. Se esses dois grandes problemas urbanos vieram a ser resolvidos por engenheiros brasileiros, convém não esquecer a valiosa contribuição técnica dos ingleses.

Os ingleses divulgaram entre nós o gosto por alguns dos seus esportes tradicionais: o tênis, o futebol, a corrida de cavalo. Também o uso do chá, do pão, da roupa branca, do uísque – que alguns bebem hoje, muito pernambucanamente, misturado com água de coco.

Há recifenses que andam hoje de branco. De branco ou de roupa de brim claro. Ou de tergal. Ou de nycron. Mas houve tempo em que eram só os ingleses que andavam de branco fora de casa, nossa burguesia não querendo saber de outro trajo de rua senão a sobrecasaca preta, a cartola, as calças e botinas pretas. As senhoras também: vestidos escuros. Os estudantes de Direito, de fraque e cartola. E até os pobres dos meninos, de preto. Foi o exemplo dos ingleses que revolucionou o século XIX o trajo recifense, adaptando-o – ou readaptando-o – às nossas condições de cidade tropical. De passagem lembraremos que o Príncipe de Gales, quando aqui desembarcou em 1931, foi um escândalo: em vez de sobrecasaca ou farda, roupa leve, toalha no ombro. E foi logo tomando o caminho da praia de Boa Viagem, onde se regalou de banho de mar e água de coco.

Talvez tivesse preferido à praia a Casa de Banhos que por muito tempo foi nota característica da paisagem do Recife: mas em 1931 reduzida já a um sobejo de casa. Quando no seu esplendor, juntava essa Casa de Banhos à delícia do banho de mar tropical alguma coisa de piscina que dava ao europeu receoso de tubarões – aliás raros nas praias dos arredores do Recife e na antiga, e muito recifense, do Brum, por algum tempo elegante como nenhuma – gostosa sensação de segurança. Era a Casa de Banhos do Recife um tanto hotel e tinha seu restaurante não de todo mau, onde o *gourmet* podia saborear tranquilamente seu peixe fresco, sob a impressão de estar a bordo de um iate ou navio ancorado à vista da cidade. É pena que se tenha abandonado tradição tão caracteristicamente recifense: a da Casa de Banhos. Ia-se até lá de lancha ou de bote: lancha ou de bote que saía do Cais Martins de Barros, antigo do Colégio. E o suposto iate tinha a vantagem, para o recifense mais sentimental, de parecer ir seguir, com o primeiro favor de vento, para o Oriente ou para os gelos do Norte da Europa; mas só parecer. Na verdade era casa e não iate. Não se afastava do Recife.

Kipling esteve de passagem pelo Recife em navio inglês; o Conde de Dundonald aqui arribou no seu iate; Aldous Huxley passou um dia com recifenses amigos: demorou em Apipucos, almoçou no Leite e viu Olinda. Vinha desencantado com Brasília e até decepcionado com Salvador.

Norte-americanos no Recife

O GOLFE, de introdução mais recente no Recife, foi iniciativa anglo-saxônica, em que ao inglês se associou o norte-americano. Existe hoje um Instituto Brasil-Estados Unidos onde se ensina, além de Inglês, Literatura Norte-Americana. Também uma Associação Cristã Feminina: iniciativa norte-americana. Durante a Segunda Grande Guerra foi o Recife base naval norte-americana para o esforço comum de defesa do continente ameaçado por nazistas e fascistas. E vários foram os rapazes norte-americanos que se casaram com recifenses. Alguns protestantes tornaram-se católicos para se casarem com recifenses.

Os norte-americanos se acham ligados à cidade por grandes nomes de sábios: Ch. Fred. Hartt, que aqui esteve em 1875 estudando os recifes do litoral; John Casper Branner, discípulo de Hartt, que continuou o trabalho do mestre, publicando mais tarde um estudo notável: *The Stone Reefs of Brazil*. Quem se interessar pela formação geológica que deu à capital de Pernambuco seu nome de Recife que leia o estudo de Branner.

Há no Recife dois colégios fundados por missionários norte-americanos: um é o Americano Batista, antigo Gilreath, à Rua Visconde de Goiana; outro o Agnes Erskine, só para meninas e dirigido por senhoras presbiterianas. Parece que o primeiro missionário norte-americano que andou pelo Recife distribuindo Bíblias e cantando hinos foi o Rev. Daniel P. Kidder, em 1838.

Norte-americanos ilustres têm visitado o Recife: John Dos Passos, Robert Lowell, John Gunther, Frank Tannenbaun, entre outros; e também os irmãos do Presidente John Kennedy, Edward e Robert.

Israelitas no Recife

NÃO só a literatura brasileira: também a literatura israelita na América parece que desabrochou no Recife. Pelo menos afirmou-se aqui. Era talvez de judeus do Recife aquele escrito, sobre questões litúrgicas, dirigido ao Rabi Sahbathai, de Salônica, que Kohut considera o "primeiro vestígio de literatura judia na América". No século XVII, sob o domínio holandês, o Recife estava cheio de talmudistas e de poetas judeus, cheio de sefardins ilustres: Aboab da Fonseca e Rafael de Aguilar, entre outros. Jacob de Andrade Velosino, judeu cuja fama de médico tornou-se europeia, no século XVII, nasceu no Recife. Tão importante era a congregação de judeus desta cidade que Mennasse ben Israel, o grande rabi e sábio de Amsterdã, dedicou um seu trabalho a alguns membros da mesma congregação: David Senior Coronel, Dr. Abraham de Mercado, Tahacob Mucate, Isahac Castanho e outros.

Hoje o Recife tem duas sinagogas e um número considerável de judeus: mas não de sefardins. Judeus arruivados, vindos da Rússia e da Polônia na maior parte. Os sefardins, depois da reconquista portuguesa, foram quase todos embora. Uns para as Guianas, levando muitos escravos para suas novas fábricas de açúcar. Outros para Amsterdã. Outros para Nova Iorque onde ainda se encontra um cemitério de aristocratas judeus chamado *Brazilian Cemetery*. Mas alguns aqui ficaram tornando-se católicos e dissolvendo-se na massa brasileira. Ainda se encontram reminiscências deles na população recifense.

Os israelitas – os vindos da Europa Central, principalmente, e não mais sefardins, como outrora – recomeçam a ser numerosos no Recife: cidade da qual foram no século XVII parte considerável da população e de onde, há três séculos, seguiram para a então Nova Amsterdã, hoje Nova Iorque, os 24 judeus que com suas famílias fundaram ali uma comunidade de sefardins de origem ibérica que se tornou ilustre. De sefardins descendem norte-americanos eminentes na vida pública, nas letras e nas indústrias dos Estados Unidos, uns com os nomes ainda portugueses de Cardozo, outros com esses nomes, anglo-saxonizados.

O Rabino Davi de Sola Pool estudou a comunidade de sefardins de Nova Iorque, através dos seus túmulos, em páginas magistrais: *Portraits etched in Stones*. Há aí muita referência ao Brasil.

Tentativa de Colonização Alemã em Pernambuco

LIÁS uma das primeiras tentativas de colonização alemã no Brasil foi em Pernambuco. O ponto escolhido, "o lugar da Cova da Onça, vulgarmente chamado Catucá, sete léguas desta Cidade [Recife] no centro de mattas feixadas que eram occupadas por negros fugidos, aqui alli viviam reunidos em formidaveis Quilombos", informa o Presidente da Província Tomás Xavier Garcia de Almeida em ofício de 14 de dezembro de 1829 dirigido a José Clemente Pereira. (Ms. na Biblioteca Pública do Estado.) O mesmo ofício esclarece a origem da colônia: que em Aviso de 28 de setembro (1829) S. M. o Imperador fora servido determinar que o Presidente "quizesse estabelecer como colonos no lugar que julgasse mais conveniente os individuos que vieram ter a esta Provincia vindos de Amsterdam no Brigue Hollandez – *Activo* – dando-lhes pequenas datas de terras que possão cultivar, mandando-lhes levantar cazas para se recolherem, e assistindo-lhes por espaço de hum anno com o Subsidio diario de 160 rs. para as pessoas grandes de 120 rs. para as de menoridade". Eram os colonos 103 entre homens, mulheres e crianças. E "como tenhão pretendido ser egualmente admittidos á classe de Colonos alguns soldados, Allemães do 2º de Granadeiros aqui destacado, que obtiverão excusa p. haver preenchido o tempo do seu engajamento" o Presidente consultou a respeito o Ministro, parecendo que também estes se estabeleceram na Cova da Onça ou Catucá. Quanto aos outros, segundo carta do encarregado do Consulado dos Países Baixos, Jacob Lefolle, dirigida ao Presidente da Província em data de 13 de setembro de 1828, eram prussianos, "na maior parte artistas, e agricultores, que se propuzerão livremente a ser colonos no Brasil". Damos todos esses detalhes por se tratar de um fato pouco conhecido, mas do maior interesse para a história das relações entre a Alemanha e esta parte do Brasil. A colônia da Cova da Onça não prosperou. Em ofício de 13 de outubro de 1830, informava o então presidente da Província, Pinheiro de Vasconcelos, que a colônia se achava com 96 indivíduos, vivendo da plantação de mandioca e feijão, cultivando frutas e morando já não em casas de palha, mas de telha. O inglês Gardner, que aqui esteve em 1835, visitou *Cova da Onça*, supreendendo sinais de decadência. Vários dos colonos alemães de 1828 dissolveram-se no seio de velhas famílias brasileiras.

Logo depois dessa primeira tentativa de colonização, o Recife encheu-se de artistas e mecânicos europeus – na maioria suíços alemães – mandados vir pelo então presidente da Província, Barão da Boa Vista, 105 técnicos dirigidos por Augusto Koersting.

Datam daí as cornijas construídas a molde, em vez das feitas à mão; o estuque; os portões e as grades de ferro. Já as urupemas haviam sido substituídas pelas rótulas; as varandas de madeira pelas de ferro; as gelosias pelos caixilhos envidraçados. É verdade que ganhando em melhoramentos técnicos, a cidade perdeu um pouco do seu pitoresco colonial, do seu mistério mourisco, da sua simplicidade patriarcal. Europeizou-se. Nos subúrbios, as casas antigas, de quatro águas, foram substituídas por estilos exóticos: o "toscano", o "chalé", o "gótico". Mas ainda se veem, em Olinda e por certos lugares mais esquecidos do Recife, reminiscências da arquitetura antiga: janelas em xadrez, como as árabes, casas de beiral arrebitado como asas de pombo; sobrados de azulejo ou pintados de amarelo, encarnado ou azul; casarões com alpendre na frente ou nos lados; abalcoados levantinos. Indo a Olinda, o turista não deixe de ver o velho sobrado mourisco da Rua do Amparo, com seu abalcoado romântico, onde à noite parece que vai aparecer uma mocinha de mantilha, para fazer sinais de leque ao namorado. Na Casa-Forte, já não verá o turista a Casa da Torre; um casarão amarelo, escondido por trás de umas velhas árvores e onde se tinha a impressão de que, noite de festa, à luz de velas, ainda se dançava quadrilha e se brincava de padre-cura. O Recife, depois de ter resistido aos holandeses no século XVII, resistiu às inovações trazidas à cidade pelos operários alemães e suíços importados pelo Barão da Boa Vista no século XIX. Ultimamente, porém, prefeitos e particulares, furiosamente "progressistas", vêm praticando horrores contra seu passado, sua tradição e sua paisagem.

O Recife foi o primeiro ponto da América do Sul em que tocou o Zeppelin, na viagem com que iniciou a linha de comunicação regular da Alemanha com o Brasil. Viagem que trouxe ao Recife uma elegante figura de príncipe e de *sportsman* – o Infante Dom Alfonso, de Espanha. O infante visitou no Recife vários pontos, a começar pelo Departamento de Saúde, que achou admirável. Mas a impressão mais forte que levou foi a do Haras Maranguape (Paulista), dos Lundgren: pernambucanos descendentes de pai sueco e de mãe alemã. Saiu do Recife encantado com o que viu em Paulista. A vitória do cavalo pernambucano Mossoró que, no Jockey Club do Rio, sobrepujou cavalos importados das repúblicas platinas, da França e até da Inglaterra, veio dar razão ao Infante Dom Afonso e ao seu entusiasmo pelos cavalos dos Lundgren.

Mossoró nasceu em Pernambuco a 24 de agosto de 1929 no Haras Maranguape, em Paulista. Pai: Kitchner. Mãe: Galathea. Tinha um tipo médio, as pernas relativamente curtas. Ossada, tendões e músculos formidáveis. Calmo como ele só. Olhar sereno. Comia sempre bem. Para ele – escreveu o cronista do *Jornal Pequeno* – "nada é novidade, nada o modifica". Corria bem em raia de grama ou areia.

No Recife – ponto do Brasil onde no século XVII madrugou a presença da cultura alemã no nosso país, com as iniciativas magníficas do Conde Maurício de Nassau – acaba de reunir-se, por este e por outros motivos, o II Colóquio de Estudos Teuto-Brasileiros.

O Recife e os Franceses

EPOIS dos holandeses e dos ingleses, são os franceses que vamos encontrar mais ligados à história e à vida do Recife. O Recife ainda não era nem aldeia de pescadores e pelas praias de Pernambuco, cheias de índios nus, já andavam franceses pirateando, negociando com pau de tinta, peles, papagaios, macacos; e emprenhando caboclas. Alguns deixados aqui para intérpretes não quiseram saber de outra vida nem de voltar à França. Tantos filhos fizeram esses aventureiros ruivos do século XVI que, para Capistrano de Abreu, é à "possança da mestiçagem brasilogalicana" que se deve atribuir grande número de pessoas de cabelo louro ainda existente por certas zonas do Nordeste.

Dos piratas franceses do século XVI que tentaram estabelecer-se em Pernambuco e andaram talvez pelos mangues donde mais tarde sairia o Recife, destacam-se os para aqui enviados por um homem de nome fidalgo: em crônicas portuguesas ele vem citado sob a forma romântica de Bertrando do Mesam, *Barão de San Blancard dos Reynos de França*. A Pernambuco chamava-se então em certas crônicas Fernam Buquo; e diz-se que já no ano remoto de 1531 – antes da fundação de São Vicente – o tal de Fernam Buquo tinha fortaleza, igreja, feitores, escrivães, artilharia, muito pau-brasil e muito algodão e muitas peles, papagaios, óleos; alguns acreditam que aqui já se fabricasse açúcar. Daí ser ponto preferido pela pirataria francesa.

Outro traço romântico liga Pernambuco aos franceses: diz-se que em 1817 emigrados bonapartistas nos Estados Unidos tramaram com revolucionários pernambucanos a fuga de Napoleão I, de Santa Helena para o Brasil. Provavelmente para Pernambuco. Napoleão I no Recife! Num terceiro andar da Rua dos Judeus ou num sítio dos Dois Irmãos! Para concertar o plano afirma um cronista que esteve em Pernambuco o Conde de Pontécoulant. Mas disfarçado: dizendo-se físico e botânico. O plano teria gorado com o fracasso da revolução de 1817.

O retratista da moda no Recife foi por muito tempo um francês, Duscasble, dono de uma Photographie Parisienne. Raro o recifense que não possui, num fundo de gaveta de cômoda, velho retrato de mestre Duscasble – um bisavô com a sua gravata de volta, uma avó de tapa-missa no cabelo, uma tia gorda vestida de preto.

Franceses foram vários engenheiros que concorreram para o progresso do Recife: do porto, da arquitetura, da higiene. Fournié dirigiu por algum tempo as Obras Públicas. Béringer e Dombre realizaram estudos científicos de grande interesse para o desenvolvimento da vida urbana e da economia regional.

Vauthier foi não só o construtor do Teatro Santa Isabel como o verdadeiro modernizador dos serviços públicos de engenharia nesta parte do Brasil. Cambronne, esse deixou o nome ligado a importante melhoramento sanitário. Por muito tempo os despejos no Recife, como aliás nos outros burgos coloniais – no próprio Rio de Janeiro dos vice-reis – se fizeram em barris, ou "tigres", que depois de cheios eram carregados pelos escravos até as praias e aí esvaziados. O aparelho de Monsieur Cambronne veio concorrer para que se acabasse entre nós com sistema tão rudimentar de saneamento.

Franceses eram os cabeleireiros que, nos grandes dias de elegância recifense, no tempo dos barões e dos viscondes do Império, penteavam o cabelo das sinhás-donas e aparavam a barba e o bigode aos gamenhos. Entre esses cabeleireiros, Gerald & Desmarais.

Béranger teve no Recife, nos começos do século XIX, excelente oficina de marcenaria. Fabricou muito sofá e muita cômoda de jacarandá, que ainda hoje resistem aos leilões e ao cupim. Foi Béranger quem introduziu no Recife o uso do verniz de boneca. Seu filho, tendo estudado em Paris, voltou um perito em marchetaria, entalhadura e torneado. Vários móveis antigos, de famílias pernambucanas, são obra desse segundo Béranger. Outros, de Vallee, francês que teve também aqui oficina de móveis.

Francesas eram as modistas, como Madame Theard, com quem se vestiam as grandes senhoras de 1840, para irem ao teatro ver as cômicas, aos bailes de Palácio dançar com os gamenhos, à procissão do Senhor dos Passos. Francesas as professoras de piano das meninas, como Mlle. Zoé Papon.

Tão afrancesada ficou a sociedade recifense no tempo do Conde da Boa Vista que a musa popular reparou: "Tudo se quer à francesa". Durante o século XVIII aquela sociedade fora quase mourisca. Pelo menos muito portuguesa. E quem diz muito portuguesa, diz um tanto mourisca, em particular, semita, em geral. O que é a favor e não contra à tradição lusitana. Soube assimilar valores semitas.

Recordações da Guerra contra os Holandeses

 LIÁS toda aquela boa zona está cheia de recordações do tempo dos holandeses.* No Alto do Céu, um obelisco marca o lugar do Forte Real do Bom Jesus ou Arraial Velho, fundado por Matias de Albuquerque e que opôs heroica resistência aos invasores; no Morro da Conceição, ou Morro de Bagnuolo, uma lápide assinala o sítio de onde os holandeses bombardearam o forte pernambucano. Entre Bomba Grande e Iputinga, na Estrada de Caxangá, que emenda com a de Dois Irmãos pela pitoresca Volta ao Mundo, fica o Arraial Novo, outro grande centro de resistência luso-brasileira aos holandeses. Aí morreu Camarão, o bravo chefe dos índios na luta contra os invasores.

No bairro do Recife, encontrará o turista uma igrejinha católica, a do Pilar, firme e triunfante sobre as ruínas de um forte holandês; na Estância, fica outra igrejinha ligada à Guerra Holandesa: a de Nossa Senhora das Fronteiras, mandada construir, em pagamento de promessa, pelo negro Henrique Dias, que era devoto de Nossa Senhora. Esta igrejinha foi também há pouco restaurada pela Diretoria do Patrimônio Histórico e Artístico Nacional.

Henrique Dias foi um dos chefes mais valentes da reação brasileira contra os invasores. Aliás nunca no Brasil o negro criou a fama de moleirão e de medroso, fraquezas que lhe atribuem nos Estados Unidos.

Mas a igreja que marca com mais relevo a vitória dos luso-brasileiros sobre os holandeses é a de Guararapes, a vinte minutos de automóvel do Recife. No próprio sítio em que se travaram as batalhas que decidiram da sorte do Brasil. Com o sangue aí derramado é que se escreveu o endereço do Brasil: um país só, em vez de dois; uma nacionalidade, e não uma colônia; uma terra de brancos confraternizados com negros e índios, e não uma minoria de louros explorando e dominando um proletariado de gente de cor. Ainda hoje, no dia da festa de Nossa Senhora dos Prazeres, muita gente do povo sobe de

---

* Esta frase inicial refere-se ao fim do capítulo "Os cemitérios" (N. E.).

Telhados

Recife até o monte de Guararapes. A crença entre a gente simplória é de que nesse dia o sangue dos seus antepassados se aviva; de modo que as ervas colhidas pelos matos de Guararapes, no dia de Nossa Senhora dos Prazeres, são ervas santas refrescadas pelo sangue dos mártires da causa da religião de Maria Santíssima contra os hereges de Calvino.

No Arraial, em terra histórica, um sítio, outrora de família antiga do Recife, é agora parque municipal. Foi iniciativa do Engenheiro Pelópidas Silveira, quando prefeito do Recife. Boa iniciativa. Aí se tem reunido gente do povo para festas de São João e outros folguedos populares.

Nassau e Outros Heróis
Esquecidos pelo Recife

E MAURÍCIO DE NASSAU – nórdico com alguma coisa de príncipe da Renascença e que amou o Recife com olhos de artista europeu seduzido pelos trópicos – é pena que não exista na capital de Pernambuco estátua ou busto: é homenagem que não seria exagero algum da parte da cidade (hoje metrópole de uma região inteira amada toda ela pelo esclarecido fidalgo) para com um dos homens que mais concorreram para a sua urbanização. Um herói recifense. Isto em dias remotos.

Um busto deveria existir também de Vauthier: outra figura heroica do passado recifense, definindo-se herói como homem extraordinário pelas suas virtudes e audácias de realizador. Do francês Vauthier se pode dizer que, em bronze, representaria todo um grupo de engenheiros franceses e ingleses que concorreram para o desenvolvimento técnico, estético e intelectual da cidade.

Outro busto, talvez, deveria haver aqui: o do bom cronista do Recife do século XIX que foi o agora muito esquecido Carneiro Vilela: o autor de *A Emparedada da Rua Nova*. O crítico Aderbal Jurema considera-o uma espécie de Pereira da Costa que tivesse se servido do romance para dar expansão ao seu espírito de cronista da vida pernambucana: particularmente da recifense. O Recife teria tido talvez o seu Ricardo Palma se Carneiro Vilela e Pereira da Costa em vez de duas pessoas distintas tivessem sido uma só. Combinação de algum modo realizada por Mário Sete, cujos livros *Arruar* e *Maxambombas e maracatus* estão cheios de pitoresco recifense. O que é certo também de alguns dos seus romances e de certas páginas do romancista José Lins do Rego.

Teles Júnior – pintor muito ligado ao Recife, cujas águas pintou em telas que são hoje disputadas a dinheiro alto pelos colecionadores brasileiros: águas de mar e sobretudo águas de enchentes do Capibaribe – tem busto; mas não se sabe bem por que, perdido entre coqueiros de Boa Viagem. O lugar ideal para essa homenagem do Recife a Teles Júnior seria em algum recanto mais íntimo da cidade.

Martins Júnior – o jurista insigne que foi também político e, como político, homem de bem – tem estátua no parque da Faculdade de Direito: estátua com *pince-nez* muito característico da época. A mesma época em que outro

CONDE MAURÍCIO DE NASSAU

recifense ilustre, cujo nome seria indiscrição revelar, dizia aos íntimos só apreciar plenamente mulheres que na própria alcova, e mais despidas, se adornassem com um *pince-nez* que para ele tinha alguma coisa de afrodisíaco.

Aliás, o parque da faculdade e suas redondezas são no Recife a área por excelência de bustos glorificadores de grandes figuras brasileiras ligadas ao passado intelectual ou cívico da capital de Pernambuco. Entre esses bustos, o de Tobias, o de Paula Batista, o de Dantas Barreto, o de Joaquim Amazonas, reitor durante longos anos da Universidade do Recife. Antigo mestre de Direito, Mestre Amazonas tornou-se um quase mestre de obras, empenhado de corpo e alma na construção da "cidade universitária" perto de Caxangá. O turista que se interessa por assuntos universitários não perderá seu tempo indo visitar essas obras, dirigidas no seu início pelo próprio reitor Amazonas: um Amazonas então ainda rijo a despeito dos seus setenta e tantos anos. Dele foi, aliás, a feliz ideia – que o cupim impediu de se tornar realidade – de conservar a nova Universidade velha casa do tempo colonial para futura residência do reitor, no *campus* e entre os edifícios em construção. Velha casa não só colonial como também histórica: antiga casa de engenho de que foi proprietário Fernandes Vieira, um dos heróis da Restauração. Este grande feito luso-pernambucano do século XVII foi há pouco comemorado pelo Recife com algumas festas populares e muitos discursos oficiais. Também com umas obras de cerâmica artística em que se reproduzem figuras da época, copiadas do teto da Igreja da Conceição dos Militares: trabalho de pintor recifense que vem acrescentando à sua arte principal a da cerâmica. Estudou pintura na França e cerâmica na Itália. Esse artista – a quem já se fez referência noutra página deste *Guia* – é Francisco Brennand. Mora na Várzea onde aliás chegou a florescer no Recife uma indústria de cerâmica digna da melhor atenção brasileira. Tanto que ainda hoje, no Recife, se pode tomar chá-da-índia em porcelana que não precisa ser da China: em porcelana da terra feita na Várzea do Capibaribe.

A Presença dos Estrangeiros: Convivências e Novidades

A cidade se faz no diálogo. É difícil compreendê-la na linearidade, privilegiando uma leitura de seus tempos limitada a um progressivo antes e depois. Os acontecimentos se sucedem, a sucessão nos ajuda a visualizar as mudanças e os resíduos do passado. Não há como negar. Isso não significa que um tempo é melhor do que o outro, mas que eles são diferentes e se comunicam, como coloca Gilberto Freyre no seu conceito de tempo tríbio, lembrando as reflexões de Freud, com a invenção da psicanálise. O Recife é cenário de muitos diálogos, alguns deles ruidosos, outros feitos na intimidade, só conhecidos por aqueles que mergulham na sua história.

O diálogo com os estrangeiros é marcante e de uma contribuição incomensurável para o passado e o presente da cidade. A cidade revela a convivência com a diversidade cultural na sua arquitetura, no seu vocabulário, na sua religiosidade, nos hábitos cotidianos. Os traços da presença estrangeira foram firmados no passado, mas continuam se renovando com a modernização e ampliação da sociedade globalizada. A influência se constrói, atualmente, pela atuação avassaladora dos meios de comunicação que permitem proximidades antes impossíveis. A velocidade predomina e o Recife está sintonizado com a tecnologia produtora de uma revolução nos costumes. Há uma quebra de identidades consideradas quase imutáveis. As cidades são lugares privilegiados de toda essa mudança, esse culto pela novidade.

Desde os tempos coloniais, estrangeiros desembarcavam no Recife. Os holandeses quiseram permanecer aqui para fortalecer seu império, atraídos pela doce riqueza produzida pela cana-de-açúcar. Deixaram uma forte inserção na memória da cidade, no seu imaginário povoado de sonhos de que ela poderia ter uma outra história, mais atraente, se os holandeses tivessem aqui permanecido. Maurício de Nassau ocupa um lugar especial na galeria dos heróis, como grande modernizador e ousado governante, com suas ideias e ações administrativas, tão festejadas por parte da historiografia da cidade. Foi uma passagem que permanece emblemática e polêmica.

Outros, com menos ruídos, ainda estão presentes no cotidiano do Recife, com seus hábitos e instituições. Os judeus, que aqui chegaram nos tempos coloniais para procurar uma moradia mais tranquila ou ativar seus negócios, estão presentes ainda hoje com uma significativa atuação nos negócios e na cultura, com interesse também em conhecer o que fizeram no passado e de que maneira firmaram suas experiências sociais no Recife. Caminhando na Rua do Bom Jesus, antiga Rua dos Judeus, o visitante poderá conhecer o Centro Cultural Judaico de Pernambuco, localizado no prédio que abrigou a primeira Sinagoga das Américas. O templo foi fundado no *século XVII, durante o domínio holandês; hoje o local é um centro de memória que abriga documentações e exposições sobre a vida deste povo no Recife colonial.*

Forte influência também exerceram os ingleses no século XIX, dominando muitas áreas da economia, na época em que a Inglaterra era a grande potência do mundo. Fundaram clubes sociais, controlaram negócios, introduziram hábitos sociais, construíram moradias, contribuíram para a formação de neologismos. Até mesmo o futebol, tão entranhado na cultura brasileira, teve a colaboração fundamental dos ingleses para sua implantação. A memória da presença está associada aos ares de modernização que se difundiram pelo ocidente com a expansão do capitalismo.

Os portugueses e africanos foram praticamente construtores das fundações do que viria a ser a cidade do Recife. Não há como pensar sua história dissociada das marcas culturais por eles trazidas; tão participantes do cotidiano da cidade que se tornam muitas vezes invisíveis, dando ritmo à convivência social e dialogando com as tradições mais antigas. Seria impossível nomear todos os hábitos culturais presentes no Recife, ligados aos portugueses e aos africanos. Nem mesmo uma narrativa minuciosa conseguiria enxergar tantas coisas que não se perderam no fazer cotidiano e tantas outras inscritas na memória social de forma quase permanente.

Alemães, italianos, espanhóis, franceses também não estão ausentes da vida cultural no Recife. Restaurantes, clubes sociais, instituições culturais existentes revelam a presença de europeus dos mais diferentes lugares, na sua contemporaneidade. O mesmo se pode dizer hoje da presença de asiáticos, japoneses e coreanos, por exemplo, mais recentemente instalados na cidade, e de outros povos da América do Sul e Central que migraram para o Brasil. Mas não poderíamos esquecer os norte-americanos. Estabeleceram-se não em grande número do ponto de vista da população: sua presença é bem visível nas práticas de novos hábitos culturais, ligados à sociedade de consumo, que se multiplicaram depois da Segunda Guerra Mundial.

Se os ingleses ditaram comportamentos no século XIX, a dominação norte-americana consegue ultrapassar fronteiras, ajudada por mecanismos dos velozes e cativantes meios de comunicação, com destaque para o cinema, a internet e a televisão. É difícil fugir dessa influência. Ela se infiltra nos mais simples hábitos do cotidiano. Globaliza-se, concretiza-se num colonialismo com sutis formas de manter a hegemonia política. Objetos de consumo, hábitos alimentares, lazeres culturais, vocabulários, projetos pessoais, modelos de relações afetivas, enfim, é difícil enumerar como a cultura norte-americana se fixa e se espalha, apesar de encontrar resistências isoladas que procuram criar armaduras, evitando que sejamos tomados por um desejo de imitar, empobrecendo nossas práticas culturais tão singulares e tão entrelaçadas na história do Recife. O registro da presença norte-americana não está restrito aos costumes e lugares das elites, mas atravessa todo o território da cidade, com suas poderosas seduções, buscando fazer do mundo a sua imagem e semelhança.

O Velho Porto

TUBARÃO há na verdade muito pelas águas do porto do Recife. Às vezes os vapores saem seguidos de uma porção deles. E ai do coitado que cair no mar, dia de tubarão assanhado! Os recifenses guardam a memória de velho prático da barra, Herculano Rodrigues Pinheiro, que uma noite de escuro caiu no mar e nunca mais se soube dele: dizem que os tubarões o comeram. Outros se lembram de um homem que, no tempo da antiga Lingueta, estava sempre na beira do cais, mancando entre os remadores fortes: esse, dizem que tinha um pedaço de bunda tirado: dentada de tubarão. Era às vezes com tubarões repontando entre as ondas que se desembarcava no Recife de outrora – o Recife de antes do novo porto, quando os vapores maiores ficavam no Lamarão e o passageiro descia do vapor ao bote dentro de um balaio enorme. "Desembarque muito pitoresco mas um tanto arriscado", dizia-nos uma vez Sir John Foster Frazer, viajante inglês que correra todo o mundo. Muito recifense há de se lembrar de ter embarcado, menino ou homem feito, nesse tempo, já hoje romântico, do Lamarão e da cesta. Hoje embarca-se e desembarca-se tão segura e prosaicamente por uma escada, que não se pensa no perigo das ondas.

BARCAÇAS

Distrito Naval do Recife

ÃO nos esqueçamos a esta altura de que o Recife, além de sede de importante Região do Exército, é também sede de Distrito Naval, além do Comando Aéreo situado perto da cidade. A sede do Distrito Naval está na própria cidade e destina-se a servir de ponto de apoio aos navios de guerra nacionais: ao seu abastecimento, municiamento, reparo e descanso. Cumpre-se assim, com esta base, uma das vocações do Recife que é, pela sua situação geográfica e pelo próprio espírito dos recifenses aguçado em séculos de história, destacar-se como ponto de defesa do que é nacional no Brasil.

Do programa de obras do Distrito consta o aterro dos alagados existentes à margem direita do Rio Potengi. São obras que vêm valorizar o Recife como cidade. É pena que no seu início se tenha sacrificado velho forte já muito ligado à vida e à fisionomia da capital pernambucana. Os oficiais de Marinha que condenaram à morte relíquia tão ilustre não agiram com o seu cavalheirismo tradicional. Mas quem não erra, neste mundo cheio de problemas que, em cidades como o Recife, são, em muitos casos, problemas de conciliação do novo com o velho, do moderno com o antigo, do Progresso com a Tradição, do Mar com a Terra?

Fortalezas Antigas

RECIFE não figura de modo notável apenas na história política e na história intelectual das Américas: também na sua história militar. Daqui se fez com mais viril vigor a guerra luso-brasileira contra o invasor holandês. Aqui o holandês rendeu-se à gente luso-brasileira. Velhas fortalezas como a de Cinco Pontas e a do Brum, fortes como o do Buraco, há anos em ruínas, ligando o nome do Recife ao passado militar do Brasil, desde velhos dias atraem para a capital de Pernambuco as atenções do brasileiro interessado nos feitos heroicos dos seus antepassados empenhados em guerras contra europeus mais ou menos afoitos.

O Forte do Buraco infelizmente foi reduzido a monturo: sacrificaram-no às obras de expansão da Base Naval. Cinco Pontas, porém, continua a serviço vivo das Forças Armadas do Brasil. Deve-se destacar que não só a Marinha de Guerra como o Exército e a Aeronáutica têm no Recife e nas proximidades do Recife bases de importância não só nacional como continental. No Recife se encontra bem dirigida Escola de Aprendizes Marinheiros. Também um Hospital Militar, que à tradição junta a modernidade.

Existem no Recife várias associações militares. E um Clube de Aviação para civis, que foi aqui organizado principalmente pelo entusiasmo de um militar esclarecido: Roberto de Pessoa.

Reação a Favor das Igrejas Velhas

ELIZMENTE, nos últimos trinta anos, acentuou-se entre nós a reação a favor do barroco; deixou-se de bulir nas igrejas velhas com a sem-cerimônia de outrora; de esfuracá-las; de despojá-las de seus azulejos, de suas pratas, de seus jacarandás. O destino melancólico da Catedral de Olinda, que era uma igreja boa, matriarcal, cheia de prata, de ouro, de azulejo, de jacarandá; e ficou reduzida a um gótico ridículo, e alheio à paisagem tanto quanto à experiência pernambucana e ao passado brasileiro. O destino da Matriz da Casa-Forte, dantes uma capelinha de engenho, alvejando no fundo da campina e hoje outro gótico de caricatura. Passando por ela lembre-se o turista que o sítio é histórico; que naquela campina defronte do engenho de Dona Ana Pais, bonita viúva pernambucana do século XVII que casou com o flamengo De Tourlon e depois com outro, De With, deu-se um encontro entre holandeses e luso-brasileiros.

Mesmo, porém, com toda essa reação a favor das igrejas velhas do Recife, elas vêm ainda sofrendo estúpidos ultrajes da parte das autoridades, quer eclesiásticas, quer civis. Algumas têm sido demolidas para que as novas avenidas, geométricas e insolentes, não sejam obrigadas a curvar-se à tradição ou ao passado. Outras estão ainda agora ameaçadas de morte.

Os Cemitérios

ÁRIOS os cemitérios do Recife. Destacam-se, pela sua importân-
cia histórica e pelo valor artístico de alguns de seus monumentos,
o de Santo Amaro – traçado de Vauthier – e o dos Ingleses. Há no
Cemitério de Santo Amaro túmulos e jazigos – especialmente das
décadas de 1860, 1870, 1880, 1890 – que são genuínas obras d'arte no gênero.
Nele estão sepultados grandes do Império e da República: o Visconde de Bom
Conselho, por exemplo; Joaquim Nabuco, José Mariano, Rosa e Silva, Estácio
Coimbra. No Cemitério dos Ingleses está sepultado Abreu e Lima.

Perto desses cemitérios, residiu romanticamente por algum tempo,
nos seus dias de recifense, Castro Alves, em companhia de sua Idalina. Aí
começou a escrever o poema "Os escravos". Aí deve ter pensado no Tempo
e na Morte.

Pois é na sua casinha idílica da Rua do Sino que o poeta baiano parece ter escrito "A cruz da estrada".

De modo que, no Recife, Castro Alves viveu tanto à sombra alegre do
Teatro Santa Isabel como perto do austero Cemitério de Santo Amaro: duas
criações do arquiteto Vauthier.

Casas e Ares Suburbanos

LÉM dos hotéis situados como o Grande Hotel, o São Domingos e o Guararapes no centro da cidade, e o Hotel de Boa Viagem, tem o Recife algumas pensões em Boa Viagem, preferidas pelos que no trópico procuram estar sempre à beira-mar, gozando de camisa aberta no peito os ventos marítimos, regalando-se de banhos salgados e até passeando de jangada. Foi o que fez, como já se recordou, o escritor John Dos Passos na sua passagem pelo Recife: instalou-se em Boa Viagem. Fartou-se de mar pernambucano; passeou de jangada.

Dos Passos, entretanto, não deixou de tomar contato com alguns subúrbios do Recife: foi à Várzea dos Brennand – cuja cerâmica admirou. Depois aos Apipucos. Aí o recebeu o casal Salgado-Sousa com uma ceia a que não faltou, depois de peixe à melhor moda pernambucana, uma variedade de doces segundo velhas receitas não só da região como do subúrbio. E quanto ao clima do Recife, não lhe pareceu, nem a ele nem a Aldous Huxley nem a Roberto Rossellini que, à beira-mar ou em altos como o de Apipucos, fosse desagradável.

Repita-se que há quem prefira o clima do Recife ao do Rio. Ao da própria Bahia: o caso do Professor Mário Chicó, da Universidade de Lisboa. Isto mesmo: ao da própria Bahia.

Destaque-se do clima do Recife que tem os seus caprichos; e pode mostrar-se tão vário a ponto de parecer dois ou três em vez de um só. Nas casas bem situadas – as que olham para o nascente – não há, em tempo algum do ano, o problema do calor excessivo; e muitos são, para essas casas, os dias frescos e as noites tão gostosamente tocadas de um leve arremedo do frio que alguém já disse delas que são as noites – e madrugadas – que parecem poder ser saboreadas pelo próprio paladar do homem: saboreadas como se o ar tivesse alguma coisa de sorvete e não apenas jasmim.

É caso também das ruas situadas para o nascente e sombreadas por árvores ramalhudas: das que se compenetram da responsabilidade de proteger os homens contra os excessos de luz e sobretudo de sol. O curioso é que algumas das casas bem situadas do Recife são hoje aqueles mucambos que, dos lugares baixos e ultimamente aterrados, vêm se transferindo para os altos e secos onde chegam a ser, enquanto sua palha não envelhece e seu chão não se degrada, residências ideais para o trópico. Calcula-se em 80 mil o número de mucambos que hoje se espalham pelo Recife: alguns pela lama e pelos mangues. É grande a população miserável e até doente que o Recife – com seus hospitais e a fama dos seus salários altos – atrai do Nordeste inteiro. O recifense, desajudado e só, faz de pai e de mãe para numerosos brasileiros do interior: gente andeja que, segundo alguns estudiosos do assunto, deveriam ser amparados, em seu infortúnio, pela União e não por uma simples capital de Estado. Parte dessa população miserável vive à margem do centro urbano. Outra se espalha por subúrbios. Goza tanto quanto a gente bem de ares suburbanos.

Azulejos antigos em casas suburbanas de residência já são poucos, hoje no Recife. O que é pena, pois os externos refrescam as ruas do mesmo modo que os internos refrescam o interior das casas. São ainda várias as casas da Rua Barão de São Borja revestidas de azulejos: daí merecer essa rua uma visita, mesmo rápida, do turista.

E lindos são os velhos azulejos de residências antigas de subúrbio: casas de negociantes ou de fidalgos recifenses, como aquela em que está há anos instalado o Instituto Joaquim Nabuco de Pesquisas Sociais. Ou como os de certa residência de Apipucos – azulejos portugueses do século XVIII que muito agradaram a Roberto Rossellini quando nessa mesma casa experimentou um conhaque recifense feito com pitanga. Conhaque muito apreciado também por John Dos Passos; e, mais ainda, por Jânio Quadros, pelo Embaixador Negrão de Lima, pelo escritor Newton Freitas, pelo jornalista político Carlos Lacerda, o Embaixador Sir John Russel e, também, pelo atual Presidente da República, Marechal Costa e Silva. A exata receita do seu preparo permanece um segredo de família.

Contrasta o Recife com Olinda, sua vizinha, por ser Olinda uma cidade de morros e de praias, enquanto o Recife, tendo também lindas praias sombreadas, como as de Olinda, por coqueiros um tanto românticos, é uma planície em que a água doce está sempre a fazer sentir sua presença de várias e surpreendentes maneiras: em rios, em ribeiros, em canais. Daí ser conhecida por "Veneza Americana".

Morros, só há no Recife pequenos e despretensiosos. Entre eles, o de Nossa Senhora da Conceição – cuja festa, a 8 de dezembro, atrai muitos devotos – e o de Dois Irmãos. Um dos altos de Dois Irmãos é precisamente o dos Apipucos: alto – já chegamos lá – de onde se vê grande parte da cidade; e se surpreende sua transformação de burgo até há pouco um tanto colonial no seu aspecto num conjunto de arranha-céus modernos, embora nem sempre caracterizados pela elegância das formas. São arranha-céus nos quais vivem ou trabalham hoje não poucos dos quase 800 mil habitantes do Recife. É pena que seus arquitetos não se venham inspirando – como faria um Lúcio Costa e como está fazendo Henrique Mindlin, a quem se deve o edifício da nova sede de um banco já tradicional da cidade – nos velhos sobrados, altos e esguios, quase sempre revestidos de azulejos e de feitio evidentemente norte-europeu, que outrora deram à atual capital de Pernambuco aquela fisionomia "única" entre as cidades do Brasil, notada pelo geógrafo alemão Brandt: singularidade para a qual pensam alguns estudiosos do assunto ter contribuído a presença holandesa em Pernambuco. Eduardo Prado – o brasileiro mais viajado do seu tempo – foi do que logo se apercebeu no Recife: de uma coisa de não ibérico que os holandeses teriam deixado na cidade. O que não significa que tivessem afastado o Recife, em qualquer ponto essencial, da tradição ibérica e católica a que o Brasil inteiro pertence não exclusivamente, mas pelo que há de decisivo em sua cultura ou em sua civilização, enriquecida cada dia mais pelas contribuições de povos e de civilizações diversas. Inclusive – o próprio Recife que o diga – pela arte dos japoneses: pela sua arte de horticultores. A eles se deve a presença, nos mercados do Recife, de um novo tipo de melão, pequeno e doce, que é uma delícia de fruta refrescante – ideal para ser saboreada no trópico.

Os Sobrados do Recife

AROS são hoje os sobrados antigos, do tipo magro, esguio, alto, e característicos, com seus telhados agudos, de um Recife que, direta ou indiretamente, deixou-se influenciar como nenhuma outra cidade do Brasil pela arquitetura mais burguesa desenvolvida pelos europeus do Norte da Europa nas cidades de beira-mar. Donde o aspecto "holandês" ou "flamengo" da capital pernambucana: característico recifense que vem sendo destacado por numerosos estrangeiros e por brasileiros conhecedores de burgos norte-europeus, entre estes Joaquim Nabuco, Eduardo Prado, Alfredo de Carvalho, Morales de los Rios. Mas principalmente pelo alemão Brandt, geógrafo ilustre.

Daí a constância com que, em livros de viajantes idôneos que dos princípios do século XIX aos começos do XX tocaram no Recife, destaca-se, como em Maria Graham, a "altura" excepcional dos sobrados do Recife e, ao mesmo tempo, sua estreiteza de frontão ou o esguio de sua estrutura. Um desses viajantes, o inglês Martin, chegou a escrever, espantado com esta estranha Veneza de edifícios "quase duplicados", em altura, que as casas – isto é, os sobrados recifenses – se distinguiam por serem muito estreitos e muito altos (*"very high"*). Sobrados impressionantemente altos para europeus e norte-americanos chegados do Norte da Europa e conhecedores do Norte da América.

Sobre o assunto há um recente ensaio que o turista mais interessado na história do Recife estimará conhecer: *O Sobrado na Paisagem Recifense,* do Professor Aderbal Jurema. E em trabalho de Geografia Cultural, o já citado Brandt desde 1926 que escreve que o Recife com seus edifícios "altos e estreitos" constitui "paisagem incomum para o Brasil, a qual lembra as cidades portuárias baixo-alemãs e holandesas". O autor de *Kultur-Geographie von Brasilien* não hesita em admitir sobre este aspecto incomum do Recife influência holandesa.

Também recomenda este *Guia* ao turista mais curioso da história social da cidade – principalmente quando burgo holandês – além das crônicas do velho Pereira da Costa – cheias de informações sobre o Recife de qualquer época – os escritos de Alfredo Carvalho, os documentos traduzidos do holandês e publicados por José Higino, o ensaio sobre a cidade, de Arthur Orlando,

Sobrados do cais Martins de Barros

as evocações de Mário Sete, o livro do historiador Gonsalves de Melo, *Tempo dos Flamengos*. E ainda os ensaios recentes: *Ares e Ventos do Recife*, do geógrafo Gilberto Osório, *Geologia da Planície do Recife*, do Professor Valdemar de Oliveira, *O Recife, o Capibaribe e os Engenhos*, do historiador Olímpio Costa e *Fatores da Localização da Cidade do Recife*, do Professor Josué de Castro, os *Estudos Pernambucanos* do escritor-jornalista admirável que foi Mestre Aníbal Fernandes, as excelentes páginas sobre o Recife do começo do século XX do Professor Gilberto Amado em *Minha Formação no Recife*.

Voltando aos velhos sobrados recifenses: não se diga – como alguns têm levianamente dito – que a altura excepcional dos sobrados do Recife – um dos característicos deste antigo burgo – é fenômeno do século XIX. De modo algum: a tendência é remota e evidentemente recebeu impacto de influência burguesa e comercial vinda do Norte da Europa. É claro que esteve em relação com as sucessivas épocas, um sobrado de dois ou três andares do século XVII devendo ser considerado, em relação ao seu tempo, o equivalente de um sobrado de cinco ou seis andares do século XIX. E tanto já se elevavam no século XVII as torres dos palácios assobradados construídos aqui pelo Conde Maurício de Nassau.

Por documentos antigos, sabe-se que, no meado do século XVII, já havia casas no Recife, para a época, muito altas para qualquer parte – para a Europa ou para qualquer das Américas – pois pelo critério de hoje seriam casas de três e até quatro andares, como aquela em que em 1654 vivia no bairro do Recife certo físico-mor chamado Almeida: "numas casas de dois sobrados com o seu miradouro e lojas [....]". As lojas, no andar térreo; o miradouro, um verdadeiro quarto andar. Deviam tais casas ser perto daquela casa-sobrado e loja que ostentava na fachada a figura de pedra de "Jacó" – um Jacó barbado e talvez patriarcal como parece ter sido o bíblico – que ainda hoje pode ser vista no museu do Instituto Arqueológico Pernambucano à Rua do Hospício. Museu onde se encontram alguns bons retratos antigos de famílias: inclusive da Família Imperial. Outros de patriotas. Retrato grande, de meio corpo, de Pedro II ainda moço, que foi do Paço do Recife, se acha hoje em residência particular em Apipucos, onde há pouco o admiraram conhecedores do assunto: o Príncipe Dom Pedro Gastão, Mestre Gilberto Ferrez e Mestre Marques dos Santos que na mesma residência visitaram uma relíquia de São Francisco Xavier vinda de Goa e jacarandás e vinháticos trabalhados uns pelo alemão Spieler no meado do século XIX, outros, pelo primeiro Béranger, no começo do mesmo século.

Não foi só nas formas da arquitetura de sobrado do Recife – nos seus arrojos verticais – que o holandês, ao abandonar o Brasil, deixou "um pouco de si mesmo": resíduo que Eduardo Prado, com seus olhos agudos de brasileiro viajadíssimo, surpreendeu na capital de Pernambuco quando aqui esteve nos princípios do século XX. Resíduo que vem resistindo ao tempo sociológico depois de terem sido destruídas, dentro do tempo simplesmente cronológico, pontes, fortalezas, palácios, igrejas, que os invasores nórdicos levantaram ou reformaram no Norte do Brasil – especialmente na hoje capital de Pernambuco – no mais puro gosto neerlandês, conforme sua tendência de europeus quase incapazes de deixarem de ser europeus. Sabe-se por informações de cronistas e estudos minuciosos de especialistas que a Capela do Corpo Santo, por exemplo, construída nos primeiros tempos do Recife, sofreu reforma – reforma no duplo sentido da palavra – holandesa, que evidentemente alcançou prédios urbanos – comerciais e de residência – desde que se sabe com certeza terem os invasores importado da Holanda material de construção. Tornou-se a antiga capela, no século XVII, protestante, tendo-lhe sido acrescentada pelos holandeses uma torre que permaneceu até 1772, segundo informa Pereira da Costa. Torre que o Professor Robert Smith foi encontrar na aquarela do século XVIII. *Prospecto da Vila do Recife vista pelo lado fronteiro à Cidade de Olinda* – trabalho de certo Padre José Caetano, preso ou anexado ao segundo volume do ms. da célebre obra de Mestre Vilhena sobre a Bahia. Acaba de divulgá-lo o Professor Robert Smith em ensaio publicado em *The Americas* (1954).

Salienta aí o Professor Smith dessa torre que era, pela forma, torre das usadas nas igrejas neerlandesas nos séculos XV e XVI, tendo sido no Recife no século XVIII sobrevivência rara do gótico do Norte da Europa. Também da ponte que aparece no mesmo *Prospecto* de 1759, ligando o istmo do Recife à ilha de Santo Antônio, se sabe agora ao certo por Mestre Smith que era sobrevivência holandesa: sobrevivência da que fora "a principal realização de engenharia holandesa" neste mesmo Recife, à qual os restauradores lusitanos acrescentaram, tornando-a híbrida, os dois arcos, o da Conceição e o de Santo Antônio, por tanto tempo característicos da fisionomia recifense. O Professor Robert Smith esclarece que a ponte holandesa foi reconstruída em 1742 pelo Governador Henrique Luís Pereira Freire, que a alargou e colocou lojas em cada lado dos passeios: pitorescas lojas onde o recifense poderia abastecer-se de porcelana do Oriente, joias, chapéus, ferros. O francês Ferdinand Denis comparou-a em 1839 a uma ponte medieval – o que seria um arcaísmo para a época; mas Mestre Smith, numa confirmação do fato de que os arcaísmos às vezes se desenvolvem em antecipações de técnicas que o tempo vem a consagrar como ultramodernas, sugere ter sido a antiga ponte holandesa do

Recife reconstruída pelo Governador Freire, forma ancestral das grandes arcadas ou galerias comerciais que no século XIX tornaram-se moda na Europa e nos Estados Unidos.

Outra sobrevivência holandesa que se destaca no *Prospecto* do século XVIII agora divulgado: as altas torres que pertenceram ao grandioso Palácio de Vrijburg, ou da Liberdade, do Conde de Nassau, de 1639 a 1643 e que, tendo sido construído pelos holandeses de acordo com os modelos de Palladio e Serlio, foi depois de 1654 utilizado pelos lusos para Palácio dos Governadores, quando desciam de Olinda. O historiador de arte Rodrigo Melo Franco de Andrade acaba de revelar, em seu trabalho sobre monumentos históricos e arqueológicos do Brasil, que o Conde das Galveias, quando vice-rei do Brasil (1735-1749), muito se empenhou em conservar a obra holandesa: considerava-a de valor histórico. É pena que nesse seu empenho não tenha sido acompanhado pelos seus sucessores pois o que hoje se sabe é que, ao elaborar o Padre Caetano o seu *Prospecto,* já o palácio estava em ruínas. Esse fato, porém, não deve ter impedido tão nobre exemplo de arquitetura vertical de ter influído, com suas altas torres, de cinco pavimentos, sobre as construções civis do Recife, que desde então parecem ter se especializado em verticalidade ou em altura: característico – repita-se – notado por numerosos estrangeiros de passagem pela capital de Pernambuco e por alguns atribuído à influência holandesa. O fato, salientado por outro estudioso do assunto, o também historiador de arte Joaquim de Sousa Leão, de a constância de pavimentos de prédios recifenses do século XVII, assinalada pelo *Inventário dos prédios reparados ou edificados até 1654,* ser de três ou dois, não significa ausência daquela influência no sentido da verticalidade, vinda da Europa mais precocemente burguesa e comercial em sua arquitetura, e que no Recife se expressaria de modo tão particular quanto em Nova Amsterdã. O próprio historiador Joaquim de Sousa Leão reconhece como norte-europeia ou holandesa essa influência quando no seu também recente *Palácio das Torres* (Rio, 1954) salienta do famoso palácio ter adquirido "ar de claustro missionário", "despretensioso beiral" e "arcada barroca", que supõe influências portuguesas sobre a arquitetura holandesa: assimilação nada de estranhar, tratando-se de edifício levantado não por holandeses típicos em sua intransigente conservação de valores e estilos nórdicos nos trópicos, mas sob a inspiração de um alemão, como o Conde de Nassau, nórdico em quem a admiração pelas coisas latinas e tropicais completava virtudes germânicas.

Destaca igualmente o historiador Joaquim de Sousa Leão não ter faltado àquele edifício "o cunho flamengo". Esse "cunho flamengo", marcado pela "verticalidade" dos "dois pavilhões assombrados" ou das "duas torres esbeltas, rematadas por lanternins e ligadas por um passadiço coberto, o qual se apoia, à altura do último pavimento, em quatro pilastras que nascem da cumeeira". Sendo assim, mesmo com a assimilação de valores que poderemos chamar luso-tropicais, nessa arquitetura assobradada, ela teria se distinguido pelo "cunho flamengo" da sua "verticalidade". Igual combinação de influências, para a qual o Recife parece ter servido de laboratório ideal, teria se verificado no fato de que as "altas empenas" dos "prédios esguios" do Recife não se apresentam exatamente iguais às dos prédio holandeses, as águas nos prédios recifenses deitando para as fachadas e não correndo para os lados. Afinal, o que sugerem os estudiosos do assunto que não encontram desdouro nenhum para a cultura luso-brasileira em ter sofrido influências nórdicas e do Oriente, nos tempos coloniais, não é que essas influências tenham sido maciças e puras porém impuras e diluídas em combinações com os valores já desenvolvidos na Europa ou nos trópicos pelos portugueses. O sobrado recifense, com suas altas empenas e com os seus vários andares – dois, três, quatro, cinco, em suas predominâncias através dos séculos XVII, XVIII e XIX – em compesação de suas estruturas esguias, parece acusar influência nórdico-burguesa-comercial (ou o que o historiador Joaquim de Sousa Leão chama de "cunho flamengo"), quer vinda diretamente do Norte da Europa, quer através de Portugal, sem que se deva considerar o mesmo sobrado pura ou perfeita reprodução de sobrados holandeses e simplesmente burgueses, neste trecho de Brasil tropical e numa cidade como o Recife, que se antecipou às demais cidades do Brasil, em qualidades de burgo a um tempo comercial e aristocrático. O próprio Conde de Nassau concorreu para lhe dar esse cunho aristocrático. Pois nunca se resignou a ser aqui simples caixeiro de companhia holandesa de comércio. Sua permanência no Brasil teve outro sentido e outro alcance.

Dentre as boas afirmações de antiga arquitetura urbana no Recife, sob a forma de edifícios públicos, merecem hoje a atenção do turista, além do Teatro Santa Isabel – obra do francês Vauthier – o Hospital Pedro II, o antigo Ginásio e agora Colégio Estadual – que já comemorou seu primeiro centenário tendo por diretor um historiador voltado com particular interesse para o estudo das revoluções não só liberais como o seu tanto socialistas do Recife (a chamada "Praieira", entre elas): o Professor Amaro Quintas – e a Casa de Detenção – trabalho de arquiteto pernambucano de formação francesa, Memede Ferreira, que floresceu no Recife logo após Vauthier, isto é, na segunda metade do século XIX. O Palácio da Justiça pode ser grandioso, mas sua grandiosidade é das banais e sem grandeza: é obra do governo Sérgio Loreto completada pelo governo Estácio Coimbra. O Palácio do Governo é inexpressivo, embora situado em lugar ideal. Menos inexpressivo é o palácio da Faculdade de Direito, obra de um engenheiro, José Antonio Pernambuco, inaugurada em 1911. De uma torre do Convento do Carmo diz-se – seja de novo recordado – que é resto de antigo palácio do Conde de Nassau, que na verdade primou em residir em belas casas, de torres altas, como entre os portugueses da época só se encontravam nas igrejas e nos castelos militares.

O atual Palácio do Arcebispo é antiga residência particular. O antigo tornou-se Colégio dos Jesuítas.

Velhas Casas

NDE se sente melhor no Recife a integração da arquitetura com o meio é ainda em algumas de suas residências antigas, hoje colégios, repartições públicas ou pensões. Uma ou outra, ainda residência. Mesmo em velhas casas de residência, simples e modestas, se sente essa integração. Mesmo nas de taipa: nas que bem construídas, atravessam séculos.

Das velhas residências fidalgas do Recife, algumas são, como a casa, com muito azulejo e uma escadaria que é um primor de escadaria nobre – casa que foi de Dona Aninha Siqueira, em Ponte d'Uchoa – colégios, como o das Damas Cristãs; a que foi do Governador Manuel Borba, na Madalena, é também, agora, colégio elegante de meninas; a que foi um ramo dos Amorins pertence ao Colégio Americano Batista; a que foi da família Tasso (hoje residente em Apipucos e dona ainda de muita porcelana fina e de alguma prata antiga e de uma preciosa coleção de leques do tempo das iaiás do Império) pertence ao Colégio Americano Agnes Erskine; a que foi do Conde e da primeira Condessa Pereira Carneiro (que aí ofereceram memorável festa em honra do alemão Dr. Eckner e do Infante Dom Afonso da Espanha quando o Zeppelin, atravessando pela primeira vez o Atlântico Sul, tocou o Recife) é hoje do negociante Ademar Costa Carvalho; a que foi de Horácio de Aquino Fonseca, é hoje recolhimento de religiosas; a que abrigou o Colégio Pritaneu, foi antes pensão elegante e residência grande-burguesa e, como pensão, elogiada por viajantes estrangeiros desencantados com os hotéis da cidade. Ignora-se qual a casa de negociante de escravos que amanheceu, certo dia, no tempo ainda do Império com as alvas estátuas todas pichadas por um gaiato. O fato é referido em livro de viajante estrangeiro.

Também são casas já amorosamente integradas na paisagem a que se conserva à esquina da Avenida Malaquias e foi de uns Mendes e depois de uns Loyos ligados a Amorins, elevados a barões de Pedro II e por algum tempo ricos; a que foi dos Cardoso Ayres, na Madalena, e, depois, do negociante Frederico von Sohsten e de sua ilustre esposa, Dona Dulce de Lima Cavalcanti; a que se conserva, perto do Parque Amorim, propriedade da família Tavares da Silva e onde por muito tempo se podia ver, entre retratos de família, verdadeira

Casa Velha da Rua da Aurora

preciosidade: o retrato da bela Alves da Silva que se diz ter inspirado a Antô-nio Peregrino Maciel Monteiro seu famoso soneto:

Formosa qual pincel em tela fina.

Retrato hoje na Paraíba. Como é que bons recifenses deixaram que daqui saísse essa preciosidade? Felizmente está o retrato em boas mãos: as de um paraibano de origem pernambucana. Seria bom que o oferecesse a museu do Recife.

Outras casas particulares dignas da atenção do turista: as que no Poço da Panela guardam alguma coisa do antigo esplendor desta velha fronteira reci-fense com o "mato" e uma das quais é hoje residência de Mestre Benício Wha-tely Dias, depois de ter sido a morada, por algum tempo, do alemão Moser, pintor e professor de pintura de muito recifense e, antes dele, do alemão Carls, o das célebres litografias; outra, residência do médico e escritor José Carlos Cavalcanti Borges, depois de ter sido por mais de século morada de ingleses. Conserva ainda hoje alguma coisa de especificamente anglo-pernambucana em seu modo de ser casa de europeu nos trópicos. O que é certo também da acolhedora casa com uma torre, na Casa-Forte, durante anos residência do inglês Fenton, e há pouco demolida. Outra casa por muito tempo de inglês mas residência, também, por algum tempo, do recifense José Tales de Melo – bonito velho e grande criador de passarinho: genro do velho Félix Cavalcanti de Albuquerque e tio-avô de quem garatuja este *Guia* – é a casa do Monteiro que ostenta *gable* com escadinha do mais puro sabor flamengo. *Gables* ou escadinhas de telhado, do mesmo sabor, ainda se encontram em velhas casas do centro urbano do Recife.

Azulejos e pedra cor-de-rosa – azulejos vindos de Portugal – encontra-vam-se até há pouco tempo em algumas: inclusive na que foi dos Aquino Fon-seca, no Caldeireiro, e chamou-se Vila Paris. Derrubada, seu sítio vem sendo loteado. Antes fez-se o necessário mas sempre comovente picadeiro de lenha de seu velho arvoredo. Era talvez a melhor casa do Recife. Sua escada de pedra cor-de-rosa foi salva; e está hoje noutra casa antiga do Recife, esta de Apipucos.

A viúva Lorimer conservou até há pouco em Apipucos casa anglo--pernambucana muito simpática; enquanto seu cunhado – suíço protestante casado com inglesa católica e há pouco falecido depois de ter ido à Europa despedir-se dos chalés maternos – reformou sua velha casa à beira do Capiba-ribe, na curva do rio em Apipucos, dando-lhe feitio não suíço, de chalé, porém português: português da casa antiga. Em Apipucos – a chamada Suíça do Re-cife – no Monteiro, em Caxanguá, na Várzea, na Madalena, em Caldeireiro – onde está o casarão outrora dos Condes Correia de Araújo e hoje do casal La-tache – se encontram ainda agora algumas das boas residências de feitio antigo do Recife, duas ou três ainda com a frente para o rio (como aquela onde em 1953 faleceu já velhinha, mas ainda muito senhora, a viúva Manuel Medeiros). Como a marcar o que foi a velha fronteira urbana do Recife em face dos canaviais, ainda se ergue ao começo da Estrada de Caxangá o velho "sobrado grande" da Madalena. Em Apipucos, em velha casa que talvez tenha sido por algum tempo uma das duas casas-grandes do Engenho Dois Irmãos, mas anterior a ele e onde se têm encontrado velhas moedas portuguesas dos primeiros anos do século XVIII, há hoje painéis de azulejo do mesmo século XVIII trazidos de Portugal por um recifense, há anos morador desse casarão, por algum tempo amarelo, agora cor-de-rosa. Adaptados às suas paredes quase de fortaleza, os azulejos vindos de Portugal parecem ter nascido com elas.

O Museu do Estado está instalado na Torre, em casa também antiga, de residência: a dos Oliveira. Uma das antigas casas recifenses de residência – esta com a frente para o rio – tornou-se, sob novo aspecto, o Iate Clube do Recife; outra, o Clube Internacional; ainda outra, o Náutico. Velho edifício de engenho de açúcar foi adaptado em Caxangá à sede do Golf-Club. O Instituto Joaquim Nabuco de Pesquisas Sociais está instalado em nobre sobradão do tempo do Império no qual faleceu quase na miséria o último dos seus senhores: certo recifense de mocidade extravagante, dos que outrora passavam metade do ano em Recife e a outra metade em Paris, sem sequer se aperceberem da existência do Rio. Chamava-se Guimarães: Francisco Guimarães. Ao pai apelidara a malícia recifense de "Chico Macaco". Tinha o filho – também por extensão apelidado "Chico Macaco" – alguma coisa de personagem de Machado de Assis. Bem merece que um Osman Lins (contista recifense que se especializa em procurar surpreender o que a gente da sua cidade tem de mais sutilmente característico) faça desse velho, que morreu apegado como um doente à velha casa dos seus dias de filho de negociante rico, personagem de um dos seus contos. Ou de um romance inteiro. É tarefa para Osman Lins ou para Gastão de Holanda: outro bom romancista jovem do Recife.

Ainda outra casa antiga, hoje reformada, enriquece o Recife menos por sua arquitetura que pelos seus móveis e sobretudo pela sua coleção de bons retratos de pernambucanos dos fins do século XIX pintados por Mestre Bérard, francês que floresceu na capital de Pernambuco nos primeiros anos da República: a casa do engenheiro Cid Sampaio, no Monteiro. O engenheiro Cid Sampaio já foi Governador do Estado.

Outras casas antigas e características do Recife merecem a atenção do turista: a que foi do Visconde de Suassuna no Pombal e é agora fábrica, embora conserve, esculpidas em relevo no seu frontão, as armas do velho fidalgo de quem diz a tradição que enterrava patriarcalmente negros, isto é, escravos, nos jardins da própria residência (mesmo transformada em fábrica, há longos anos, continua com fama de mal-assombrada); a de São João da Várzea, outrora de gente também afidalgada pelo açúcar e hoje dos Brennand, pelo lado materno descendentes dos Rêgo Barros e dos Cavalcanti de Lacerda (esses Brennand deixaram a plantação de cana e o fabrico de açúcar para se tornarem pioneiros de uma indústria muito da terra ou muito do barro dos arredores do Recife: a de cerâmica em algumas das suas formas mais nobres desenvolvida sob os cuidados técnicos de europeus importados para este fim e, por algum tempo, sob a direção artística de um Brennand, Francisco, pintor ainda jovem e já notável, com estudos em Paris e na Itália e autor de uma série de esplêndidos e pernambucaníssimos pratos pintados com figuras da Restauração Pernambucana de 1654).

Além da casa do Pombal, do Suassuna, outras casas do Recife têm fama de mal-assombradas: assunto de um livro do autor deste *Guia* intitulado *Assombrações do Recife Velho*. O qual é também autor de um livro de receitas doces, várias das quais características da sobremesa nas casas do Recife ainda presas às tradições regionais e intitulado *Açúcar*.

Mas não se descuide o turista, se se interessa por velhas casas, mesmo quando pequenas, de pedir a amigos do Recife que lhe mostrem no começo da Estrada dos Remédios a toca quase de maria-borralheira, onde pintou muitos dos seus quadros, hoje procuradíssimos pelos colecionadores do Rio e de São Paulo, o Mestre Teles Júnior; o sobrado do Cais Martins de Barros onde teve durante anos – antes de deixar o Brasil para fixar-se em Paris – seu ateliê, o pintor Cícero Dias; o sobrado à Rua Imperatriz onde diz-se ter nascido Joaquim Nabuco; a casa, à Rua da União, da meninice recifense do poeta Manuel Bandeira; o sobrado à Soledade, ao pé do qual caiu baleado Nunes Machado durante a revolta chamada Praieira; o atual Colégio Nóbrega, dos Reverendos Padres Jesuítas (cuja igreja, sob a invocação de Nossa Senhora de Fátima, está longe de ser um primor de arquitetura), outrora Palácio do Bispo: aquele de onde saiu preso o bravo Frei Vital Maria Gonçalves de Oliveira. De fronte do antigo Palácio do Bispo, está a boa casa patriarcal do século XIX onde em 1867 nasceu o insigne Manuel de Oliveira Lima: casa que, por este fato e pelo que representa sua arquitetura, está tombada pela Diretoria do Patrimônio Histórico e Artístico Nacional e em processo de desapropriação pelo Governo do Estado: iniciativa do Governador Nilo Coelho. Do edifício onde está há anos o *Diário de Pernambuco* – fundado em 1825: "o jornal mais antigo em circulação na América Latina" – à Praça da Independência, não se esqueça o brasileiro que visite o Recife, estar ligado à morte de um estudante, Demócrito de Sousa Filho, assassinado na tarde de 3 de março de 1945, por facínoras desembestados: "guardas-civis" e outros capangas a serviço de maus políticos estaduais da época.

O Recife, seus Hotéis e sua Arquitetura Nova

ÃO é ainda o Recife uma cidade-modelo quanto à arte dos hotéis. Deixou-se neste particular vencer pela capital da Bahia, onde há um hotel ecologicamente baiano e ao mesmo tempo moderno e atual, em sua arquitetura. Com um hotel assim sonham há anos muitos recifenses para quem, como para Arnold Bennet, o hotel é hoje para uma cidade que se preze quase o que a catedral era para as cidades da Idade Média: uma expressão do espírito, da tradição, do estilo regional de hospitalidade em que se especialize um burgo.

Quando aqui esteve, ainda no tempo da República Velha, o urbanista Alfred Agache, a convite do então Governador Estácio Coimbra, tomou por guia um daqueles recifenses; e com esse guia, então jovem – tanto que o francês o chamava de *enfant terrible* – procurou Mestre Agache, com todo o rigor da sua ciência, o lugar ideal para um hotel recifense cuja construção o governo do Estado estava empenhado em estimular. O lugar escolhido, por sugestão do guia, aceita pelo mestre francês de urbanismo, foi aquele onde hoje se ergue um hotel na verdade idealmente situado: o chamado Grande Hotel do Recife. O que nesse hotel não é ideal é sua arquitetura incaracterística. Que um Mindlin não tarde em ser chamado para reformá-la, juntando nessa reforma a modernidade à tradição regional.

Do mesmo mal parecem sofrer outros hotéis novos e, sob alguns aspectos, bons, do Recife: estão no Recife sem serem do Recife. E hotel verdadeiramente bom precisa de unir ao universal o regional de modo ainda mais incisivo que as catedrais antigas. Ou do que as simples residências particulares, as escolas, as fábricas, as repartições públicas.

Talvez do mesmo defeito do chamado Grande Hotel deva ser acusado o novo e sob alguns aspectos ótimo hotel de Boa Viagem: idealmente bem situado, sem que sua arquitetura e a qualidade do seu material de construção e de decoração correspondam sempre a essa rara, raríssima vantagem. É um hotel com preços de hotel quase de luxo e quartos quase modestos: quartos de boa hospedaria de Y. M. C. A.; e um refeitório tão simpático e franciscanamente simples que lembra os dos velhos asilos de órfãos, bem cuida-

GRANDE HOTEL E MONUMENTO A SACADURA CABRAL E GAGO COUTINHO

dos por mordomos de Santa Casa e freiras de São Vicente de Paulo. Como tem o principal – situação ideal – e boa administração – é possível que venha a melhorar de instalação, a ponto de integrar de todo na condição de hotel de primeira ordem, anunciada pelos seus preços: salgadíssimos para hotel modestamente de água doce: menos – pensam alguns dos seus críticos – de beira-mar elegante que de interior de província atrasada.

O Recife não tem, saído das suas entranhas, nenhum arquiteto moderno que venha sendo para esta cidade, única em sua ecologia, o que um Lúcio Costa ou um Oscar Niemeyer ou um Marcelo Roberto ou um Henrique Mindlin vêm sendo para o Rio e para São Paulo: só há pouco formou-se na Universidade o primeiro grupo de arquitetos. Não há aqui nenhum edifício novo – nem hotel, nem repartição pública, nem casa de apartamentos – que se destaque como arquitetura ao mesmo tempo moderna e ecológica. O que não significa que falte à cidade a presença do moderno em sua arquitetura sob formas saudáveis e simpáticas. Uma série de edifícios novos dão ao Recife aspecto de burgo, como é modo dizer-se, funcional, em Arquitetura. Mas sem que a essa vantagem se acrescente a da harmonia com o ambiente, com a tradição, com o meio recifense sob a forma, mais difícil e mais sutil, de uma integração íntima e profunda do edifício nesse ambiente, nessa tradição e nesse meio.

Uma ou outra exceção: a residência da viúva Ageu Magalhães, em Sant'Ana, traço do seu filho arquiteto, Paulo, e cuja decoração foi realizada pelo também seu filho, o jovem artista Aloísio. A residência do casal René Ribeiro: obra do jovem arquiteto Heitor Maia Neto. A residência do casal Lisanel Melo Mota.

Um dos horrores de arquitetura de igreja com pretensões a moderna é hoje no Recife a Igreja de Nossa Senhora de Fátima, toda edificada – segundo parece – por jesuítas portugueses mal-orientados no assunto. E perdoe o turista de algum gosto a um Recife mártir, por longo tempo, de urbanistas e arquitetos, pouco sensíveis ao que os problemas urbanos têm de complexo, o horror ainda maior que oferecem aos olhos do adventício e da própria gente da cidade, as chamadas vilas: de "lavadeiras", "costureiras", "operários". Excetuada uma ou outra, como a dos "bancários", são quase todas elas a negação do que pretendem ser. Negação estética; fazem mal aos olhos, quer de longe, quer de perto. Negação psicológica: fazem mal aos nervos. Negação às vezes sociológica: quando não beneficiam senão cenograficamente à população necessitada de moradas higiênicas. O que representa mal imenso para quase todos os recifenses cuja cidade vem sendo há anos prejudicada em seu desen-

Prédios novos às margens do Capibaribe

volvimento harmônico por esses e por outros rompantes de mau gosto e de mau senso. E sobretudo por excessos de inchação não só urbana como arquitetônica difíceis agora de serem corrigidos. Felizmente a atual direção do chamado Serviço Contra o Mucambo procura agir nestes assuntos com todo o bom senso e todo o bom gosto de que é capaz; e aprendendo dos próprios mucambos, tão elogiados por Gerbault, que os conheceu em ilhas tropicais, lições de modo algum desprezíveis.

A cidade do Recife não conta, atualmente, com um número de hotéis que corresponda à sua importância. E com nenhum hotel que em qualidade esteja à altura dessa importância. Os preços diários cobrados no Recife por um hotel de 1ª classe, incluindo café pela manhã, aproximam-se dos do Rio e de São Paulo.

O preço médio diário cobrado pelas pensões de 1ª classe também se aproxima dos cobrados pelas boas pensões do Rio e de São Paulo.

De modo que a deficiência não está nos preços; e sim no número e na qualidade desses hotéis.

Fisionomia das Ruas e das Pontes

S RUAS do Recife variam muito de fisionomia, de cor, de cheiro. Parecem às vezes de cidades diferentes. Há ruas perfeitamente europeias como a Avenida Rio Branco. Outras que dão a ideia de se estar no Oriente como a Estreita do Rosário à noite, como o Beco do Cirigado, o Beco do Marroquim, a Rua do Fogo; ainda outras que não têm que ver com as de Lisboa, com seus sobrados, suas varandas, suas vidraças, seus verdes, seus encarnados, seus azuis. Tal a Larga do Rosário. E há as ruas silenciosas, as

velhas ruas
cúmplices da treva e dos ladrões
escuras e estreitas, humildes pardieiros

do poema de Joaquim Cardoso. Enquanto certos trechos da cidade dão a lembrar cidades do Senegal. Trechos com mucambos, casas de palha – que, aliás, não são tão ruins, sob o ponto de vista da higiene, como os cortiços e as ilhas feias, tristonhas, em que se ensardinha a pobreza europeia. Os mucambos do Recife deixam-se beneficiar pelo sol e se ventilar livremente através das paredes e cobertas de palha. Muitos desses mucambos estão, não à beira da água parada e da lama, mas da água viva, como os da Estrada de Motocolombó, tão pitorescos, alguns trepados em verdadeiras pernas de pau.

As ruas do Recife, de modo geral, refletem o caráter dos três ou quatro bairros principais em que a cidade se divide: as de dentro do Recife – isto é, da "ilha do Recife", onde se desembarca, e onde estão os grandes bancos, as casas de alto comércio, o Telégrafo Inglês, vários consulados – são ruas graves e europeias – menos o Cais do Apolo, com seu cheiro forte, denso, tropical, de açúcar, sua catinga de negro suado, seu muito de africano e de colonial. As ruas principais do bairro de S. Antônio – as ruas do comércio elegante, das modistas, das perfumarias, das confeitarias, das joalherias, as ruas cívicas – do Palácio do Governo, do Palácio da Justiça, do Teatro Santa Isabel – são predominantemente europeias, porém sem a gravidade masculina das do Recife:

Beco da Luxúria

Estrada de Motocolombó

com uma graça feminina. Cheiros também femininos. Esse caráter feminino se surpreende também nas melhores ruas de residências da Boa Vista, com jardins cheios de palmeiras. Já para os lados de S. José, o Recife como que se orientaliza; a vida que as ruas refletem é hoje a da pequena burguesia, mais sociável que a grande; e gente que de noite vem conversar, sentada em cadeiras de vime e espreguiçadeiras de lona, à calçada, à porta da casa; e aí toma sorvete, come tapioca, os homens de pijama, chinelo sem meia. Foi até há pouco bairro dos pianos fanhosos mas ainda assim tão românticos; dos namoros de meninas de luto com caixeiros da *Primavera* e estudantes. É o bairro do comércio mais barato. Das lojas e armarinhos com nomes sentimentais. Padarias que se chamam a Flor da Penha, e têm um nicho de Nossa Senhora da Penha sempre aceso e enfeitado de flores. Da Loja dos Noivos, com um noivo de casaca e uma noiva de véu e vestido de cauda, pintados na tabuleta. Da Esmeralda. Da Fama. Também dos armazéns de charque e de café; de ruas que cheiram a comida e a café se torrando; a temperos; a coentro; a incenso que vem de dentro de igrejas que dão para a rua; a mungunzá se comendo dia de domingo; a alfazema em casa que tem menino novo.

A gente de São José – bairro, aliás, onde outrora morou até fidalgo – olha para a Boa Vista quase como para estranhos; e até entre ruas há rivalidades. São José foi outrora o bairro dos valentões, dos capangas, dos desordeiros, das eleições com barulho e facada, das procissões com gente navalhada. Os focos de desordem eram a Gameleira, Coqueiros, o Cocudo, a Rua da Jangada. O Largo do Mercado várias vezes, aí para os fins do século XIX, transformou-se em campo de batalha. As rivalidades de ruas e bairros iam decidir-se lá. Em 1884 foi uma luta horrorosa. Bentinho do Lucas (Madalena), Nicolau do Poço, Severino do Pombal, todos estiveram na briga. Cacete e faca. No fim, os soldados com seus facões rabo-de-galo. As redes levando os feridos.

Hoje em São José quase não dá que fazer à polícia. É um bairro pacato. Pode-se andar por ele tranquilamente. Acabaram-se os capangas do bairro. Aliás o Recife todo tem feito grande progresso nesse sentido. Já não é, como outrora, a cidade da faca de ponta de que os ingleses tinham tanto medo. Os mais temíveis malfeitores não são hoje, na capital de Pernambuco, os desordeiros armados de faca de ponta, mas os automóveis e caminhões que rodam em disparada até pelas ruas centrais.

Monumentos Históricos e Artísticos

ÃO os seguintes os monumentos históricos e artísticos que no Recife merecem a atenção do turista mais empenhado em ver o que a cidade guarda de mais característico do seu passado e do seu civismo:

Monumento a Gago Coutinho e Sacadura Cabral – instalado a princípio à Avenida Martins de Barros e hoje em praça toda dedicada a Portugal: Monumento da Restauração – Praça da Restauração; Monumento ao Jaú – Praça da Encruzilhada; Monumento do Povo do Recife – Praça Dezessete; Monumento do Arraial Novo – Sítio do Forte; Monumento do Arraial Velho – Rua D. Rosa Fonseca; Estátua de Martins Júnior – Praça Adolfo Cirne; Estátua de Joaquim Nabuco – Praça Joaquim Nabuco; Estátua do Conde da Boa Vista – Praça da República; Estátua do Barão do Rio Branco – Praça Rio Branco; Estátua de Nossa Senhora da Conceição – Morro do Arraial; Busto de Amauri de Medeiros – Rua Osvaldo Cruz; Busto de Aprígio Guimarães – Praça Adolfo Cirne; Busto de Paula Batista – Praça Adolfo Cirne; Busto do Visconde de São Leopoldo – Praça Adolfo Cirne; Busto de Tobias Barreto – Praça Adolfo Cirne; Busto de Teles Júnior – Avenida Beira-Mar; Placa da Abolição da Escravatura – Avenida Conselheiro Rosa e Silva; Praça do Tiro de Guerra 333 – Rua do Rosário; Placa do Combate da Casa-Forte – Praça da Casa-Forte; Placa dos Presos Republicanos de 1817 – Rua do Imperador; Placa do nascimento de Oliveira Lima – Avenida Oliveira Lima, 967; Placa da morte de Nunes Machado – Rua Nunes Machado (Edifício Fratelli Vita); Placa do nascimento de Joaquim Nabuco – Rua do Imperador, 147; Placa do nascimento de Porto Carneiro – Praça Maciel Pinheiro; Placa indicativa do Forte Ernesto – Rua do Imperador; Placa comemorativa da Revolução de 1930 – quartel da 7ª CIR; Placa do cerco do Forte do Arraial Velho – Morro do Arraial; Placa do arcabuzamento de Frei Caneca – Rua Luís Mendonça; Obelisco da Boa Viagem – Avenida Boa Viagem; Obelisco da Independência – Rua de São Félix; Fonte da Praça Dezessete – Praça Dezessete; Herma de Osvaldo Cruz – Rua Osvaldo Cruz; Teatro Santa Isabel – Praça da República; Torre Malakoff – Praça Artur Oscar; Cruz do Patrão – Brum; Fortaleza do Brum – Brum; Ruínas do Forte do Buraco – Istmo; For-

ESTÁTUA DO BARÃO DA BOA VISTA

taleza das Cinco Pontas – Praça das Cinco Pontas; Portão da casa de João Fernandes Vieira – Rua Francisco de Lacerda; Igreja do Pilar – Praça Padre Machado; Igreja das Fronteiras – Rua Henrique Dias; Basílica do Carmo – Praça do Carmo; Igreja do Convento de Santo Antônio – Rua do Imperador; Capela Dourada – Rua do Imperador; Capela da Jaqueira – Avenida Rui Barbosa; Igreja do Espírito Santo – Praça Dezessete; Igreja do Terço – Pátio do Terço; Capela do Morro do Arraial – Morro do Arraial; Igreja de São Pedro dos Clérigos – Pátio de São Pedro; Antigo Palácio do Bispo – Avenida Oliveira Lima; Igreja da Boa Viagem – Boa Viagem; Igreja de Nossa Senhora da Conceição dos Militares – Rua Nova; Matriz de Santo Antônio – Avenida Dantas Barreto; Concatedral da Madre de Deus – Rua da Madre de Deus; Fonte Luminosa – Praça do Entroncamento; Fonte Maciel Pinheiro – Praça Maciel Pinheiro, fonte restaurada, graças ao médico Djair Brindeiro, quando prefeito, e ao seu Diretor de Bem-Estar Social, o Professor Gonçalves Fernandes, e que veio, na verdade, concorrer de modo não só estético como psicológico para o bem-estar do recifense: só o rumor das suas águas parece dar alegria e não apenas aos moradores da praça como aos simples transeuntes. Ao que se junta o grupo escultural da fonte: um dos melhores do gênero de todo o Brasil. O mesmo é certo da Fonte da Praça Dezessete: esta se achava mutilada, tendo sido não só restaurada como reintegrada por iniciativa do Professor Gonçalves Fernandes, quando desempenhou aquelas funções.

O Prefeito atual do Recife, Augusto Lucena, está sendo, para a metrópole do Nordeste, uma espécie de Pereira Passos: com as virtudes e os defeitos dos Pereira Passos. Ativo e dinâmico, poderia juntar a essa virtude um maior amor às tradições recifenses. Seria então um prefeito quase perfeito.

Abastecimento de Água

ABE-SE que "de diversas fontes e rios, o Recife capta suas águas, algumas dentro do próprio Município, outras fora dele. Dentro do Município, da fonte de Dois Irmãos e da do Monteiro, e fora, os Rios Gurjaú, Beberibe e Jangadinha nos Municípios do Cabo, Olinda e Jaboatão, respectivamente. A água é depositada em reservatórios de alvenaria de pedra e concreto e é frequentemente examinada. A água destinada à população do Recife sofre tratamento químico, filtração e desinfecção. A rede distribuidora domiciliária estende-se pelas zonas urbana e suburbana. A prestação do serviço de abastecimento de água é feita a título oneroso".

Há nova fonte recentemente inaugurada, de suprimento de água à população recifense: a de Monjope. Iniciativa do General Cordeiro de Farias, quando Governador do Estado de Pernambuco, completada pelo Governo Cid Sampaio.

Grande parte da água fornecida ao Recife repita-se que é captada do Rio Gurjaú, a 30 km da cidade. Antes, porém, de ser distribuída repita-se que é tratada pela cal e pelo sulfato de alumínio que têm a propriedade de reduzir a sua turbidez. Por ocasião das grandes enxurradas, quando o rio aumentando seu volume arrasta impurezas, procede-se à cloração da água pelo cloro residual, na proporção de 0,2 – parte por milhão. Em seguida, a água é filtrada, dispondo Gurjaú, para essa operação, de 33 possantes filtros, sendo: 25 do tipo Ransone e 8 do tipo Bollmann. Os primeiros podem produzir um volume de água de 62,5 m^3 por hora e os restantes de 70 m^3.

A barragem do Gurjaú, cujo represamento se estende a 6 km rio acima, cobre uma superfície avaliada em 517 mil m^2, com uma magnífica bacia hidrográfica, medindo cerca de 12 mil hectares.

O volume de água acumulada na represa atinge 2 milhões e 500 mil m^3 e a água tratada em 24 horas é estimada em 37 mil m^3. O tipo de barragem é submersível ou vertedouro com paramento de montante vertical e de jusante inclinado a 3 de base por 4 de altura.

A distribuição se faz em tubos de ferro fundido, de diâmetro variando de 750 mm a 100 mm.

Além do abastecimento a domicílio, que é contínuo, existem os "chafarizes", localizados em diversos bairros. Estima-se em 30 o número de "chafarizes" em funcionamento na cidade.

Pavimentação de Logradouros Públicos

 S LOGRADOUROS pavimentados do Recife são uns de concreto, outros de asfalto, alguns de paralelepípedos, vários de pedras irregulares.

Sobrados, Prédios e as Marcas da História

A arquitetura de uma cidade diz muito de sua história. Passear pelas ruas do Recife, com um olhar atento aos seus casarões, fortalezas e prédios é encontrar-se com uma outra narrativa sobre o passado da cidade, é sentir a simultaneidade do tempo. As casas e fortalezas guardam muitas histórias de sinhazinhas, de caixeiros, de escravos, senhores, governadores e generais. Mas muitas outras histórias são hoje escritas pelos vários usos desses espaços. O visitante está convidado a continuar tecendo estas narrativas. Conheça o Poço da Panela, o Pátio de São Pedro, o Bairro da Várzea, o Apipucos de Gilberto Freyre, lugares onde passado e presente dialogam constantemente.

O Bairro do Poço da Panela é um bairro tradicional e pitoresco. Possui amplos casarões, casas e sobrados do século XIX, época em que era um dos melhores locais de veraneio da população do Recife, devido à proximidade do Rio Capibaribe. Local onde ocorriam também entusiásticas festas cívicas e religiosas, junto à igreja barroca de Nossa Senhora da Saúde, com uma só torre. Ao lado da igreja, na casa nº 626, um monumento chama a atenção, é o monumento a José Mariano, um grande abolicionista pernambucano, casado com dona Olegarinha, e que juntos ajudavam na fuga de escravos. A estátua, em tamanho natural, representa um ex-escravo com grilhões rompidos e flores para o bravo lutador. O conjunto encontra-se bem conservado tendo em seu entorno árvores frondosas.

Indo ao Bairro de Apipucos, é possível conhecer um pouco da atmosfera que envolveu Gilberto Freyre durante a escrita deste Guia. As terras de Apipucos, que originalmente faziam parte do Engenho Monteiro, já estavam povoadas na segunda metade do século XVI. Conserva ainda sua igreja de Nossa Senhora das Dores, reconstruída e aumentada em 1887. O conjunto arquitetônico do século XIX tem ainda suas características originais preservadas. O casario vem da época em que Apipucos era procurado por famílias aristocratas do Recife para passar as festas e tomar banhos de rio. Destaque para o nº 2665, um belo casarão. Imponente é a residência nº 117, denominada de "Mansão Martins Mesel". Na mesma rua, a casa nº 320 é o famoso "Solar dos Apipucos", do século XIX, no centro de um parque arborizado que era a residência de Freyre. Possui portão e escada imponente e sombreada. A casa tem à frente estatuetas e ao lado lampiões, banco e painel de azulejos. O nº 92 é o Instituto de Documentação, pertencente à Fundação Joaquim Nabuco de Pesquisas Sociais, localizado justamente na "Vila Anunciada", casa que pertenceu a Delmiro Gouveia, comerciante e industrial de ideias avançadas. O casario situa-se próximo ao açude de Apipucos e da Várzea do Capibaribe, em meio às praças do Monteiro e Apipucos. As casas são utilizadas como residências, Instituto e Fundação.

O Recife Antigo, marco inicial da história da cidade, também contém diversas fases de evolução urbana recifense, apesar das inúmeras mutilações sofridas. Guarda monumentos e conjuntos de inestimável valor arquitetônico. O bairro passa por grande processo de restauração e nele estão localizados bares, casas noturnas e restaurantes de qualidade, muito bem frequentados, tornando-se, assim, um polo de animação noturno.

Os sobrados do Recife, no entanto, não desempenham apenas o papel de guardadores de memórias. Eles são ainda testemunhas das muitas mudanças nas feições da cidade. Prédios, avenidas largas e viadutos deixam o Recife cada vez mais cosmopolita, com as marcas do mundo contemporâneo. Modernas construções, como os shopping centers e os grandes hotéis de Boa Viagem, são símbolos do crescimento da cidade. A passagem pelas Avenidas Agamenon Magalhães, Boa Viagem e Dezessete de Agosto permite perceber bem o processo de verticalização da cidade. No entanto, sua arquitetura também revela muito das tensões sociais presentes. Os morros e margens dos rios do Recife apresentam ao visitante a arquitetura da exclusão social, dos contrastes das metrópoles. Casas e vidas construídas sob o signo do improviso.

Clubes e Esportes

UTRORA quase só de ingleses, hoje mais de brasileiros que de ingleses, é o Country Club, à Estrada dos Aflitos, com excelentes campos de jogos. O mesmo se deve dizer do British Club, no bairro comercial da cidade, com restaurante e sala de leitura. Os grandes jornais e revistas ilustradas de Londres. Uísque autêntico. Uísque do bom se encontra também na Rua do Bom Jesus, no velho Shipchandler do Papá Ayres, um inglês gordo que viveu no Recife muito tempo. Bigodudo e vermelho, morreu com mais de 90 anos, decano da colônia. Outrora houve os *shipchandlers* de Clunie e Chaline, que criaram fama. E o do velho Lundgren, pai dos milionários de hoje, que começou a vida na Lingueta.

Os alemães tinham na Torre um clube muito simpático, instalado num velho casarão à beira do rio: hoje estão com casa nova e bem construída num antigo sítio, muito pernambucano, da Estrada do Encanamento. Ótimo clube. Os portugueses têm também o seu clube no Recife: situado também num sítio antigo.

Clubes de esportes, de fundação brasileira mas refletindo influência inglesa, existem vários no Recife: Jockey Club; Esporte Clube Recife (futebol, voleibol, *waterpolo,* remo) com sede e campo de jogos à Ilha do Retiro e novas instalações, de boa arquitetura moderna e belo painel de Lula Cardoso Ayres; Clube Náutico Capibaribe (futebol, tênis, remo) com sede e campo de jogos à Estrada dos Aflitos; América Futebol Clube; Santa Cruz; Português. Com sede e campo de jogos existiu por algum tempo no antigo Sítio da Capela, na Jaqueira, o Clube da Tramways.

O Sítio da Capela foi de José Bento da Costa, negociante rico que aí deu grandes almoços debaixo das mangueiras, no tempo de Luís do Rêgo, capitão-general de Pernambuco. Diz-se que depois dos almoços, que eram decerto grandes bacalhoadas, com muito vinho, ou então feijoadas à pernambucana, peixadas, talvez, ou vastas fritadas de guaiamuns, os dois – o anfitrião e o capitão – punham-se no muro como duas crianças a mangar de quem passava, a atirar caroço de fruta nas pessoas, a fazer outras brincadeiras de colegiais internos. Quando a pessoa se zangava, diz a tradição que Luís do Rêgo "mandava prender e dar surra". Pode ser que seja uma tradição falsa, inspirada pelo ódio que aqui criou entre o povo a energia de Luís do Rêgo contra os liberais de 1817. Mas pode ser que seja verdade. Nós todos somos umas imperecíveis crianças, como já dizia o filósofo português.

Os grandes almoços ao ar livre, debaixo das velhas árvores, esses constituem uma tradição pernambucana ainda hoje respeitada. Veja o turista se o convidam para um. Um feijoada em Beberibe ou um aferventado de peru na Várzea. Ou então um peru à brasileira ou uma cavala à pernambucana no jardim da casa de Dolores Salgado-Mário Sousa em Apipucos: talvez o mais lindo jardim particular do Recife.

O Golf Club do Recife se acha em Caxangá, em terreno de velho engenho de açúcar: o Engenho Poeta. A instalação do clube é o que há de mais pernambucano: adaptou-se à sua sede o próprio edifício antigo do engenho de moer cana.

Do Golf Club de Caxangá, avista-se ao longe o arvoredo de Dois Irmãos; e no meio do mato, ao alto de Apipucos, o Seminário dos Irmãos Maristas. Desses educadores de origem francesa, seja dito de passagem que mantêm um colégio no centro do Recife, considerado um dos melhores da cidade. E além do central, o de Ponte d'Uchoa.

Outros clubes do Recife: o velho Internacional, cujo *bal masqué* continua o baile mais elegante da cidade; o Iate; o Cabanga; O Marisco; o Sargento Wolf; o da Aeronáutica; o Militar; o das Gaivotas; o Lusotrópico que tem sua sede no Hotel São Domingos; os Lions; os Rotary.

Escolas

RECIFE é hoje sede de duas Universidades: uma, federal, é uma das mais importantes do Brasil; a outra é a católica. Há, ainda, a rural, também federal. Continua a primeira as tradições da Faculdade de Direito, por longo tempo rival da de São Paulo como centro de cultura e de formação jurídica e humanística de elites brasileiras. Inclui a Universidade Faculdades de Filosofia, Medicina, Odontologia, Engenharia. Há outra Faculdade de Ciências Médicas. Um Instituto de Educação, no qual se continua a tradição ilustre da Escola Normal. A Universidade Rural está instalada em muitos bons prédios: bons e simpáticos, com alguma coisa de universitários e rurais ao mesmo tempo. E continua em construção a Cidade Universitária. Aí já funcionam vários cursos e institutos. A Universidade Federal de Pernambuco mantém hoje um Seminário de Tropicologia de renome não só nacional como internacional.

Museu do Estado

 O MUSEU DO ESTADO não deixe o turista de ver os vários Teles Júnior – alguns um tanto prejudicados por mais de uma obra de má restauração – que aí se encontram; as gravuras antigas, móveis e outras preciosidades da coleção do velho Baltar, adquirida pelo Governador Estácio Coimbra quando criou o Museu no tempo da chamada República Velha; também as peças da Coleção Brás Ribeiro, adquirida anos depois pelo Estado. Isto na parte histórica. Na parte de Cerâmica, Arqueologia e Etnografia, o turista encontrará farto e raro material para regalo dos olhos e esclarecimento da inteligência: a Coleção Carlos Estêvão inaugurada a 15 de dezembro de 1951. A cerâmica é procedente de Marajó, Santarém, Maracá, Xingu e outras regiões. 103 peças e 779 fragmentos. O material lítico é de diversas procedências: machados, rodas de fusos e outros objetos. 222 peças. Na seção de Etnografia encontra-se material pertencente a 54 tribos, num total de 2.070 peças. Proveniência: povos do Peru, Amazonas, Pará, Maranhão, Ceará, Pernambuco, Goiás e Paraíba.

A coleção foi doada ao Museu do Estado pela Família Carlos Estêvão de Oliveira, em cumprimento a uma vontade desse bom brasileiro de Pernambuco, por algum tempo diretor do Museu Goeldi, do Pará.

A coleção de Etnografia está exposta obedecendo ao critério da divisão dos povos por grupos linguísticos, mostrando tanto quanto possível a constante cultural comum entre as diversas tribos apresentadas. A parte de Arqueologia encontra-se dividida por região geográfica.

Aníbal Fernandes foi o primeiro diretor do Museu do Estado. Seu organizador no governo Estácio Coimbra. O atual diretor é o Professor José Maria de Albuquerque e Melo.

O governo estadual pelo Ato nº 270 de 26 de janeiro de 1952 resolveu denominar "Carlos Estêvão" toda a seção de Etnografia e ciências afins do Museu do Estado, como homenagem do Estado de Pernambuco à memória do sábio pernambucano. Não seria fora de propósito que o Museu prestasse homenagem semelhante à memória do seu fundador: Estácio de Albuquerque Coimbra.

Colégios, Ginásios, Escolas de Comércio

QUI estão 50 – há vários outros – dos colégios, ginásios e escolas de comércio, na sua maioria mistos, alguns só para o sexo masculino, outros só para o sexo feminino, vários com internatos, que continuam a fazer do Recife um centro de ensino procurado pelo Nordeste inteiro, para a educação de crianças e adolescentes:

Americano (ginásio), Estrada do Matumbo, 538, Beberibe (com internatos para ambos os sexos); Americano Batista (colégio), Rua Dom Bosco, 1308 (com internato para o sexo masculino); Agnes Erskine (ginásio), Avenida Rui Barbosa, 704 (com internato para o sexo feminino); Arquidiocesano (colégio), Rua do Príncipe, 610 (para o sexo masculino); Anchieta (ginásio), Avenida Parnamirim, 417; Bandeirante (ginásio), Rua da Harmonia, 779; Carneiro Leão (colégio), Rua do Hospício, 333; Castro Alves (ginásio), Rua da Soledade, 396; Casa Amarela (ginásio), Estrada do Arraial, 2641; Comerciários (ginásio), Vila dos Comerciários, 67; Coração Eucarístico (ginásio e escola técnica de comércio), Avenida Oliveira Lima, 867; Damas da Instrução Cristã (ginásio e escola técnica de comércio), Avenida Rui Barbosa, 1426 (para o sexo feminino, com internato); Dulce Campos (ginásio), Rua 13 de Maio, 75, Tijipió; Estadual de Pernambuco (colégio), Rua da Aurora, 703; Encruzilhada (ginásio e escola técnica de comércio), Rua Castro Alves, 47; Israelita de Pernambuco (ginásio), Rua Dom Bosco, 687; Escola Técnica de Comércio de Pernambuco, Cais José Mariano, 120; Escola Técnica de Comércio do Recife (colégio e escola técnica de comércio), Rua do Hospício, 410; Farias de Brito (ginásio), Rua Zeferino Agra, 349; Henrique Dias (ginásio e escola técnica de comércio), Avenida Caxangá, 1067; Independência (ginásio), Avenida José Rufino, 634; Instituto de Educação (colégio), Rua Princesa Isabel, s/nº Joana D'Arc (ginásio), Avenida Herculano Bandeira, 513, Pina; João Evangelista (ginásio e escola técnica de comércio), Rua Santo Elias, 289; Leão XIII (colégio), Avenida João de Barros, 1563; Maria Auxiliadora (ginásio), Rua Joaquim Nabuco, 237; Madalena (colégio), Rua Real da Torre, 701; Marista (colégio), Rua Conde da Boa Vista, 385 (com internato para o sexo masculino); Moderno (colégio e escola técnica de comércio), Rua da Paz, 28; Nóbrega (colégio), Avenida Oliveira Lima, 964 (para o sexo masculino); Nossa Senhora Auxiliadora (escola técnica de comércio), Rua do Hospício, 258; Nossa Senhora do Carmo (colégio), Rua Dom Bosco, 370 (com internato para o sexo feminino); Nossa Senhora da Conceição (colégio), Rua Dois Irmãos, 318 (para o sexo feminino); Osvaldo Cruz (colégio), Rua Dom Bosco, 1013; Padre Félix (colégio), Rua da Soledade, 316 (para o sexo masculino); Pan-Americano (ginásio e escola técnica de comércio), Rua São Miguel, 685; Pinto Junior (ginásio), Rua Riachuelo, 646; Pedro Augusto (colégio), Rua Barão de São Borja, 279; Porto Carreiro (colégio), Rua da Concórdia, 630; Regina Pacis (colégio), Rua Benfica, 715 (com internato para o sexo feminino); Sagrada Família (ginásio), Praça da Casa-Forte, 52 (para o sexo feminino); Santa Catarina (ginásio), Estrada do Arraial, 2740; São João (ginásio), Rua Benfica, 286; São José (colégio), Rua Conde da Boa Vista, 921 (com internato para o sexo feminino); São Luís (ginásio), Avenida Rui Barbosa, 1104 (com internato para o sexo masculino); Salesiano do Sagrado Coração (colégio), Rua Dom Bosco, 551 (com internato para o sexo masculino); Várzea (ginásio), Avenida Afonso Olindense, 1667, Vera Cruz (colégio), Rua Dom Bosco, 1653 (para o sexo feminino); Visconde de Mauá (ginásio), Rua do Hospício, 265; Escola Técnica de Comércio da Faculdade de Ciências Econômicas, Rua do Hospício, 265.

E não nos esqueçamos da Escola-Modelo, anexa ao Instituto de Educação, levantada, com o auxílio do Inep dirigido por Anísio Teixeira, pelo Professor Aderbal Jurema, quando Secretário da Educação do Governo Cordeiro de Farias. Está situada perto do Jardim Treze de Maio. Foi elogiada pelo escritor Aldous Huxley, quando passou, há pouco, um dia no Recife: a maior parte do tempo em Apipucos.

Também financiada pelo Inep funciona em Apipucos monumental Escola de Demonstração: talvez a mais moderna do gênero no Brasil. Merecem uma visita do turista, ela e todo o conjunto do Centro Regional de Pesquisas Educacionais do Ministério da Educação e Cultura. Endereço: Rua Dois Irmãos, 92.

Carnaval

OJE, o carnaval do Recife guarda muita reminiscência dos cantos e das danças dos antigos escravos; a marcha de carnaval recifense tem alguma cousa de banzo africano no meio de sua alegria quente e contagiosa; os clubes que saem pelas ruas e praças, com seus estandartes bordados a ouro, conservam alguma cousa de velhos cultos totêmicos e animistas, é claro que já muito dissimulados. O turista achará interessante assistir a um carnaval no Recife, em que a esses traços africanos e indígenas se misturam alegrias e brinquedos europeus. Confete. Serpentina. As fantasias tradicionais dos europeus. Carros alegóricos. Corso. E nas ruas, juntando à alegria europeia o frenesi africano, o chamado frevo. O carnaval recifense vem sendo estudado ultimamente por uma antropóloga norte-americana: Kate Royal.

É o chamado frevo uma dança neobrasileira só do Recife. Só do carnaval de rua do Recife. Dança muito sacolejada, com alguma coisa de primitivo na sua espontaneidade. Mas no meio desse sacolejado, e de acordo com a música carnavalesca que se toque, muito abandono lírico, sentimental, lânguido. O melhor intérprete musical do carnaval do Recife talvez seja hoje o Maestro Nelson Ferreira. Ele ou o igualmente admirável Capiba. O melhor intérprete em cores, do mesmo carnaval, é o pintor Lula Cardoso Ayres. Do carnaval e dos xangôs.

Note-se do frevo que, nos últimos anos, está animando no Recife não só o carnaval de rua – um tanto em declínio – como o de clubes como o Sport: clubes cujos vastos salões são como se fossem ruas; e onde recifenses de várias cores e classes confraternizam nas danças de carnaval.

O Recife, Cidade de Pintores e Fotógrafos

RECIFE é uma cidade de pintores. Mais de pintores, com certeza, do que de músicos ou de escultores ou de arquitetos. Talvez por causa da sua luz. Talvez a sua luz seja um estímulo à pintura mais do que qualquer outra arte. O holandês Franz Post pintou no século XVII águas e árvores do Recife; e também o casario ainda em começo, o português e o holandês, este, no século XVII, já mais vertical que o luso, com arrojos de torres a que o luso só se aventurava então, no Brasil, em suas igrejas. A sua outra arquitetura tendia ainda, quase toda, para "o terrivelmente chato" lamentado por Euclides da Cunha e do qual ainda se veem pequenas sobrevivências nos arredores do Recife. Principalmente na Várzea onde, entre um arvoredo ainda colonial no seu aspecto, se descobrem casas que parecem das visitadas se não por Koster, por Vauthier, quando há mais de um século passeava a cavalo pelos subúrbios do Recife; e também chalés suburbanos ainda com seus corrupios ou moinhos de vento. Num desses, no Ambolê, brincou quando menino o pernambucano João Alberto. Em casas da Várzea moraram por algum tempo Andrade Bezerra, o Padre Batista Cabral, o Professor Olívio Montenegro. Não só na Várzea propriamente dita mas à beira das águas de toda a chamada "várzea do Capibaribe" se encontram ainda alguns dos maiores encantos de paisagem tradicionalmente recifense.

Teles Júnior foi paisagista que se deliciou em pintar águas recifenses. Inclusive as águas do velho Lamarão, de um verde às vezes azulado, mais dramático do que lírico. Mas também as do Capibaribe não só nos seus dias tranqüilos como nos de "cheias" ou enchentes.

Do Recife era Emílio Cardoso Ayres: talvez o maior caricaturista aparecido no Brasil e como decorador – perito em combinações de cores vivas, tropicais, ardentes, aprendidas em sua meninice de recifense menos com mestres de pintura do que com o sol que ilumina a cidade de modo único – aplaudido pela própria Paris. O caso também, em nossos dias, de Vicente e Joaquim do Rêgo Monteiro e principalmente de Cícero Dias e Francisco Brennand, também ceramista admirável. O caso de Fédora do Rêgo Monteiro Fernandes e de Lula Cardoso Ayres e de outros pintores do Recife: um deles, Aloísio Magalhães, que tendo estudado durante um ano em Paris, se empenha agora em interpretar o Recife através de uma pintura esplendidamente sua, nem abstracionista, nem figurativista. Lula Cardoso é hoje o pintor por excelência do Recife como Mauro Mota é o poeta. Seus painéis recifenses são obras-primas no gênero. Mora o pintor em Boa Viagem, onde tem também o seu ateliê, entre coqueiros e com uma vista do mar que é uma de suas melhores inspirações. Um mar liricamente recifense o que ele vê quase todos os dias.

Pintores e desenhistas bons, fixados aqui, têm havido vários: um desses, o há pouco falecido Manoel Bandeira (não confundir com o poeta), mestre da arte do desenho exato, da ilustração para livro de Ciência, para livro de Etnografia ou de Botânica, a que acrescenta uma ternura lírica pelo assunto, quando o assunto é caracteristicamente recifense. O que entretanto não prejudica a precisão dos seus traços. Era ele um desenhistazinho ignorado quando a direção do *Diário de Pernambuco* encarregou-o de ilustrar, orientado por um dos seus redatores, o livro comemorativo do 1º centenário do velho jornal. Foi uma revelação. O Brasil inteiro apercebeu-se de haver no Recife um desenhista como que fanático da exatidão de traço e da exatidão de formas. Daí serem notáveis suas ilustrações para recente trabalho científico sobre cajus do Nordeste brasileiro do químico Osvaldo Lima: pesquisador ainda jovem que honra a cultura recifense. É ele – seja dito de passagem – a figura máxima da Escola de Química do Recife, como o recentemente falecido Professor Luís Freire, matemático de renome internacional, foi até há pouco a figura máxima da Escola de Engenharia. Quanto às Escolas de Filosofia do Recife – que são três e, como na conta do caboclo, em excesso – vêm contando entre os professores – seja ainda acrescentado de passagem – alguns intelectuais de reputação nacional: Olívio Montenegro, Aníbal Fernandes, Estevão Pinto, Sílvio Rabelo, Nilo Pereira, Padre Môsca de Carvalho. E entre os mais jovens: Padre Daniel Lima, Lourival Vilanova, Newton Sucupira. Da Escola de Direito destacam-se como nomes brasileiros: Luís Delgado, Soriano de Sousa, Pinto Ferreira, Lourival Vilanova, Murilo Guimarães, Gláucio Veiga, Torquato Castro, Mário Pessoa, Rui Antunes, Luís Guedes. Da de Medicina: A. Bezerra Coutinho, Luís Tavares, Nélson Chaves, Frederico Simões Barbosa, Ruy João Marques, Costa Carvalho, Luís Siqueira, Marcionilo Lins, Antônio Figueira, Clóvis Paiva.

Voltemos, porém, à pintura. Os pintores tipicamente recifenses parecem guardar de Franz Post e dos holandeses a tradição de artistas preocupados em ser exatos nos traços e nas cores, embora os mais expressionistamente poéticos dentre os pintores atuais desta parte do Brasil saibam, como Cícero

Dias e Francisco Brennand, Luís Jardim e Lula Cardoso Ayres, Rosa Maria e Pedro Frederico, Adão Pinheiro e Maria Carmen, João Câmara e a "primitiva" Marly Mota, juntar a essa preocupação, o empenho de revelação ou sugestão de uma verdade como que escondida dentro das pessoas e das próprias paisagens; e que só transparece nas pinturas que vão além do realismo apenas descritivo. Os próprios fotógrafos recifenses tocados do mesmo gosto de realismo poético sabem disto; e daí fotografias de Benício Dias que parecem revelar em pessoas e coisas recifenses alguma coisa de "mais real do que real". O mesmo se poderá dizer das fotos recifenses do espanhol já pernambucanizado que é Don Pepito. Nisto rivalizam esses fotógrafos com os poetas que sendo recifenses voltados para o que o Recife tem de mais íntimo, não vivem a gritar que são recifenses mas se conservam machadianamente discretos e sutis no seu idílio com a cidade amada: o caso não só dos velhos como Manuel Bandeira e Joaquim Cardoso, como dos jovens e até dos novíssimos.

A iconografia do Recife deve-se salientar que é muito rica; e vem sendo a grande paixão de um artista há anos enamorado das pinturas, estampas e fotografias que fixam paisagens e figuras do Brasil antigo: Gilberto Ferrez.

Outros pintores do Recife: Baltasar da Câmara, autor de alguns ótimos retratos de recifenses ilustres, entre os quais o de Ulisses Pernambucano, pintado para o Instituto Joaquim Nabuco de Pesquisas Sociais; Murilo La Greca, a quem se deve o retrato de Vauthier no Teatro Santa Isabel; Mário Nunes, paisagista; a jovem Ladjane Bandeira, cujo traço de desenho é ágil e às vezes incisivo; Tilde Canti, E. Xavier. E de formação recifense é o desenhista brasileiro Percy Lau, rival de M. Bandeira no desenho exato e na precisão do traço. No Recife viveu por algum tempo o paraibano Tomás Santa Rosa. E muito do Recife foi o alagoano Virgílio Maurício.

Onde Fazer Compras

 MERCADO de São José, na Praça do Mercado, é uma das melhores tradições recifenses. Pode-se comprar aí quase tudo: almoçar de modo plebeu; adquirir, pechinchando, fumo de rolo do melhor. Mas especialmente produtos de artesanato, artigos de uso popular-religioso e de medicina folclórica. Também literatura popular: os famosos folhetos.

Na Artene, na Rua Sete de Setembro, encontram-se produtos do artesanato popular do Nordeste. Presentes típicos podem ser comprados em casas comerciais, sobretudo da Rua Nova e da Rua da Imperatriz.

Há no Recife, além de mercados como o de São José, o de Casa Amarela, o de Bacurau – outrora famoso pelo seu sarapatel da meia-noite – e de feiras ainda rústicas, mercadinhos e supermercados de feitio moderno. Há também casas onde se vende renda: renda do Ceará ou renda das Alagoas ou simplesmente "renda da terra".

O comércio mais elegante se espalha pela Avenida Guararapes, pela Rua Nova, pela Rua da Imperatriz. Mas há coisas de interesse para o turista que se encontram no comércio menos elegante.

Antecipações

ISO e Marcgraf foi aqui que realizaram suas notáveis pesquisas no século XVII – pesquisas de caráter científico e também de importância médica. E no Recife levantou-se o primeiro observatório astronômico na América. O estudo do Direito em nosso país também pode-se dizer que nasceu em Pernambuco: em Pernambuco e em São Paulo. Da Faculdade de Direito – primeiro em Olinda; depois no Recife – saíram os maiores estadistas, jurisconsultos e diplomatas do Império e da primeira República: Eusébio, Sousa Franco, Nabuco de Araújo, Sinimbu, Penedo, Zacarias, Cotegipe, Martins Júnior, José Higino, Clóvis Beviláqua.

Na Escola Normal do Estado de Pernambuco – hoje Instituto de Educação – com sede no Recife, funcionou no Brasil a primeira cátedra de Sociologia acompanhada de pesquisa de campo. E o assunto da pesquisa foi o próprio Recife.

Não nos esqueçamos de que embora não se constituam em "escola" ou em academia, os poetas são hoje numerosos no Recife. Além dos poetas recifenses que brilham no Rio ou na Bahia ou em São Paulo, bons poetas se conservam presos à sua velha cidade não só como homens, também como poetas.

O Recife é cidade de nome associado à literatura brasileira, pelos bons ensaístas que aqui têm florescido ou florescem, quer através do ensaio propriamente dito, quer daquele jornalismo de qualidade que às vezes confunde com literatura. Alguns dos modernos escritores – brasileiros que residiram ou residem no Recife: Assis Chateaubriand, Gilberto Amado, Aníbal Fernandes, Olívio Montenegro, Luís Delgado, Aderbal Jurema, Sílvio Rabelo, Ariano Suassuna, Valdemar de Oliveira, Costa Pôrto, Estêvão Pinto, Otávio de Freitas Júnior, Lucilo Varejão, Nilo Pereira, Joel Pontes, Laurênio Lima, Haroldo Bruno, Gonsalves de Melo, Paulo Cavalcante, Paulino de Andrade, Fernando Mendonça, Aluísio Furtado, José de Sousa Alencar, Paulo Fernando Craveiro, Pessoa de Morais, Leônidas Câmara, César Leal, Cláudio Souto, Mário Lacerda, Renato Campos, Marco Aurélio de Alcântara. A fraqueza do Recife no romance – o gênero mais na moda em literatura mas nem sempre o mais nobre – é evidente.

Não nos esqueçamos, porém, neste rápido esboço de ecologia literária do Recife, que da formação recifense foram Augusto dos Anjos, Assis Chateaubriand, José Lins do Rêgo, e até certo ponto Jorge de Lima. De formação recifense são Gilberto Amado, Luís Jardim, Ernâni Sátyro. E são do Recife o romancista há pouco premiado por São Paulo, Gastão de Holanda, os contistas Osman Lins e Edilberto Coutinho, o poeta e cronista Gonçalves de Oliveira.

São ainda do Recife: Vamireh Chacon, Luís de França, Flávio Guerra, Jordão Emerenciano, Hermógenes Viana, Hermilo Borba, Amaro Quintas, Gladstone Belo, Gonçalves Fernandes, Valdemar Valente, Sousa Barros, Vasconcelos Sobrinho, Mozart Siqueira, Nélson Saldanha, Alberto Frederico Lins, Andrade Lima, Moacir Albuquerque, Zilde Maranhão, Edmundo Morais, João Vasconcelos, Frei Romeu Perla, os irmãos Maciel, Tarcísio Querino, Sérgio Albuquerque, Célio Meira, Cavalcanti Borges. Quase do Recife pela sua formação é o romancista Permínio Asfora. Recifense, pelo principal na sua formação literária, Clarice Lispector. Recifense pela sua formação, o admirável Pontes de Miranda.

No Recife nasceu a literatura brasileira no verbo quinhentista de Bento Teixeira, autor da *Prosopopeia*. Renovou-se depois com a Escola do Recife. Com Castro Alves e Tobias Barreto. Aqui nasceram Joaquim Nabuco, Oliveira Lima e Alfredo de Carvalho – três dos maiores historiadores brasileiros. Daqui surgiu a "Escola do Recife", pugnando por uma maior aproximação da cultura brasileira com a alemã. Daqui partiu o Regionalismo tradicionalista, e a seu modo modernista, opondo-se em alguns pontos ao Modernismo vindo do Rio e de São Paulo. No Recife teve início o moderno movimento de valorização cultural do afro-brasileiro, tendo Roquette-Pinto, a esse propósito, saudado o aparecimento de "nova escola" na capital de Pernambuco. Também no Recife, está tendo, no Brasil, início de uma Tropicologia e também de uma Hispanotropicologia e de uma Lusotropicologia. O início de uma Antropologia Tropical, cujo valor já foi proclamado pela Sorbonne. Do Recife partiu o atual movimento, no país, a favor da sistematização de estudos teuto-brasileiros.

Cidade de rios e serenatas, tem enriquecido o lirismo brasileiro com as trovas e os madrigais de portas do feitio de Maciel Monteiro; com a poesia nova de poetas ao mesmo tempo modernos e regionais. Sem falar nas modinhas e trovas populares.

Foi num engenho perto do Recife que Antônio de Morais Silva escreveu seu grande dicionário. Daqui correspondeu-se com eruditos e filólogos célebres do princípio do século XIX, tendo lançado no rio Jaboatão seu valioso arquivo com medo de que o devassassem patriotas menos escrupulosos de 1817. Morreu em 1824 numa casa da Rua do Colégio, hoje Rua do Imperador. A mesma Rua do Imperador onde está hoje a Biblioteca do Estado – com algumas raridades preciosas, entre seus livros mais antigos – e onde se ergue o edifício do *Jornal do Comércio:* rival do velho *Diário de Pernambuco* como centro de cultura cuja influência se estende ao Nordeste inteiro. Ainda à Rua do Imperador, num sobrado antigo, foram até há poucos anos as redações do *Jornal do Recife, A Província, O Jornal Pequeno:* outras tradições recifenses. Do *Jornal Pequeno*, como do *Diário,* foi repórter, nos seus dias de moço já abrasado pela paixão jornalística, Mestre Assis Chateaubriand.

Ainda a Vida Cultural do Recife

 VIDA intelectual da cidade estão ligadas várias associações, algumas ilustres e antigas: o Instituto Arqueológico, que é principalmente Histórico e Geográfico, possui um museu histórico digno de ser visitado, e que teve por secretário, durante longos anos, velho historiador; a Academia Pernambucana de Letras, de que fizeram parte intelectuais da eminência de Oliveira Lima e Alfredo de Carvalho; o Instituto Brasil-Estados Unidos; a Aliança Francesa; o Instituto de Cultura Espanhola; a Casa de Roma; o já antigo Gabinete Português de Leitura, o Instituto Brasileiro-Argentino de Cultura; o Centro Regional de Pesquisas Educacionais e o Instituto Germano-Brasileiro. Há no Recife – onde florescem duas Escolas Médicas – uma Sociedade de Medicina, uma Associação de Imprensa. Há uma boa Escola de Serviço Social. Há um Instituto de Advogados, e diga-se de passagem que o Recife continua centro de advogados brilhantes: Odilon Nestor, Luís Credo, José Neves, Antiógenes Chaves, Murilo Guimarães, Torquato Castro, Fernando Mendonça, Paulo Rangel, os Pimentel, pai e filho, Barreto Campelo, os Brito Alves, entre outros. Há um Clube de Engenharia. Há uma Associação de Imprensa e outra de Escritores. Há uma Sociedade de Cultura Musical. Há uma Sociedade de Amigos do Recife. Os israelitas acabam de fundar um Centro de Pesquisas Históricas que se destina ao estudo do passado judaico do Recife, inclusive do antigo Cemitério de Sefardins. Há um Museu de Arte Popular no Parque de Dois Irmãos: é visitadíssimo e possui a melhor coleção de esculturas de barro de Vitalino. Há uma Escola de Belas-Artes e outra de Arquitetura de que vêm sendo professores artistas recifenses já consagrados como Fédora do Rêgo Monteiro Fernandes, Baltasar da Câmara, Lula Cardoso Ayres; e antigos estudiosos de assunto de arte, inclusive de história da arte recifense, como Luís Cedro, José Maria de Albuquerque, Antônio Baltar, João Alfredo, Airton de Carvalho – este delegado, no Nordeste, da Diretoria do Patrimônio Histórico e Artístico Nacional, a quem o Recife deve valiosos esforços a favor da conservação das suas velhas igrejas e dos seus conventos antigos. Inclusive a capelinha no sítio que foi de Bento José da Costa e agora rodeada por um jardim traçado por Mestre Roberto Burle Marx – muito ligado ao Recife pelos seus bonitos jardins de praças suburbanas, como o da Casa--Forte. Tão caiadinha, limpinha, bonitinha; tão mimada, cuidada, festejada, às vezes iluminada com luz de refletor que nem castelo do Loire está agora aquela capela; tão artificializada por este excesso de dengos ou agrados – que corre o risco de tornar-se, no Recife, o que é o Largo do Boticário no Rio: um recanto mais artificial que natural.

Vários grupos de amadores de teatro desenvolvem no Recife atividades de arte dramática, sendo conhecidos e admirados no Brasil inteiro o grupo recifense do Professor Valdemar de Oliveira, o de Hermilo Borba e o do médico-escritor José Carlos Cavalcanti Borges. Conhecido e admirado no Brasil inteiro, em Portugal e até na Polônia é hoje o recifense Ariano Suassuna, autor do na verdade admirável *Auto da Compadecida*. O técnico em cinematografia Alberto Cavalcanti, descendente de pernambucanos do Recife, tornou há pouco a capital de Pernambuco um dos centros da arte do cinema artístico do Brasil, realizando aqui *O canto do mar*. O casal Joel Pontes animou durante algum tempo interessante teatro universitário. Uma diretoria de Documentação e Cultura foi organizada inteligentemente na Prefeitura do Recife por Césio Regueira Costa, agora ligado ao Arquivo Público do Estado, dirigido com competência e erudição pelo Professor Jordão Emerenciano. Há uma orquestra sinfônica dirigida pelo Maestro Vicente Fittipaldi. E tem também o Recife o seu Conselho Estadual de Cultura, articulado com o Federal: criou-o o Governador Nilo Coelho.

A vida cultural da cidade é principalmente servida pela Universidade Federal de Pernambuco, de que é atualmente Magnífico Reitor o Professor Murilo Guimarães e cujas atividades não se limitam às didáticas mas incluem conferências para o público recifense mais culto como as que aqui têm proferido estrangeiros ilustres como os Professores Lucien Febvre, Georges Gurvitch, André Rousseaux, Alfred Métraux, Melville Herskovits, Rex Crawford; e pelo Instituto Joaquim Nabuco de Pesquisas Sociais. Este é um órgão do Governo Federal, destinado ao estudo das condições de vida do lavrador e do trabalhador rural das áreas agrárias do Nordeste do Brasil. Cuidam seus diretores de desenvolver suas atividades de pesquisas e também seus cursos de conferências. Já proferiram conferências no I. J. N. intelectuais da eminência do sociólogo francês Gurvitch, do economista português Henrique de Barros, do geógrafo, também português, Orlando Ribeiro, do professor de Coimbra, Lopes de Almeida, do antropólogo norte-americano Herskovits, do etnógrafo português Jorge Dias, do historiador norte-americano A. K. Manchester, do etnólogo suíço A. Métraux. Publica o Instituto um boletim que é uma das melhores publicações brasileiras especializadas em Antropologia Social e Sociologia. Além de biblioteca e museu especializados, tem um jardim como que didático pois reúne de modo sintético as plantas da região mais ligadas econômica, folclórica e sociologicamente, à vida e à história agrária da região. Este jardim foi organizado para o Instituto pela Prefeitura do Recife sob a direção técnica de conhecido especialista no assunto: o há pouco falecido Professor Chaves Batista, fundador do Instituto de Micologia, da Universidade Federal de Pernambuco. À Universidade pertencem também o Instituto Osório de Almeida, dirigido pelo Professor Nélson Chaves e dirigido pelo Professor Osvaldo Lima o excelente Instituto de Antibióticos, o Instituto de Bioquímica, dirigido pelo Professor Marcionilo Lins, o Instituto de Ciências do Homem, dirigido pelo Professor Gonçalves de Mello, o Seminário de Tropicologia, o Instituto de Medicina Tropical, dirigido pelo Professor Rui João Marques.

Da Universidade do Recife faz hoje parte a Faculdade de Direito do Recife. É uma bela tradição brasileira e não apenas regional, a desta Escola que, desde os seus dias de Olinda, vem enriquecendo a cultura nacional com os bacharéis e doutores formados nos seus cursos de Ciências Jurídicas e Sociais. Foi o centro das atividades renovadoras do Direito nacional de Tobias Barreto e Martins Júnior – o primeiro célebre pelo seu "alemanismo" que tem hoje continuadores ardentes: um deles o Professor de Direito, Pinto Ferreira, que também se dedica a estudos de Sociologia e de História da Literatura e publica uma revista juntamente com o também jurista e sociólogo Gláucio Veiga.

Clóvis Beviláqua aqui definiu-se o jurista eminente que no Rio apenas consolidou o prestígio que de nacional já passara a internacional desde os seus dias do Recife. Mestres da Faculdade de Direito do Recife foram – ou são ainda – Paula Batista, Aprígio Guimarães, José Higino, João Vieira, Laurindo Leão, Adolfo Cirne, Andrade Bezerra, Aníbal Freire, Gilberto Amado, Assis Chateaubriand, Gondim Filho, Odilon Nestor, Edgar Altino e outros que se tornaram famosos por seus trabalhos jurídicos e sociológicos. A biblioteca da Faculdade é no gênero uma das melhores do Brasil: reorganizou-a um técnico competente, Edson Nery da Fonseca, prestigiado pelo falecido Reitor Amazonas. O diretor atual da Faculdade pertence a antiga dinastia de professores recifenses de Direito: os Soriano de Sousa. Outra dinastia de mestres recifenses de Direito – a dos Guimarães – é hoje representada pelo Professor Murilo, uma das melhores figuras atuais da velha Escola de Paula Batista, ao lado de mestres do renome nacional de Luís Delgado e de Mário Pessoa. Ainda outra, a dos Castro, é representada pelo Professor Torquato.

Devem ser também destacados, dentre instituições recifenses de cultura de repercussão nacional além do já centenário Colégio Estadual (antigo Ginásio), o Instituto de Educação, ou Escola Normal, a Faculdade de Medicina, fundada há anos por Otávio de Freitas – homem do Piauí que se integrou de todo no Recife e aqui se dedicou com particular fervor a estudos de higiene urbana e de história da medicina regional: estudos, estes últimos, nos quais tem tido continuadores valorosos no Professor Leduar de Assis Rocha e no Professor Gilberto Osório, este do ponto de vista da ecologia recifense; a Escola de Química; o Instituto de Fisiologia; a Escola de Engenharia; a Universidade Católica, fundada e mantida pelos Rev. Padres Jesuítas; a Faculdade de Filosofia de São José, das Irmãs Doroteias; o Seminário dos Maristas, no alto de Apipucos; e, também em Apipucos, o Centro Regional de Pesquisas Educacionais do Recife, do Ministério da Educação.

Do Colégio Estadual, já mais que secular, foram diretores boas figuras brasileiras de humanistas, alguns de nomes depois gloriosos como Dom Joaquim Arcoverde (primeiro Cardeal da América Latina), Pedro Celso, Trajano, Leal de Barros, Ulisses Pernambucano, Olívio Montenegro. Ulisses Pernambucano foi, no governo Estácio Coimbra, o reorganizador dessa antiga casa de ensino, depois de ter sido o modernizador do ensino normal do Estado no governo Sérgio Loreto. À Escola Normal do Estado – hoje Instituto de Educação – cabe, aliás, a glória – repita-se – de ter tido a primeira cátedra de Sociologia moderna, que funcionou no Brasil, de fato e não apenas no papel, acrescentando ao ensino teórico a pesquisa de campo. Resultou da reforma de ensino corajosamente empreendida por Estácio Coimbra, quando o governador do Estado, e com a assistência técnica de um pedagogo ilustre, homem do Recife que passou a residir no Rio onde há pouco faleceu: o Professor A. Carneiro Leão. O nome desse governador se junta, como homem de Estado atento aos problemas pernambucanos de cultura, ao nome do Barão de Lucena e ao do primeiro Barbosa Lima: dois outros administradores que, durante a chamada República Velha, souberam cuidar inteligentemente de tais assuntos; e não apenas de calçar avenidas e deitar abaixo os caluniados "pardieiros coloniais" e "imundos quiosques orientais" da cidade; ou as suas árvores mais ramalhudas e antigas, por alguns consideradas vergonhosas para uma cidade com pretensões a progressista. Explica-se assim – insista-se neste ponto – o caráter quase de guerra religiosa que o Centro Regionalista do Nordeste – fundado em 1924 no Recife sob a presidência do Professor Odilon Nestor – deu, desde esse distante ano, à sua campanha em prol da arborização da capital pernambucana com árvores regionais e da ornamentação de ruas, praças e jardins com plantas também do Nordeste ou dos trópicos. Foi talvez no Brasil esse o primeiro esforço sistemático a favor da arborização urbana com critério ou sentido regional. Data daí, no Recife, o maior interesse da parte da gente mais esclarecida da cidade, pelos problemas de urbanização e até de planificação regional. Nesse interesse, o Recife antecipou-se ao Rio e São Paulo: o Congresso de Regionalismo que aqui se reuniu em 1926 por iniciativa daquele Centro cuidou de problemas de urbanismo sob critério ampla e avançadamente regional.

A capital de Pernambuco pode gabar-se hoje de alguns bons pequenos jardins organizados com critério paisagístico e sentido regional: o de mangueiras, no Entroncamento, que data do governo Sérgio Loreto e obedeceu a sugestão do *Diário de Pernambuco* (de onde também partiu o primeiro brado, na época recebido como explosão quase de idiota ou de esnobe, a favor de um museu de arte popular que reunisse à cerâmica de feira os trabalhos de fibra, de couro, de madeira e as facas de ponta); o do Derby, levantado na mesma época pelo então diretor de Saúde do Estado, o médico Amauri de Medeiros, que aderira com lúcido entusiasmo ao programa do Centro Regionalista; e os mais recentes, da Casa-Forte e da Madalena, trabalhos de Mestre Burle Marx realizados no governo do depois Embaixador Carlos de Lima Cavalcanti; outro homem público ilustre que em 1924 foi igualmente tocado pela influência do Movimento Regionalista ao qual deu desde então sua solidariedade valiosa. Deve-se também ao Governador Coimbra – Estácio de Albuquerque Coimbra – a adaptação de velho edifício – dos tratados de resto pelos "progressistas" como "pardieiros" – para abrigar a Biblioteca do Estado, que o mesmo governador encontrou reduzida a tristonho monturo de livros. Elevou-a a biblioteca se não perfeita – longe disso! – digna do nome de biblioteca.

E não nos esqueçamos de que foi o Estácio Coimbra quem iniciou a publicação de valiosos inéditos de Alfredo de Carvalho e de Pereira da Costa. Ele quem modernizou em Pernambuco os serviços de estatística com a colaboração técnica de Rafael Xavier. Ele quem fundou no Recife uma Inspetoria de Monumentos, antecipando-se, no plano estadual, e em seguida ao Governador Góis Calmon, da Bahia (que foi no assunto o pioneiro), à criação da atual e utilíssima Diretoria do Patrimônio Histórico e Artístico Nacional: iniciativa do Presidente Getúlio Vargas em 1937. Dentro dessa boa tradição é que, quando o Governador do Estado, Paulo Guerra criou em Pernambuco, com sede no Recife, o Conselho Estadual de Educação e que o governador Nilo

Coelho acaba de criar o Conselho Estadual de Cultural, revelando-se assim governador sensível aos assuntos culturais.

Há ainda no Recife, uma "Escolinha de Arte" para crianças, iniciativa do colecionar Abelardo Rodrigues, o Abelardo Rodrigues que reuniu na sua casa a maior coleção de imagens de santos no Brasil; uma escola para crianças retardadas, com o nome de Ulisses Pernambucano; um Seminário Protestante; um Conservatório, além da Sociedade de Cultura Musical responsável, nos últimos decênios, pela vinda ao Recife de artistas famosos. Do Conservatório – agora ligado à Universidade – foram mestres, durante longos anos, o pianista Manuel Augusto, baiano de cor que estudou piano na Alemanha, e o violinista Vicente Fittipaldi, gaúcho de origem italiana que o Recife seduziu e prendeu para sempre. Diga-se de passagem que o Recife, a despeito de ter fama de bairrista, é uma das cidades mais hospitaleiras do Brasil. Muitos são os brasileiros vindos de outras cidades e de outros estados e os estrangeiros das mais diversas origens que no Recife têm encontrado ambiente ideal para a afirmação dos seus talentos ou das suas vocações de artistas, técnicos, professores, jornalistas, advogados, médicos. Vários os que se têm descoberto na sua plenitude de alma e de corpo diante dos espelhos reveladores do Recife, há pouco consagrados pelo Professor Gilberto Amado: a experiência do fluminense Morais, autor do primeiro dicionário português escrito no Brasil e por brasileiro. A do sergipano Gilberto Amado, por ele próprio recordada em recentes páginas de suas *Memórias*. Também a de Aníbal Freire, a de Assis Chateaubriand, a de Odilon Nestor. Foi a experiência de José Lins do Rêgo, a de Ariano Saussuna, a de Luís Jardim, Aderbal Jurema, a de Moacyr de Albuquerque, a de Aurélio Buarque, a de Valdemar Cavalcanti. A experiência, antes deles, de Castro Alves, a de Franklin Távora, a de Inglês de Sousa, a de Otávio de Freitas, a de Carlos Dias Fernandes, a de Elói de Sousa, a de Luís da Câmara Cascudo. E, ainda, a de Osório Borba, descido, como Sílvio Rabelo, de Aliança. A de Mauro Mota, vindo de Nazaré da Mata, de Nazaré tendo sido também o ultra-recifense Aníbal Fernandes. A de Laurêncio Lima; outro recifense de origem rural. De origem rural é também a pintora e cronista de arte Ladjane Bandeira. Cearense, identificada com o Recife, a artista Tilde Canti que aqui vem realizando admiráveis trabalhos na arte do azulejo sobre motivos regionais.

Outros que se têm realizado no Recife, sendo brasileiros ou pernambucanos de origens diversas: Olívio Montenegro, paraibano; Moacir de Albuquerque, paraibano; Estêvão Pinto, alagoano; Breno Acióli e Tadeu Rocha, também alagoanos; Mateus de Lima, outro alagoano; Nilo Pereira, rio-grandense-do-norte. O próprio Dom Vital – homem de Pedra de Fogo – foi no Recife que se realizou como bispo: um dos maiores bispos que tem tido o Brasil. Era entretanto do interior: uns dizem que do interior de Pernambuco; outros do interior da Paraíba. Ele se dizia pernambucano e parecia orgulhoso de ser homem de Pedra de Fogo. Identificou-se de modo notável com o Recife: em sua altivez, foi um perfeito recifense.

Muitos são os brasileiros de talento que no Recife têm se encontrado a si mesmos, vendo-se de corpo inteiro nos espelhos grandes dos palácios, das casas nobres, dos hotéis ou simplesmente nas águas (também elas reveladoras) do Capibaribe. Vários os que, assim esclarecidos têm tomado, como o já referido Professor Gilberto Amado – de quem é bela página de gratidão aos espelhos recifenses –, rumos ou caminhos certos para missões importantes na vida brasileira e na própria vida internacional. O caso também de Clóvis Beviláqua, de Graça Aranha, de Inglês de Sousa, de Coelho Neto, de Rodolfo Galvão, de Franklin Távora, do Barão do Rio Branco (formado no Recife) e do próprio Barão de Penedo. Foram eles acolhidos do melhor modo pelos recifenses. Acolhidos alguns na imprensa e no professorado – principalmente no Ginásio, na Escola Normal e na Faculdade de Direito – aqui encontraram quase todos seus primeiros campos de afirmação de inteligência ou de competência. Grandes talentos brasileiros de várias origens têm abrilhantado cátedras em escolas recifenses: o caso, entre vários outros, de Tobias. Abrilhantado também a imprensa do Recife que continua uma das melhores do Brasil. Orgulha-se, aliás, a imprensa do Recife de ter como decano o jornal mais antigo em circulação não apenas no Brasil mas na América Latina: o *Diário de Pernambuco*. Dele têm sido diretores brasileiros eminentes pelo talento e pelo saber, entre os quais Artur Orlando, Elpídio de Figueiredo, Pereira de Lira, Carlos Lira Filho, Aníbal Fernandes, Assis Chateaubriand. Foi seu redator durante anos o hoje Ministro Aníbal Freire, diretor do *Jornal do Brasil*, que é, aliás, no Rio de hoje, um reduto pernambucano, com Múcio Leão e Barbosa Lima Sobrinho, como redatores ou colaboradores efetivos. Destacou-se por algum tempo como redator-chefe do *Diário de Pernambuco* Manuel Caetano de Albuquerque e Melo, que fora, antes, diretor d'*A Província*: outro jornal recifense cheio de tradições ilustres, no qual escreveu Joaquim Nabuco. Foram colaboradores efetivos do *Diário* em diferentes fases Antônio P. de Figueiredo, Pereira da Costa, Gilberto Amado, Alfredo de Carvalho, o Visconde de Santo Tirso, Oliveira Lima, Júlio Belo, Mário Sete, Mário Melo. Foi durante anos seu principal cronista, depois de ter sido seu redator e seu diretor, um jornalista que se tornou príncipe

EDIFÍCIO DO *DIÁRIO DE PERNAMBUCO*

entre os príncipes da imprensa brasileira: Aníbal Fernandes. Em 1925 comemorou o velho jornal seu 1º centenário com um livro, chamado do *Nordeste*, que pode ser considerado a primeira definição, no Brasil, de um moderno critério regional de análise e de tentativa de avaliação de valores regionais, por um grupo de competências especializadas em assuntos diversos, da cultura, da economia e da paisagem do Nordeste brasileiro. Uma aventura mais do que jornalística. Colaboraram nesse livro, hoje raro, Oliveira Lima, Fidelino de Figueiredo, Mário Melo, Samuel Hardman, Aníbal Fernandes, Odilon Nestor, Luís Cedro, Leite Oiticica – este com excelente ensaio, que o organizador do livro lhe solicitou, sobre a arte da renda no Nordeste. O primeiro estudo de assunto tão interessante quanto até então desprezado. E estudo sério, minucioso, bom, que o Instituto Joaquim Nabuco de Pesquisas Sociais vai breve reeditar, como vai reeditar outros dos ensaios aparecidos naquele livro, muito recifense e muito regional no bom sentido.

Note-se ainda que à imprensa do Recife não faltam hoje bons comentadores de letras e de artes, cronistas da vida de sociedade e sobretudo das "coisas da cidade": Luís Delgado, Valdemar de Oliveira, Alex, Nilo Pereira, Altamiro Cunha, Paulo Fernando Craveiro, Paulo Malta, Isnar de Moura; no *Jornal do Comércio,* dirigido pelo Senador F. Pessoa de Queiroz e pelo filho Paulo, e por Antônio Hugo Guimarães, com a mais moderna visão jornalística; e no *Diário de Pernambuco* se destacam Costa Pôrto, Severino Barbosa, Paulo Malta, Marco Aurélio de Alcântara, Gladstone Belo. São também bons os cronistas recifenses de assuntos esportivos. Nem podia deixar de ser assim, sendo o Recife, como é, centro de intensa vida desportiva, com clubes bem organizados como o Náutico, o Esporte, o Iate, o Alemão, o Santa Cruz, o América, o Country Club, o Caxangá Golf. Não deixe o turista de procurar fazer amizade com um dos diretores do Iate – o industrial Miguel Vita, por exemplo – para em sua companhia subir de lancha o Capibaribe. Se possível, parando em Apipucos no sítio do casal Mário de Sousa-Dolores Salgado, que é um dos mais lindos recantos suburbanos do Recife, com mangueiras que resistem às pragas e cajueiros do tipo daquele que tornou famoso o velho sítio de Dona Adélia Pinto, na Capunga.

Móveis e Louças

UASE todo recifense acorda cedo. Muitos dormem em camas de vento, que são excelentes para o clima. Alguns em redes. Os mais pobres, em esteira de pipiri, que é também onde os meninos pequenos aprendem a engatinhar. Alguns tradicionalistas dormem em camas antigas, de jacarandá. Móveis de jacarandá, uma ou outra prata, jarros do Japão, louça da Índia, pinhas de Santo Antônio do Pôrto, das azuis e amarelas que se veem sobre os umbrais das casas velhas, ainda se encontram algumas nas lojas de antiguidades do Recife. Deve-se notar que antigamente a louça da Índia foi comum entre nós. Um cronista descreve certas noites de lua no Recife antigo em que os recifenses vinham cear à calçada, comendo peixe com pirão em pratos do Oriente. Ceias de peixe, de carne com molho de ferrugem, fritada de camarão. Potes, bilhas, quartinhas, vasilhas, figuras de barro encontram-se facilmente nos mercados e nas feiras. Interessante expressão da arte popular da região ao lado dos hoje muito em moda bonecos, feitos por Mestre Vitalino, em Caruaru; ou por gente de Tracunhaém.

PANELAS DE BARRO

Há no Recife valiosas coleções de arte. A principal talvez seja a de imagens de santos, de Abelardo Rodrigues.

Merecem ser vistas e admiradas: a coleção de açucareiros no Museu do Açúcar; e de pinturas de Teles Júnior e de móveis no Museu do Estado; a de ex-votos (madeira) no Museu do Instituto Joaquim Nabuco de Pesquisas Sociais, onde também se encontram azulejos antigos, estandarte e trajos de maracatu, cabriolé antigo de engenho, formas de açúcar, carro de boi.

Há antiquários no Recife: um, à Rua do Hospício. Outros, na Capunga, inclusive o filho do velho e bom Euclydes.

Assistência Social

MBORA os serviços de assistência social não tenham atingido entre nós a perfeição – longe disso! – o Recife tem seus abrigos para velhos e indigentes – os da Santa Casa e os da Companhia de Caridade ligada para sempre ao nome do Padre Venâncio – seus hospitais bem dirigidos como o de Santo Amaro, o Osvaldo Cruz, o Pedro II; sua boa Maternidade, no Derby; preventórios para crianças como o que se levantou há anos, em Boa Viagem, tão simpático, entre os coqueiros, o Hospital do Centenário; e o Português, que ao lado do Gabinete Português de Leitura, honra o espírito de iniciativa e de solidariedade da comunidade portuguesa do Recife. E atualmente muitos esforços se juntam em Pernambuco, visando melhorar as condições de habitação, de alimentação e de vida da gente mais pobre. Esforços de particulares, de gente do governo e de religiosos.

A Maternidade do Recife, pela sua instalação cirúrgica moderna, é uma das melhores do Nordeste do Brasil. O Hospital do Centenário foi fundado com ótimas salas para operações sépticas e de alta cirurgia, *terrasses* para banhos de sol, consultórios, gabinete de raios X, laboratório de análises médicas, gabinetes de eletrocardiografia e de metabolismo da base: admirável esforço do médico Fernando Simões Barbosa. E no Recife estabeleceu-se há alguns anos um Hospital de Doenças Nervosas e Mentais, cuja fundação marca uma das mais arrojadas iniciativas da Medicina brasileira. O turista, interessado nesses assuntos, que for visitar o Hospital, na Tamarineira, depara com um velho sítio pernambucano, cheio de jaqueiras e mangueiras. O Professor Ulisses Pernambucano de Mello encontrou ali uma horrível prisão: transformou-a num doce hospital. O regime de tratamento, em contraste com o antigo, é o do *non-restraint* e *open door*. Aliás, Pernambuco é um dos poucos lugares do Brasil onde os alienados trabalham e produzem (laborterapia). Os resultados obtidos na Colônia de Barreiros, fundada pelo mesmo Ulisses, foram excelentes: os alienados que aí trabalhavam chegaram a atingir a cifra de 85%, raramente encontrada em serviços congêneres. A maioria dedicava-se à atividade agrícola (mandioca, macaxeira, batata, araruta, milho, feijão, etc.). O Professor Pernambucano criou também em Pernambuco o Serviço Aberto para psicopatas, o de Higiene Mental – que foi o primeiro que se estabeleceu no Brasil – e o

Instituto de Psicologia, que realizou várias pesquisas, principalmente entre escolares do Recife. Uma delas, a revisão da Escala Binet-Simon-Terman. Aliás, em estudos e realizações científicas e de cultura, principalmente de Medicina e de Direito, o Recife tem se antecipado a outras cidades do Brasil por uma série de iniciativas pioneiras.

Destaque-se, dentre os esforços mais recentes no Recife a favor da saúde e do bem-estar da população, a campanha desenvolvida pelo já falecido Professor Artur de Sá contra a mortalidade infantil que chegou na capital de Pernambuco a ser alarmante. Foi aliás em parte pela ação de um recifense, quando delegado do Brasil à Assembleia Geral da Organização das Nações Unidas, que no Nordeste, inclusive o Recife, tornou-se zona beneficiada pela mesma organização no que se refere a amparo à infância. Não se compreenderia que o Recife não fosse beneficiado neste particular pois seus hospitais, seus asilos, suas escolas, seus serviços de assistência, mantidos em grande parte pelo esforço recifense, repita-se que amparam a infância pobre, a velhice, a mocidade, os doentes, os desempregados, da região inteira. Continua o Recife a capital do Nordeste, não pelo que há de vantajoso nessa condição de metrópole mas pelo que tal condição vem significando de esforço, de serviço e até de sacrifício da parte do recifense para com a região de que o seu velho burgo é a metrópole regional.

Estatística Cultural

EM atualmente o Recife: associações culturais, 29; teatros, 5; cinemas, 33; estações de rádio, 8; estações de televisão, 2.

E as seguintes escolas: escolas primárias, 328, escolas secundárias, 120; Universidades, 3.

O Recife é sede da Sudene que vem desempenhando, com alguma coisa de inovação e dentro de um critério regional ou inter-regional há anos reclamado para o Brasil por certos sociólogos, as funções de um ministério regional. Graças à ação dessa superintendência, já várias indústrias novas se erguem hoje no Nordeste: algumas nos arredores do Recife.

Informações sobre o Recife

 PREFEITURA DO RECIFE tem editado livros de autores recifenses ou sobre assuntos recifenses ou pernambucanos – atividade em que se têm também salientado nos últimos anos a Imprensa da Universidade Federal de Pernambuco, o Arquivo Público e a Biblioteca do Estado, além do Professor José Maria de Albuquerque que, diretor do Museu do Estado, continua fiel ao seu maior empenho de moço: o de contribuir para que o Recife se conserve um centro brasileiro de excelência na arte tipográfica.

Em torno de assuntos recifenses é também valiosa a atividade de interesse cultural ou turístico que desenvolvem as rádios do Recife: PRA 8 – Rádio Jornal do Comércio, Tamandaré, Olinda, Universidade. Muito se espera neste setor, da Televisão da Universidade Federal de Pernambuco, cuja sede no Recife já está quase de todo construída; e que promete ao público do Recife e da região programas do mais vivo interesse cultural.

Endereços e Especialidades dos Principais Museus

 USEU do Estado (Avenida Rui Barbosa, 960): peças de história social de Pernambuco, iconografia e gravuras, peças indígenas, coleção de pinturas Teles Júnior; Museu do Instituto Arqueológico, Histórico e Geográfico de Pernambuco (Rua do Hospício, 130): peças históricas, moedas e louças epigráficas; Museu do Açúcar (Avenida 17 de Agosto, 2223): história e técnica do açúcar, história social, coleção de fotografias Abelardo Rodrigues, biblioteca; Museu Etnográfico do Instituto Joaquim Nabuco de Pesquisas Sociais (Avenida 17 de Agosto, 2187): valiosa coleção sobre carnaval, especialmente maracatu, coleção ainda mais valiosa de ex-votos de populações agrárias e pastoris do Nordeste; Museu de Arte Popular (Horto Zoobotânico de Dois Irmãos): cerâmica e arte popular.

Endereços dos Principais Clubes e Indicações de Praias de Banho

Á no Recife 20 clubes esportivos. Destacam-se os seguintes: Clube Alemão (Estrada do Encanamento); Caxangá Golf Club (Caxangá); Clube Náutico Capibaribe (Avenida Conselheiro Rosa e Silva, 1086); Clube Internacional (Praça Clube Internacional, 505); Clube Português (Avenida Conselheiro Rosa e Silva, 172); Sport Clube do Recife (Ilha do Retiro); Santa Cruz Futebol Clube (Avenida Beberibe, 1285); Country Club (Avenida Conselheiro Rosa e Silva).

As principais praias de banho recifenses são Boa Viagem e Pina. Próximas do Recife: Milagres, Rio Doce, Piedade.

Dos clubes não esportivos destacam-se os vários Rotary e Lyons.

Endereços dos Principais Jornais e das Televisões

ORNAL *do Comércio* (Rua do Imperador); *Diário de Pernambuco* (Praça da Independência); *Diário da Noite* (Rua do Imperador); *TV Jornal do Commercio,* Canal 2 (Rua do Lima); *TV Rádio Clube,* Canal 6 (Avenida Cruz Cabugá, 394); *TV Universitária,* em construção (Avenida Norte).

Endereços das Principais Instituições de Altos Estudos

 NIVERSIDADE Federal de Pernambuco (Cidade Universitária); Universidade Federal Rural de Pernambuco (Dois Irmãos); Universidade Católica de Pernambuco (Rua do Príncipe); Instituto Joaquim Nabuco de Pesquisas Sociais (Avenida 17 de Agosto, 2187, Caldeireiro); Centro Regional de Pesquisas Educacionais (Rua Dois Irmãos, 92).

Endereços dos Principais Teatros

EATRO Santa Isabel (Praça da República): talvez o teatro de mais ilustres tradições do Brasil, ligado aos grandes nomes de Castro Alves, Tobias Barreto, Joaquim Nabuco; Teatro do Parque (Rua do Hospício, 91); Teatro Marrocos (Praça da República, s/n); Teatro Popular do Nordeste (Avenida Conde da Boa Vista); Teatro da AIP (Avenida Dantas Barreto, 576, 13º andar); Teatro de Amadores de Pernambuco, em construção (Rua Osvaldo Cruz, 412).

Endereços dos Principais Cinemas

INEMA de Arte: Cine Coliseu (Estrada do Arraial, Casa Amarela), duas sessões, a partir das 19:30. Cinema de pré-lançamentos: Cine Boa Vista (Rua Dom Bosco, 723). Cinemas de primeira categoria: Cine São Luís (Rua Aurora, 175); Cine Moderno (Praça Joaquim Nabuco); Cine Art Palácio (Rua da Palma, 58); Cine Trianon (Avenida Guararapes, 283).

Endereços de Bancos e Casas de Câmbio

O RECIFE não faltam bancos. Como guia com pretensões a um tanto prático, este roteiro informa que o expediente bancário vai das 13 às 17 horas; e que perto do Hotel Guararapes estão as agências do Banco Francês e Italiano, na Rua da Palma, 57; na mesma rua, e igualmente perto do mesmo hotel, o Banco Mineiro da Produção, na Rua da Palma, 99; o Banco Francês e Brasileiro, na Rua 1º de março, 60; o Banco do Povo, na Rua Nova, 225 e o Banco Comércio e Indústria de Minas Gerais também na Rua Nova, 344. A Avenida Guararapes tem movimentadas agências dos bancos: do Brasil (nº 154), da Bahia (nº 178), do Comércio e Indústria de Pernambuco (nº 86), do Banco do Estado de São Paulo (nº 86). Dentro do Recife – do Bairro do Recife – continua o London Bank e aí estão também o National City Bank of New York e o Bank of Canada.

Do Hotel São Domingos ficam mais próximos o Banco Nacional do Norte (Praça Maciel Pinheiro, 348), o Banco Brasileiro de Descontos (Praça Maciel Pinheiro, 360) e o Banco da Lavoura de Minas Gerais, Banco Comércio e Indústria de Pernambuco (ambos na Rua Imperatriz, 166 e 83 respectivamente).

Câmbio se faz no Banco Português do Brasil (Rua 1º de Março, 25), no Banco do Povo – matriz (Rua do Imperador, 494) e nas diversas matrizes e agências principais de bancos no Bairro do Recife.

Endereços de Restaurantes

EITE (Praça Joaquim Nabuco, 147), o mais antigo do Recife e talvez do Brasil; Restaurante do Hotel São Domingos (Praça Maciel Pinheiro, 54/56); O Galo d'Ouro (Camboa do Carmo, 83); o Cassimiro (Rua Camboa do Carmo, 104); Restaurante Panorâmico da AIP (Avenida Dantas Barreto, 572 – 12º andar); o Veleiro – comida alemã (Avenida Beira-Mar, 1864); Restaurante do Clube Alemão (Estrada do Encanamento, 296); Rubyah (Avenida Barão de Sousa Leão, 451, Boa Viagem); Otília – comida nordestina (Rua da Aurora, 1231); O Buraco – comida nordestina (Rua da Aurora); Castelinho (Avenida Beira-Mar, Boa Viagem); Casa d'Itália – comida italiana (Rua Fernandes Vieira, 73); Cantina Bela Trieste – comida italiana (Rua Fernandes Vieira, 741); Restaurante do Hotel Guararapes (Rua da Palma); Palhoça do Melo – galeto (Quatro Cantos, Derby); Dom Quixote (Boa Viagem); Candomblé (Avenida Barão de Sousa Leão, Boa Viagem); Tôrre de Londres (Parque 13 de Maio, s/n); A Madrugada – boate (Piedade); O Grande – boate (Piedade); Gregório – comida sertaneja (Largo de São Pedro); Alvinho – guaiamuns (Estrada dos Remédios).

Horários de Ônibus que Partem da Estação Rodoviária do Recife

NTERMUNICIPAIS: Aliança, diariamente, às 9:45, e 2ªs, 4ªs, 5ªs, 6ªs e sábados, às 12:35. Arcoverde, diariamente, às 6:50 – 7:50 – 11:40 – 15:50 e 17:05. Amaragi, diariamente, 6:55 – 11:55 e 15:25; às 2ªs, 3ªs, 4ªs, 5ªs, 6ªs e sábados, às 17:25. Água Preta, diariamente, 15:25. Água Preta (via Palmares), diariamente, 15:25. Bom Jardim, diariamente, 7:45 e 11:45. Belo Jardim, diariamente, 16:50. Bezerros, 2ªs, 3ªs, 4ªs, 5ªs, 6ªs e sábados, às 16:50. Bonito, diariamente, 5:35 e 14:05. Barreiros, diariamente, 7:10 e 11:10, às 2ªs, 3ªs, 4ªs, 5ªs, 6ªs e sábados, 14:10. Brejo da Madre de Deus, 3ªs, 5ªs e sábados, 14:05. Bom Conselho, 3ªs, 5ªs e sábados, 10:05. Caruaru, diariamente, 5:20 – 6:20 – 7:20 – 8:20 – 9:20 – 10:20 – 11:20 – 12:20 – 13:20 – 14:20 – 15:20 – 16:20 – 17:20 – 18:20 – 19:20 – 19:50 – 20:30. Carpina, diariamente, 7:15 – 8:15 – 9:15 – 9:45 – 10:15 – 10:45 – 11:15 – 11:45 – 12:15 – 13:45 e 14:15; aos sábados, 5:30 e aos domingos, 3:30 e 6 horas. Catende, 17:10. Canhotinho, diariamente, 9:50 e 14:40. Cortez, 2ªs, 3ªs, 4ªs, 5ªs, 6ªs e sábados, 4:10 e 15:40. Escada, diariamente, 6:25 – 7:25 – 8:25 – 9:25 – 10:25 – 11:25 – 13:25 – 14:25 – 19:25 – 20:25; sábados, 21:55; domingos, 3:55 – 4:55 e 21:55. Garanhuns, diariamente, 6:05 – 7:05 – 7:10 – 11:10 – 12:05 – 16:05 – 17:05 e 18:35. Glória do Goitá, sextas, sábados e domingos, 15:50. Goiana, diariamente, 5:25 – 6:55 – 7:55 – 8:55 – 9:55 – 11:55 – 12:55 – 13:55 – 14:55 – 16:55 – 17:25 – 19:25. Gravatá, diariamente, 7:50 – 8:50 – 10:35 – 11:50 – 14:50 – 15:50 – 17:35. Gamaleira, diariamente, 9:55 e 15:55. Itamaracá, diariamente, 8:10 – 10:10 – 12:10 – 12:30 – 14 – 15:20 – 16 e 17 horas. Fortaleza, quartas e sábados. Paraíba, diariamente, 4 – 5:30 – 6 – 8 – 8:30 – 10:30 – 12:00 – 17:10 e 18:40; aos domingos 5:55 – 7:10 e 20:40. Limoeiro, diariamente, 5 – 6 – 7 – 8 – 9 – 9:45 – 10 – 11 – 12 – 12:45 e 14 horas. Lajedo, diariamente, 15:05. Macaparana, diariamente, 12 horas. Nazaré da Mata, 2ªs, 3ªs, 4ªs, 5ªs, 6ªs e sábados, 8:30. Orobó, diariamente, 5:45 e 10:45. Pau-d'Alho, diariamente, 6:45 – 9:45 e 14 horas. Pesqueira, diariamente, 14:50, aos domingos, 5:50. Panelas, diariamente, 14:10. Palmares, diariamente, 5:40 – 6:10 – 6:40 – 7:40 – 8:40 – 9:40 – 10:40 – 11:40 – 12:10 – 12:40 – 13:40 – 14:40 – 16:10 – 16:40 – 17:10 – 17:40 – 18:40 – 19:40 e 20:40. Petrolina, 2ªs, 4ªs e sábados, 5:20, 3ªs, 7:20 e domingos, 4:05 e 5:20. Ribeirão, diariamente,

7:35. Riacho das Almas, 2ªˢ, 3ªˢ, 4ªˢ, 5ªˢ, 6ªˢ e sábados, 13 horas. Surubim, diariamente, 6:15 – 7:30 e 10:30. São Bento do Una, diariamente, 14:35. São Joaquim do Monte, diariamente, 12:35. São José da Coroa Grande, diariamente, 17:10. Sertânia, 2ªˢ, 4ªˢ, 5ªˢ e sábados, 4:35. Salgueiro, 3ªˢ e 6ªˢ, 4:50. Santa Cruz do Capibaribe, 3ªˢ, 6ªˢ e domingos, 13:45. São José do Egito, 3ªˢ e 6ªˢ, 4:35. Timbaúba, diariamente, 5 – 7 – 8 – 9 – 10 – 11 – 13 – 14:30 – 15:15. Turitama, 2ªˢ, 4ªˢ, 5ªˢ e sábados, 13:35. Tabira, 3ªˢ, 4ªˢ e sábados, 8:35. Triunfo, 3ªˢ, 6ªˢ e domingos, 3:50. Taquaritinga do Norte, 3ªˢ, sábados e domingos, 13:30. Vicência, diariamente, 6:30 e 15:00. Vertentes, diariamente, 6:45 e 8:45; 2ªˢ, 4ªˢ, 5ªˢ e 6ªˢ, 13:30 e aos domingos, 5:15. Vitória de Santo Antão, diariamente, 5:35 – 6:35 – 7:05 – 7:35 – 8:05 – 8:35 – 8:50 – 9:35 – 9:50 – 10:05 – 10:35 – 10:50 – 11:05 – 11:20 – 11:50 – 12:20 – 12:50 – 13:05 – 13:35 – 14:50 – 15:05 – 15:35 – 16:05 – 16:50 – 17:05 – 17:35 – 17:50 – 18:20 – 18:50 – 19:05 – 19:35 – 20:05 e 22:05 e 23:05.

Interestaduais: Arapiraca (Alagoas), 3ªˢ, 5ªˢ e sábados, 5 horas. Brasília, dias 5 – 10 – 15 – 20 – 25 e 30 de casa mês, às 7 horas. Crato-Ceará, quartas e sábados, 5 horas. Campina Grande, 8 horas. Guarabina-Paraíba, diariamente, 6 e 17 horas. Itabaiana-Paraíba, diariamente, 17 horas. João Pessoa, diariamente, 5 – 6 – 7 – 8:30 – 9:30 – 10:30 – 11:30 – 13 – 14 – 16 – 18 e 19 horas. Monteiro-Paraíba, diariamente, 6 e 12 horas. Maceió, diariamente, 4 – 4:15 – 4:30 – 5 – 6 – 7 – 8 – 10 – 12:30 – 13 – 15 – 16 – 18 e 19 horas. Maceió (diariamente via Porto Calvo e Xexéu), 4 horas. Maceió (via Barreiros e Porto de Pedra), 4:15. Maceió (via União dos Palmares), 4:30. Maceió (via Palmares), 5 – 6 – 7 – 8 – 10 – 13:30 – 14 – 15 – 16 – 18 e 19 horas. Natal, diariamente, 4 – 7 e 8 horas. Paulo Afonso-Alagoas, quartas e sábados, 8:45. Palmeira dos Índios-Alagoas, diariamente, 6:30. Princesa Isabel-Paraíba, quartas e sábados, 8 horas. Penedo-Alagoas, segundas, quartas e sextas, 4:30. Patos-Paraíba, quintas e domingos, 7:15. Rio de Janeiro, 2ªˢ, 3ªˢ, 6ªˢ e sábados, 7:30; quintas e domingos, 7 e 8 horas. São Paulo, segundas, quartas e sextas, 7 horas. Rio-São Paulo, diariamente, às 8 e 13 horas, quartas e domingos, 6 horas; e nos dias: 2 – 4 – 6 – 8 – 9 – 10 – 12 – 14 – 16 – 18 – 20 – 22 – 24 – 26 – 28 e 30 de cada mês, às 8 horas. Salvador, diariamente (via Aracaju), 5:15. Salvador (via Paulo Afonso), 6 horas. Salvador (carro-leito, com bar e toalete), 12 horas. Santana de Ipanema (Alagoas), terças, quintas e sábados, 4:30. São Luís (Maranhão), terças, sextas e sábados, 3 horas; Teresina (Piauí), quintas e domingos, 3:30 horas.

HORÁRIOS DE AVIÕES
AEROPORTO DE GUARARAPES

VOO N.º	PROCEDE	DESTINO	HORAS Pouso	HORAS Decola	DIAS
VARIG					
711	Fortaleza e Natal	Rio e São Paulo	08:15	09:00	Diàriamente
710	São Paulo e Rio	Natal e Fortaleza	19:50	20:30	Diàriamente
720	São Paulo, Rio, Salvador. Rio e São Paulo	Retorna	14:20	—	Diàriamente
721	Recife	Maceió, Aracaju, Salvador Rio e São Paulo	—	16:00	Diàriamente
702	Recife	Natal, Fortaleza, São Luís	—	07:00	2.ªs 4.ªs e 6.ªs
703	Manaus, Santarém Belém, São Luís	Belém, Santarém e Manaus Terminal Recife	13:30	—	4.ªs 6.ªs e dom.
630	Fortaleza, Natal Brasília, Petrolina e Paulo Afonso	Terminal Recife	14:55	—	5.ªs feiras
631	Recife	Paulo Afonso, Petrolina e Brasília	—	09:30	6.ªs feiras
770	Recife	São Luís e Escalas Interior	—	06:30	sábados
771	São Luís e Escalas Interior	Terminal Recife	16:40	—	domingos
772	Recife	São Luís e Escalas Interior	—	07:00	3.ªs feiras
773	São Luís e Escalas Interior	Terminal Recife	16:10	—	4.ªs feiras
780/2/4	Recife	São Luís e Escalas Interior	—	06:00	3.ªs 5.ªs e dom.
773	São Luís e Escalas Interior	Terminal Recife	17:50	—	4.ªs 6.ªs e 2.ªs
PARAENSE					
900	Belém, São Luís	Recife	12:47	—	3.ªs 5.ªs e dom.
901	Paraíba, Fortaleza Recife	Fortaleza, Paraíba, São Luís e Belém	—	07:00	2.ªs 4.ªs e 3.ªs
TAP					
	Lisboa	Rio	04:50	06:00	4.ªs feiras
	Rio	Lisboa	19:00	20:00	4.ªs feiras

V A S P

No.	Origem	Destino	Partida	Chegada	Dias
108	Rio	Fortaleza	15:25	16:00	Domingos
167	Fortaleza	Rio	10:05	11:00	Domingos
104	Rio	Fortaleza	15:25	16:00	2.as feiras
109	Fortaleza	Rio	09:30	10:00	2.as feiras
158	Rio	Fortaleza	15:25	16:00	3.as feiras
105	Fortaleza	Rio	10:05	11:00	4.as feiras
102	Rio	Fortaleza	14:55	16:00	4.as feiras
159	Fortaleza	Rio	10:05	11:00	4.as feiras
160	Rio	Fortaleza	14:55	16:00	5.as feiras
103	Fortaleza	Rio	09:30	10:00	5.as feiras
100	Rio	Fortaleza	15:25	16:00	6.as feiras
161	Fortaleza	Rio	09:30	10:00	6.as feiras
166	Rio	Fortaleza	14:55	16:00	Sábados
101	Fortaleza	Rio	09:00	09:30	Sábados
128	São Paulo	Natal	21:30	22:00	Dom.os 2.as 3.as 4.as 5.as 6.as Sáb.os
129	Natal	Recife	07:05		Dom.os 2.as 3.as 4.as 5.as 6.as Sáb.os

CRUZEIRO DO SUL

No.	Rota		Partida	Chegada	Dias
100	São Paulo — Rio — Salvador —	RECIFE	14:00	—	2.as/6.as
101	Recife	Salvador — Rio — São Paulo	—	18:00	2.as/6.as
102	São Paulo — Rio — Salvador —	NATAL	14:00	14:30	4.as/Domingos
103	Natal	Salvador — Rio — São Paulo	17:35	18:00	4.as/Domingos
122	São Paulo — Rio — Salvador —	FORTALEZA	14:00	14:30	3.as/5.as/Sábados
123	Fortaleza	Salvador — Rio — São Paulo	17:30	18:00	3.as/5.as/Sábados
109	Belém — Fortaleza	Fortaleza — Belém	18:55	19:30	Diàriamente
108	Buenos Aires — Pôrto Alegre — São Paulo — Rio	Rio—São Paulo—Pôrto Alegre — Buenos Aires	10:30	11:00	Diàriamente

S A D I A

No.	Origem	Destino	Hora	Dias
250	São Paulo	Recife	05:15	3.as 5.as e Sábados
251	Recife	S. Paulo	06:00	4.as 6.as e Domingos

Comunicações

 RECIFE, no setor das comunicações, é servido – nem sempre bem – pelo Correio e pelo Telégrafo nacionais. E também pela Western Telegraph e pela Italcable. Aqui estão os seus endereços e mais os da Sudan, Radional e Telex.

Cartas, telegramas e telefonemas: Correios e Telégrafos (Avenida Guararapes, 250); The Western Telegraph – telegramas (Avenida Guararapes, 210); Sudan – telegramas (Avenida Guarapes, 210, loja 1); Radional – Via ITT, telefonemas e telex (Avenida Guararapes, 111); Italcable – telegramas (Avenida Guararapes, 86, loja 6); Telex – Correios e Telégrafos e Radional.

Endereços de Agências de Companhias de Aviação

 ARIG (Avenida Guararapes, 120 – fone 4-1911); Vasp (Avenida Guararapes, 86 – fone 4-5200); Cruzeiro do Sul (Rua da Palma, 167 – fone 4-5361); Paraense (Rua Siqueira Campos, 279); Transportes Aéreos Portugueses (Avenida Conde da Boa Vista, nº 50); Lufthansa, Linhas Aéreas Alemãs (Avenida Rio Branco, 126, 1º and. – fone 4-4504).

Excursões

XCURSÃO fácil, para o turista que esteja por pouco tempo no Recife, é ir ao lugar das batalhas dos Guararapes: lugar considerado "o berço da nacionalidade". Encontra-se aí velha igreja comemorativa das batalhas, com inscrições de sabor histórico. Um percurso, do Recife a Guararapes, pode ser feito pela Estrada da Imbiribeira, percorrendo a qual pode o turista ter uma rápida visão do chamado Novo Nordeste, com suas fábricas e indústrias modernas e até moderníssimas. O outro percurso dará oportunidade, ao turista, de atravessar as avenidas ao longo das praias do Pina e Boa Viagem: praias lúdicas, recreativas, aos domingos, e nos feriados, festivas.

Do Recife o turista que tenha a seu dispor um fim de semana poderá ir à Fazenda Nova – a 170 quilômetros de distância – ver a "Nova Jerusalém" ali, há anos, em construção. Não lhe faltará um bom hotel onde passar a noite. Um hotel rústico e, ao mesmo tempo, moderno, com piscina, jardim, boa cozinha. Vai-se até lá de automóvel, por uma ótima estrada, em duas e meia ou três horas.

A "Nova Jerusalém" é uma originalidade pernambucana. É toda uma Jerusalém brasileira que ali se vem construindo, entre hirtos mandacarus e xiquexiques e com pedras e pedregulhos do próprio pedregoso local trabalhadas à moda antiga por gente também toda do local. Isto faz da "Nova Jerusalém" um laboratório para estudantes de arquitetura e de arte.

A construção tem um objetivo grandioso: visa criar ambiente ideal para a representação do drama da Paixão de Cristo. Representação que se for realizada com religiosidade e arte dará importância ao empreendimento.

Trata-se, na verdade, de vasto teatro ao ar livre, de um tipo que muito convém ao Brasil tropical, sendo de espantar que os construtores de Brasília não tivessem pensado no assunto: de tanto terem concebido Brasília em termos modernistas, esqueceram-se da sua ecologia tropical.

O Recife do Lazer e da Cultura

Este Guia prático, histórico e sentimental, *guardando as memórias de uma cidade, nos leva de "um tempo a outro", nos mostrando, sem linearidade, o percurso de formação do Recife, contando a meninice da cidade e seu caminho rumo à vida madura. A cartografia da cidade trazida por Gilberto Freyre nas edições anteriores deste* Guia *trazia uma imensa lista de nomes de escolas, de colégios, de clubes, detalhes sobre onde se divertir, estudar e viver levemente na sua cidade. No entanto, quando Freyre narra as praças, os clubes e museus, ele nos conta muito mais que locais de lazer. Ele nos mostra onde se forma um gosto pela cidade, onde se educa um olhar para o mundo, onde se constroem subjetividades, onde se criam amizades e inimizades, amores e desamores.*

A impossibilidade de adotar a metodologia de Freyre, de dar conta de todos os espaços de lazer e diversão do Recife, é uma amostra da complexidade, da dimensão dos serviços oferecidos atualmente nesta capital. Um Recife de inúmeros restaurantes, da culinária para todos os gostos, de muitos centros de compras e das noites agitadas nas boates e clubes não caberia nestas páginas. Porém, está à espera do visitante para que possa descobrir aquele que melhor lhe acolha. O Recife possui hoje o terceiro pólo gastronômico brasileiro e a vida cultural também tem se diversificado. A cidade conta com várias livrarias, galerias de arte e museus, lugares onde se pode conversar com os amigos no final da tarde, participar de palestras, assistir a mostras de filmes e escolher um livro ou obra de arte para apreciar.

No Recife contemporâneo convivem espaços preocupados com a preservação do Recife contado e exaltado neste Guia *e espaços interessados em diminuir as fronteiras que arbitram o que é local e global, interessados em transformar o Recife cada vez mais em um "entre-lugar", comportando o mundo dentro desta cidade.*

APENSOS

MERCADOS DO RECIFE

MERCADO DE SÃO JOSÉ

Com arquitetura de ferro típica do século XIX, inaugurado em 1875, é um dos monumentos pernambucanos, reconhecido e tombado pelo Patrimônio Histórico. Ao longo de mais de 125 anos de história, o Mercado de São José sofreu várias reformas. Atualmente, são 545 boxes no total. Artesanato em barro, corda e palha fazem do mercado polo de atração turística. É, também, ponto tradicional do comércio de pescado.

MERCADO DA BOA VISTA

Foi totalmente reformado e reinaugurado em 2 de dezembro de 1946. Antônio Pereira era o prefeito da cidade e Otávio Correia o governador de Pernambuco. Passou por outras reformas, em 1991 e 1994. Possui 63 boxes, que comercializam cereais, verduras, frutas e legumes, carnes, aves e frios, além de ervas e armarinhos. Há nove bares, que servem comida regional no café da manhã, almoço e jantar. A clientela é formada, principalmente, por sindicalistas e políticos, que se deliciam com o famoso patinho cozido no feijão preto. Localizado à Rua de Santa Cruz, no Bairro da Boa Vista, sabe-se que o local foi estrebaria e Cemitério da Capela, hoje transformada em Igreja de Santa Cruz. Ali funcionou um mercado de escravos.

MERCADO DA ENCRUZILHADA

Inaugurado na década de 1950, foi considerado modelo de obra arquitetônica do gênero no Brasil na época. Os 156 compartimentos, arejados e bem iluminados, foram demarcados com placas explicativas segundo os gêneros de comércio – para facilitar a vida dos compradores. De cada lado do mercado, ergueram-se dois restaurantes e dois bares. Hoje são dezessete, divididos entre as alas sul e norte. Servem comidas típicas no café da manhã e almoço comercial. Há uma Praça da Alimentação, na ala sul, com deliciosas peixada e bacalhoada. A clientela é diversificada: juízes, políticos, advogados, intelectuais, gente do povo. A área coberta de 3.850 m² supera a do Mercado de São José em cerca de 300 m². O Mercado da Encruzilhada fica à Rua Dr. José Maria, no Bairro da Encruzilhada, e passou por várias reformas sem, entretanto, alterar-lhe as características originais. Nele se podem encontrar muitos CDs de repentistas e cordéis, além de restaurantes e boxes de frutas e verduras.

MERCADO DA MADALENA

Foi construído em 1925. No local se reunia um aglomerado de feirantes, que ali vendiam frutas e verduras, sem qualquer interferência por parte da prefeitura. Funcionava à noite e, por isso, recebeu o nome de Mercado do Bacurau. O horário noturno atraía, além de comerciantes, boêmios, que buscavam um local vivo nas noites provincianas do Recife. Hoje, são 180 compartimentos, que oferecem alimentos variados: frutas, verduras, legumes, cereais, carnes e peixes. A parte onde funciona a administração conserva a estrutura original. Alterou-se, apenas, a parte térrea, onde funcionavam os sanitários e o depósito. O Mercado da Madalena fica no bairro de mesmo nome, Praça Solange Pinto Melo, na Rua Real da Torre. Ainda hoje é ponto de encontro de boêmios. Ali, eles vão tomar a saideira e recuperar as energias dispendidas nas noitadas com um bom cuscuz com bode guisado, sarapatel e outras guloseimas da cozinha regional.

TEATROS DO RECIFE

TEATRO APOLO

Localizado no Recife Antigo, foi inaugurado em 1842. Serviu inicialmente como casa de espetáculos e sede da Sociedade Harmônico-Teatral. Foi desativado em 1864, só voltando a funcionar como casa de espetáculos em 1981, depois de restaurado pela Prefeitura do Recife. O Centro de Formação e Pesquisa das Artes Cênicas Apolo-Hermilo foi inaugurado no ano 2000, pela Prefeitura da Cidade do Recife em parceria com a Fundação Roberto Marinho, com uma estrutura que compreende o CineTeatro Apolo, o Teatro Hermilo Borba Filho e o Centro de Documentação Osman Lins.

TEATRO ARRAIAL

Localizado à Rua da Aurora, centro do Recife, inaugurado a 27 de agosto de 1997. Idealizado pelo então Secretário de Cultura do Estado, o escritor Ariano Suassuna, tem apenas 94 cadeiras.

TEATRO DA UFPE

A Universidade Federal de Pernambuco possui em seu campus amplo teatro, com instalações modernas e capacidade para quase duas mil pessoas. O Teatro da UFPE é destaque na cidade trazendo para seu palco espetáculos e artistas do mundo todo, durante todo ano.

TEATRO GUARARAPES

Localizado no interior do Centro de Convenções de Pernambuco, Complexo de Salgadinho, Olinda. Tem capacidade para 2.405 pessoas; possui cabines e equipamentos para exibição de filmes; iluminação cênica para 390 circuitos; poço de orquestra em três seções móveis com elevador elétrico; dezenove camarins individuais e seis coletivos; sistema de tradução simultânea. Construído em 1978, é um dos mais modernos da América Latina.

TEATRO DO PARQUE

Localizado à Rua do Hospício, Recife, foi inaugurado em 24 de agosto de 1915, pela Companhia Portuguesa de Operetas e Revistas, do Teatro Avenida, de Lisboa, com a revista O 31, dirigida por Luís Galhardo. Tem 1.000 lugares e foi idealizado pelo comendador Bento Luiz de Aguiar, que financiou toda a obra (200 contos de réis). É a terceira casa de espetáculos mais antiga do Recife. Foi restaurado várias vezes.

TEATRO DE SANTA ISABEL

Localizado na Praça da República, Recife, foi projetado pelo engenheiro francês Louis Lèger Vauthier, contratado especialmente para esse fim pelo Conde da Boa Vista. Foi inaugurado em 15 de maio de 1850. Sofreu um incêndio em 1869 e foi reconstruído pelo engenheiro Vitor Fournier, tendo sido reinaugurado em 1876. Prédio em estilo neoclássico, tem um salão nobre com estuque ornado de ouro em pó, tombado pelo Patrimônio Histórico Nacional em 31 de outubro de 1949. Tem 850 lugares e foi festejado, entre outras coisas, por ter sido palco, no século XIX, dos famosos duelos verbais entre Castro Alves e Tobias Barreto. Por seu palco, também passou muita gente famosa; Joaquim Nabuco, que ali realizou quase toda a sua campanha pela Abolição, de 1883 a 1888; a bailarina Ana Pavlova, a atriz portuguesa Adelina Abranches; a argentina Berta Singerman; a atriz Cacilda Becker, entre outros.

TEATRO WALDEMAR DE OLIVEIRA

Inaugurado em 23 de maio de 1971, na casa 412 da Praça Oswaldo Cruz, Recife, com 400 poltronas, sob o nome Nosso Teatro. Com a morte de Waldemar de Oliveira em 1978, o teatro ganhou o seu nome. Foi construído pelos integrantes do Teatro de Amadores de Pernambuco (TAP), grupo formado basicamente por pessoas da família Oliveira.

MUSEUS DO RECIFE

MUSEU DA ABOLIÇÃO

Inaugurado em 1993, instalado no Sobrado Grande da Madalena, Recife, uma construção típica das casas de engenho que se transformaram em residências senhoriais. Centro de referência da cultura afro-brasileira, dispõe de um centro de documentação e pesquisa e guarda em seu acervo objetos dos séculos XVIII e XIX. Dispõe de salas para exposição, miniauditório e anfiteatro.

MUSEU DA CIDADE DO RECIFE

Instalado no Forte das Cinco Pontas, construído pelos holandeses no Recife em 1630 para defender a entrada da cidade e os poços de água potável existentes nas imediações. Dispõe de biblioteca especializada sobre o Recife Antigo, acervo de imagens da cidade e originais dos tempos de Maurício de Nassau.

MUSEU DO ESTADO

Criado em 1929, está instalado num casarão do século XIX (na Avenida Rui Barbosa, Graças, Recife) que pertenceu ao filho do Barão de Beberibe. Em seu acervo, conta com mobiliário e objetos do período colonial; peças pré-históricas da cultura indígena e afro-brasileira; exposição permanente de peças dos séculos XVII a XIX.

MUSEU DO HOMEM DO NORDESTE

Localizado à Avenida 17 de Agosto, em Casa Forte, Recife, é vinculado à Fundação Joaquim Nabuco. Possui acervo de mais de 10 mil peças, abrangendo as mais variadas áreas da vida nordestina: cultura negra, ciclo da cana-de-açúcar, folguedos regionais, escultura, brinquedos infantis, arte popular etc.

MUSEU DA IMAGEM E DO SOM

Vinculado à Empresa Pernambucana de Turismo-Empetur, o Museu da Imagem e do Som de Pernambuco-Mispe foi criado em maio de 1968. No seu acervo de depoimentos gravados, grande parte está ligada ao chamado Ciclo do Cangaço.

MUSEU DO INSTITUTO ARQUEOLÓGICO, HISTÓRICO E GEOGRÁFICO DE PERNAMBUCO

Fundado em 27 de janeiro de 1862, guarda valioso acervo sobre a história de Pernambuco, onde estão peças como o marco de pedra divisório das Capitanias de Pernambuco e Itamaracá, de 1536; espadas da época das batalhas travadas contra os holandeses encontradas nos Montes Guararapes e outras.

MUSEU MILITAR DO FORTE DO BRUM

Localizado no Bairro do Recife, foi criado em 1985. Em seu acervo, guarda peças referentes à presença holandesa e à administração colonial portuguesa em Pernambuco.

Dispõe, ainda, de armas e alguns objetos ligados à ação da FAB na Segunda Guerra Mundial.

MUSEU DO TREM

Localizado no Bairro de São José, Recife, no prédio da antiga estação central de passageiros da Rede Ferroviária, foi criado em 1972. Dispõe de antigas locomotivas, entre as quais a famosa Maria Fumaça, material de sinalização utilizado na ferrovia, documentos históricos, fotografias, peças de vestuário e equipamentos usados pelos antigos ferroviários. Vinculado à Companhia Brasileira de Trens Urbanos (CBTU).

MUSEU DE ARTE MODERNA ALUÍZIO MAGALHÃES

Dos quase novecentos trabalhos que compõem o acervo do Mamam destacam-se o conjunto de onze telas de Vicente do Rêgo Monteiro (a maior coleção pública desse importante artista brasileiro) e a série Cenas da Vida Brasileira, de autoria de João Câmara, além de obras de Lula Cardoso Ayres, Abelardo da Hora, Francisco Brennand, Gilvan Samico, Cícero Dias, Gil Vicente, Aloísio Magalhães, Cildo Meireles, Paulo Bruscky, Oriana Duarte, Nelson Leirner, Guita Charifker, Vik Muniz, Carlos Fajardo, José Patrício, Alexandre Nóbrega, Alex Flemming, Alice Vinagre, Martinho Patrício e Marcelo Silveira. O Museu de Arte Moderna Aloísio Magalhães – Mamam – foi criado pela Prefeitura do Recife, em 1997, com o objetivo de transformar a Galeria Metropolitana de Arte Aloísio Magalhães, instituição atuante desde o início da década de 1980, em centro de referência da produção moderna e contemporânea das artes visuais brasileiras. Por meio da divulgação, registro e reflexão sobre a arte do presente e suas referências históricas, o Mamam tem contribuído para a formação cultural do público e para o adensamento do meio institucional e artístico do Recife, promovendo um diálogo constante entre as tradições da cidade e a visualidade contemporânea.

CASA-MUSEU MAGDALENA E GILBERTO FREYRE
(Fundação Gilberto Freyre)

A Fundação Gilberto Freyre está instalada na casa em que o sociólogo e escritor Gilberto Freyre (1900-1987) morou, por mais de quarenta anos, no bairro de Apipucos, no Recife-PE, num terreno de 10 mil m^2 com dezenas de árvores e pássaros — uma miniatura de floresta. A casa-grande é original do século XIX e foi reformada em 1881. Abriga hoje o conjunto de objetos colecionados, guardados e ordenados pela família Freyre. O ambiente da casa, bens pessoais, móveis, quadros, objetos, continua idêntico ao que foi concebido por Gilberto e sua esposa, dona Madalena. Tudo continua como se o escritor ainda estivesse vivo e residindo no local. Nas salas estão expostos tapetes, móveis, louças, porcelanas, prataria inglesa e portuguesa, marfins do Oriente, armas brancas, imagens sacras católicas, peças de origem africana, leques, rede, relógio, condecorações, medalhas, troféus, trabalhos de arte popular brasileira — objetos os mais variados. Nas paredes, quadros de Cícero Dias, Panceti, Brennand, Vicente do Rêgo Monteiro, Lula Cardoso Ayres, Jenner Augusto e outros.

INSTITUTO RICARDO BRENNAND

Numa área verde no Bairro da Várzea, bastante afastada das ruas e avenidas do Recife, num clima bucólico está localizado o Instituto Ricardo Brennand. Abriga um acervo permanente de quadros do pintor holandês Franz Post e exposições eventuais que primam pela qualidade e grandiosidade. É um local belíssimo, mesmo para quem deseja apenas dar um passeio pelos jardins. O lugar abriga a maior coleção particular de armas brancas, boa parte das quais da época medieval. Há também no complexo uma pinacoteca com uma das maiores coleções da América Latina de obras de arte. O instituto é aberto ao público e é um diferencial no roteiro dos turistas que querem ir, além da visitação, a prédios históricos e praias. O lugar conta muito da história de Pernambuco, por resgatar, por meio de documentos e raras obras de arte, traços da invasão holandesa naquela região. O instituto está abrigado em uma construção que é uma réplica de um castelo (Castelo São João) inglês medieval no estilo gótico.

OFICINA BRENNAND

Surgiu em 1971, nas ruínas de uma olaria do início do século XX, como materialização de um projeto do artista Francisco Brennand. Antiga fábrica de tijolos e telhas herdada de seu pai, instalada nas terras do Engenho Santos Cosme e Damião, no bairro histórico da Várzea, cercada por remanescentes da Mata Atlântica e pelas águas do Rio Capibaribe, a Cerâmica São João tornou-se fonte inspiradora e depositária da história do artista. A Oficina Brennand constitui-se num conjunto arquitetônico de grande originalidade, onde a obra se associa à arquitetura para dar forma a um universo abissal, dionisíaco, subterrâneo, obscuro, sexual e religioso.

PRAÇAS DA CIDADE

PRAÇA DA INDEPENDÊNCIA

Localizada no Bairro de Santo Antônio, é a mais central e mais antiga praça do Recife. Inicialmente o local era conhecido como Terreiro dos Coqueiros. Foi também denominada Praça do Mercado, Praça da Polé, Praça Grande, Praça dos Campineiros, Praça da União e Praça do Comércio. O nome Praça da Independência foi dado em 5 de novembro de 1833. Um dos antigos nomes da praça (Praça da Polé) é decorrente da instalação ali de uma polé, que era um instrumento de tortura, com mastro, roldana e corda, usado para castigar os negros, provavelmente introduzido em Pernambuco pelos portugueses. Centro de manifestações políticas na cidade, principalmente a partir de 1945 quando da luta pela redemocratização do Brasil, ainda hoje a Praça da Independência é local de comícios e roteiro de passeatas de protesto.

PRAÇA CHORA MENINO
Localizada no final da Rua Manuel Borba, na Boa Vista, Recife. O nome da praça veio da lenda de que, durante o movimento denominado Setembrizada (1831), cerca de trezentos soldados se amotinaram ali e foram massacrados por tropas leais ao governo. Depois do acontecido, quem passava pela praça ouvia o choro de crianças que lamentavam a morte dos seus pais.

PRAÇA DE CASA FORTE
Situada em terras do antigo engenho de mesmo nome, em cuja redondeza aconteceu o famoso Combate de Casa Forte – quando tropas luso-brasileiras massacraram os holandeses, em 1645. Em torno da praça fica a Igreja de Casa Forte que em 1865 estava em ruínas e foi reformada em 1911. A praça, no atual Bairro de Casa Forte, Recife, sofreu duas grandes intervenções de revitalização, uma em 1933 e outra quatro anos depois. O projeto da atual praça é do famoso paisagista brasileiro Burle Marx.

PRAÇA DO ARSENAL DA MARINHA
Localizada no bairro do Recife Antigo, próxima à Rua do Bom Jesus, é uma construção de 1870. Também já foi chamada de Praça Voluntários da Pátria. A atual denominação foi uma homenagem ao general Artur Oscar, da Campanha de Canudos.

PRAÇA DE BOA VIAGEM
Localizada no bairro do mesmo nome, no Recife, inaugurada com o calçamento da Avenida Boa Viagem, em 1926. A praça tem um obelisco com quatro datas celebrando os seguintes fatos históricos: vitória sobre os holandeses (1645), elevação do Recife à categoria de Vila (1710), Confederação do Equador (1824) e Revolta Republicana de 1817.

PRAÇA FARIAS NEVES (DOIS IRMÃOS)
Recentemente este espaço foi revitalizado e recebeu um investimento de R$ 650 mil, utilizados em serviços como recuperação da rede de drenagem, instalação da irrigação,

brinquedos e protetor de grama, além da construção de pistas de cooper, bancos e do contorno da calçada. Foi realizada, ainda, a implantação do projeto de iluminação sub-terrâneo e removidos os postes de concreto armado. A Praça, que tem cerca de 8.600 metros quadrados de área, foi inaugurada em 1957 e é originalmente um projeto do paisagista Roberto Burle Marx.

SÍTIO DA TRINDADE

Tombado pelo Patrimônio Histórico Nacional em 17 de junho de 1974, por ser o local onde existiu, entre 1630 e 1635, o Forte do Arraial do Bom Jesus, tomado e arrasado pelos holandeses que invadiram Pernambuco. A construção do forte foi iniciada em 4 de março de 1630, a mando de Matias de Albuquerque, num local equidistante de Olinda e Recife, em terras do Engenho da Torre. Do forte restam, atualmente, fotogra-fias e os fossos revelados por pesquisa arqueológica.

PRAÇA DO MARCO ZERO

O marco zero do Recife é o ponto inicial das estradas que cortam o Estado, implan-tado em 1938 pelo Automóvel Clube de Pernambuco. Localizada no bairro do Recife Antigo, entre as ruas Marquês de Olinda, Rio Branco e Barbosa Lima, na praça ex-iste um busto do Barão do Rio Branco, escultura do francês Felix Charpeutier, colo-cada ali em 1917. Em 1999, a praça foi reformada através do projeto "Eu vi o Mundo... Ele começava no Recife" e ganhou um painel do artista Cícero Dias e um foral de Francisco Brennand.

PRAÇA DA REPÚBLICA

Surgiu em 1642, quando Maurício de Nassau construiu, no Bairro de Santo Antônio, Recife, o Palácio das Torres ou Palácio de Friburgo (Vrijburg) para servir de sede do Governo. O palácio tinha duas torres (numa delas foi instalado um farol e na outra o pri-meiro observatório astronômico da América Latina) e contava ainda com um parque zoobotânico (o primeiro das Américas), local onde atualmente fica a praça. Em 1770, o palácio foi demolido e construído em seu lugar o prédio do Erário Régio que, por sua vez, depois seria demolido – hoje no local existe o Palácio das Princesas, sede do go-verno estadual. A praça resistiu a todas essas transformações. Em torno dela estão hoje os prédios do Teatro Santa Isabel e do Tribunal de Justiça do Estado. Já foi deno-minada Praça do Palácio Velho, Praça do Campo de Honra, Campo das Princesas. Além de fonte luminosa, abriga estátuas de figuras históricas e um gigante baobá, ár-vore tombada em 1986 pelo Instituto Brasileiro de Desenvolvimento Florestal.

O Recife em Dados Estatísticos

O Recife, capital pernambucana, tem uma área de 220 quilômetros quadrados, sendo 67,43% morros, 23,26% planícies, 9,3% áreas aquáticas, 5,58% de área verde e com 8,6 quilômetros de extensão de praias. Localizada no litoral do Estado, a cidade é cortada pelos rios Capibaribe e Beberibe e integra a Região Metropolitana do Recife, que representa a quarta maior aglomeração urbana do Brasil. Segundo dados do IBGE, a população da cidade em 2005 era de 1.501.008 habitantes. Em 2002, conforme estimativas do IBGE, o PIB havia evoluído para R$ 11,410 bilhões e o PIB per capita para R$ 7.822 mil.

A cidade possui vários polos de desenvolvimento. Um deles é o polo médico, que é considerado um dos mais importantes do Norte/Nordeste e do Brasil. Formado por 417 hospitais e clínicas, esse polo médico oferece um total de 8,2 mil leitos e, segundo o Sindicato dos Hospitais de Pernambuco, registrou em 2000 um faturamento de R$ 220 milhões. É graças ao polo que Pernambuco dispõe de mais aparelhos de tomografia computadorizada do que países como o Canadá ou a França. Boa parte dos modernos hospitais que integram o polo está localizada entre os bairros do Derby e Ilha do Leite.

Fontes Consultadas

http://www.pe-az.com.br

http://www.municipios.pe.gov.br/municipios

http://www.recife.pe.gov.br

http://www.ibge.gov.br

http://www.pe360graus.globo.com

http://www.recife.pe.gov.br/pr/servicospublicos/csurb

http://www.mamam.art.br

Biobibliografia de
Gilberto Freyre

1900 Nasce no Recife, em 15 de março, na antiga Estrada dos Aflitos (hoje Avenida Rosa e Silva), esquina de Rua Amélia (o portão da hoje residência da família Costa Azevedo está assinalado por uma placa), filho do dr. Alfredo Freyre – educador, juiz de direito e catedrático de Economia Política da Faculdade de Direito do Recife – e de Francisca de Mello Freyre.

1906 Tenta fugir de casa, abrigando-se na materna Olinda, desde então, cidade muito de seu amor e da qual escreveria, em 1939, o *2ª guia prático, histórico e sentimental*.

1908 Entra no jardim de infância do Colégio Americano Gilreath. Lê as *Viagens de Gulliver* com entusiasmo. Não consegue aprender a escrever, fazendo-se notar pelos desenhos. Tem aulas particulares com o pintor Telles Júnior, que reclama contra sua insistência em deformar os modelos. Começa a aprender a ler e escrever em inglês com Mr. Williams, que elogia seus desenhos.

1909 Primeira experiência da morte: a da avó materna, que muito o mimava por supor que o neto tinha *déficit* de aprendizado, pela dificuldade em aprender a escrever. Temporada no engenho São Severino do Ramo, pertencente a parentes seus. Primeiras experiências rurais de menino de engenho. Mais tarde escreverá sobre essa temporada uma das suas melhores páginas, incluída em *Pessoas, coisas & animais*.

1911 Primeiro verão na Praia de Boa Viagem, onde escreve um soneto camoniano e enche muitos cadernos com desenhos e caricaturas.

1913 Dá as primeiras aulas no colégio. Lê José de Alencar, Machado de Assis, Gonçalves Dias, Castro Alves, Victor Hugo, Emerson, Longfellow, alguns dramas de Shakespeare, Milton, César, Virgílio, Camões e Goethe.

1914 Ensina latim, que aprendeu com o próprio pai, conhecido humanista recifense. Toma parte ativa nos trabalhos da sociedade literária do colégio. Torna-se redator-chefe do jornal impresso do colégio *O Lábaro*.

1915 Tem lições particulares de francês com Madame Meunieur. Lê La Fontaine, Pierre Loti, Molière, Racine, *Dom Quixote*, a Bíblia, Eça de Queirós, Antero de Quental, Alexandre Herculano, Oliveira Martins.

1916 Corresponde-se com o jornalista paraibano Carlos Dias Fernandes, que o convida a proferir palestra na capital do estado vizinho. Como o dr. Freyre não apreciava Carlos Dias Fernandes, pela vida boêmia que levava, viaja autorizado pela mãe e lê no Cine-Teatro Pathé sua primeira conferência pública, dissertando sobre Spencer e o problema da educação no Brasil. O texto foi publicado no jornal *O Norte*, com elogios de Carlos Dias Fernandes. Influenciado pelos mestres do colégio e pela leitura do *Peregrino*, de Bunyan, e de uma biografia do dr. Livingstone, toma parte em atividades evangélicas e visita a gente miserável dos mucambos recifenses. Interessa-se pelo socialismo cristão, mas lê, como espécie de antídoto a seu misticismo, autores como Spencer e Comte. É eleito presidente do Clube de Informações Mundiais, fundado pela Associação Cristã de Moços do Recife. Lê ainda, nesse período, Rui Barbosa, Joaquim Nabuco, Oliveira Lima,

Nietzsche e Sainte-Beuve.

1917 Conclui o curso de Barechal em Ciências e Letras do Colégio Americano Gilreath, fazendo-se notar pelo discurso que profere como orador da turma, cujo paraninfo é o historiador Oliveira Lima, daí em diante seu amigo (ver referência ao primeiro encontro com Oliveira Lima no prefácio à edição de suas *Memórias*, escrito a convite da viúva e do editor José Olympio). Leitura de Taine, Renan, Darwin, Von Ihering, Anatole France, William James, Bergson, Santo Tomás de Aquino, Santo Agostinho, São João da Cruz, Santa Teresa, Padre Vieira, Padre Bernardes, Fernão Lopes, São Francisco de Assis, São Francisco de Sales e Tolstói. Começa a estudar grego. Torna-se membro da Igreja Evangélica, desagradando a mãe e a família católica.

1918 Segue, no início do ano, para os Estados Unidos, fixando-se em Waco (Texas) para matricular-se na Universidade de Baylor. Começa a ler Stevenson, Pater, Newman, Steele e Addison, Lamb, Adam Smith, Marx, Ward, Giddings, Jane Austen, as irmãs Brönte, Carlyle, Mathew Arnold, Pascal, Montaigne, Euclides da Cunha e Monteiro Lobato. Inicia sua colaboração no *Diário de Pernambuco*, com a série de cartas intituladas "Da outra América".

1919 Ainda na Universidade de Baylor, auxilia o geólogo John Casper Branner no preparo do texto português da *Geologia do Brasil*. Ensina francês a jovens oficiais norte-americanos convocados para a guerra. Estuda Geologia com Pace, Biologia com Bradbury, Economia com Wright, Sociologia com Dow, Psicologia com Hall e Literatura com A. J. Armstrong, professor de Literatura e crítico literário especializado na filosofia e na poesia de Robert Browning. Escreve os primeiros artigos em inglês publicados por um jornal de Waco. Divulga suas primeiras caricaturas.

1920 Conhece pessoalmente, por intermédio do professor Armstrong, o poeta irlandês William Butler Yeats (ver, no livro *Artigos de jornal*, um capítulo sobre esse poeta), os "poetas novos" dos Estados Unidos: Vachel Lindsay, Amy Lowell e outros. Escreve em inglês sobre Amy Lowell. Como estudante de Sociologia, faz pesquisas sobre a vida dos negros de Waco e dos mexicanos marginais do Texas. Conclui, na Universidade de Baylor, o curso de Bacharel em Artes, mas não comparece à solenidade da formatura: contra as praxes acadêmicas, a Universidade envia-lhe o diploma por intermédio de um portador. Segue para Nova York e ingressa na Universidade de Colúmbia. Lê Freud, Westermarck, Santayana, Sorel, Dilthey, Hrdlicka, Keith, Rivet, Rivers, Hegel, Le Play, Brunhes e Croce. Segundo notícia publicada no *Diário de Pernambuco* de 5 de junho, a Academia Pernambucana de Letras, por proposta de França Pereira, elege-o sócio-correspondente.

1921 Segue, na Faculdade de Ciências Políticas (inclusive as Ciências Sociais Jurídicas) da Universidade de Colúmbia, cursos de graduação e pós-graduação dos professores Giddings, Seligman, Boas, Hayes, Carl van Doren, Fox, John Basset Moore e outros. Conhece pessoalmente Rabindranath Tagore e o príncipe de Mônaco (depois reunidos no livro *Artigos de jornal*), Valle Inclán e outros intelectuais e cientistas famosos que visitam a Universidade de Colúmbia e a cidade de Nova York. A convite de Amy Lowell, visita-a em Boston (ver, sobre essas visitas, artigos incluídos no livro *Vida, forma e cor*). Segue, na Universidade de Colúmbia, o curso do professor Zimmern, da Universidade de Oxford, sobre a escravidão na Grécia. Visita a Universidade de Harvard e o Canadá. É hóspede da Universidade de Princeton, como representante dos estudantes da América Latina que ali se reúnem em congresso. Lê Patrick Geddes, Ganivet, Max Weber, Maurras, Péguy, Pareto, Rickert, William Morris, Michelet, Barrès, Huysmans, Verlaine, Rimbaud, Baudelaire, Dostoievski, John Donne, Coleridge, Xenofonte, Homero, Ovídio, Ésquilo, Aristóteles e Ratzel. Torna-se editor associado da revista *El Estudiante Latinoamericano*, publicada mensalmente em Nova York pelo Comitê de Relações Fraternais entre Estudantes Estrangeiros. Publica diversos artigos no referido periódico.

1922 Defende tese para o grau de M. A. (*Magister Artium* ou *Master of Arts*) na Universidade de Colúmbia sobre *Social life in Brazil in the middle of the 19th century*, publicada em Baltimore pela *Hispanic American Historical Review* (v. 5, n. 4, nov. 1922) e recebida com elogios pelos professores Haring, Shepherd, Robertson, Martin, Oliveira Lima e H. L. Mencken, que aconselha o autor a expandir o trabalho em livro. Deixa de comparecer à cerimônia de formatura, seguindo imediatamente para a Europa, onde recebe o diploma, enviado pelo reitor Nicholas Murray Butler. Vai para a França, a Alemanha, a Bélgica, tendo antes passado pela Inglaterra, estabelecendo-se em Oxford. Vai para a França, atravessa a Espanha e conhece Portugal, onde se fixa. Lê Simmel, Poincaré, Havelock Ellis, Psichari, Rémy de Gourmont, Ranke, Bertrand Russell, Swinburne, Ruskin, Blake, Oscar Wilde, Kant e Gracián. Tem o retrato pintado pelo modernista brasileiro Vicente do Rego Monteiro. Convive com ele e com outros artistas modernistas brasileiros, como Tarsila do Amaral e Brecheret. Na Alemanha conhece o Expressionismo; na Inglaterra, estabelece contato com o ramo inglês do Imagismo, já seu conhecido nos Estados Unidos. Na França, conhece o anarcossindicalismo de Sorel e o federalismo monárquico de Maurras. Convidado por Monteiro Lobato — a quem fora apresentado por carta de Oliveira Lima —, inicia sua colaboração na *Revista do Brasil* (n. 80, p. 363-371, agosto de 1922).

1923 Continua em Portugal, onde conhece João Lúcio de Azevedo, o Conde de Sabugosa, Fidelino de Figueiredo, Joaquim de Carvalho e Silva Gaio. Regressa ao Brasil e volta a colaborar no *Diário de Pernambuco*. Da Europa escreve artigos para a *Revista do Brasil* (São Paulo), a pedido de Monteiro Lobato.

1924 Reintegra-se no Recife, onde conhece José Lins do Rego, incentivando-o a escrever romances, em vez de artigos políticos (ver referências ao encontro e início da amizade entre o sociólogo e o futuro romancista do Ciclo da Cana-de-Açúcar no prefácio que este escreveu para o livro *Região e tradição*). Conhece José Américo de Almeida através de José Lins do Rego. Funda-se no Recife, a 28 de abril, o Centro Regionalista do Nordeste, com Odilon Nestor, Amaury de Medeiros, Alfredo Freyre, Antônio Inácio, Morais Coutinho, Carlos Lyra Filho, Pedro Paranhos, Júlio Bello e outros. Excursões pelo interior do estado de Pernambuco e pelo Nordeste com Pedro Paranhos, Júlio Bello (que a seu pedido escreveria as *Memórias de um senhor de engenho*) e seu irmão, Ulysses Freyre. Lê, na capital do estado da Paraíba, conferência publicada no mesmo ano: Apologia pro generatione sua (incluída no livro *Região e tradição*).

1925 Encarregado pela direção do *Diário de Pernambuco*, organiza o livro comemorativo do primeiro centenário de fundação do referido jornal, *Livro do Nordeste*, onde foi publicado pela primeira vez o poema modernista de Manuel Bandeira "Evocação do Recife", escrito a seu pedido (ver referências no capítulo sobre Manuel Bandeira no livro *Perfil de Euclides e outros perfis*). O *Livro do Nordeste* consagra, também, o até então desconhecido pintor Manuel Bandeira e publica desenhos modernistas de Joaquim Cardoso e Joaquim do Rego Monteiro. Lê na Biblioteca Pública do Estado de Pernambuco uma conferência sobre D. Pedro II, publicada no ano seguinte.

1926 Conhece a Bahia e o Rio de Janeiro, onde faz amizade com o poeta Manuel Bandeira, os escritores Prudente de Morais Neto (Pedro Dantas), Rodrigo M. F. de Andrade, Sérgio Buarque de Holanda, o compositor Villas-Lobos e o mecenas Paulo Prado. Por intermédio de Prudente, conhece Pixinguinha, Donga e Patrício e se inicia na nova música popular brasileira em noitadas boêmias. Escreve um extenso poema, modernista ou imagista e ao mesmo tempo regionalista e tradicionalista, do qual Manuel Bandeira dirá depois que é um dos mais saborosos do ciclo das cidades brasileiras: "Bahia de todos os santos e de quase todos os pecados" (publicado no Recife, no mesmo ano, em edição da *Revista do Norte*, reeditado em 20 de junho de 1942, na revista *O Cruzeiro* e incluído no livro *Talvez poesia*). Segue para os Estados Unidos como delegado do *Diário de Pernambuco*, ao Congresso Panamericano de Jornalistas. Convidado para redator-chefe do mesmo jornal e para oficial de gabinete do governador eleito de Pernambuco, então vice-presidente da República.

Colabora (artigos humorísticos) na *Revista do Brasil* com o pseudônimo de J. J. Gomes Sampaio. Publica-se no Recife a conferência lida, no ano anterior, na Biblioteca Pública do Estado de Pernambuco: A propósito de Dom Pedro II (edição da *Revista do Norte*, incluída, em 1944, no livro *Perfil de Euclides e outros perfis*). Promove no Recife o 1º Congresso Brasileiro de Regionalismo.

1927 Assume o cargo de oficial de gabinete do novo governador de Pernambuco, Estácio de Albuquerque Coimbra, casado com a prima de Alfredo Freyre, Joana Castelo Branco de Albuquerque Coimbra. Conhece Mário de Andrade no Recife e proporciona-lhe um passeio de lancha no rio Capibaribe.

1928 Dirige, a pedido de Estácio Coimbra, o jornal *A Província*, onde passam a colaborar os novos escritores do Brasil. Publica no mesmo jornal artigos e caricaturas com diferentes pseudônimos: Esmeraldino Olímpio, Antônio Ricardo, Le Moine, J. Rialto e outros. Lê Proust e Gide. Nomeado pelo governador Estácio Coimbra, por indicação do diretor A. Carneiro Leão, torna-se professor da Escola Normal do Estado de Pernambuco: primeira cadeira de Sociologia que se estabelece no Brasil com moderna orientação antropológica e pesquisas de campo.

1930 Acompanhando Estácio Coimbra ao exílio, visita novamente a Bahia, conhece parte do continente africano (Dacar, Senegal) e inicia, em Lisboa, as pesquisas e os estudos em que se basearia *Casa-grande & senzala* ("Em outubro de 1930 ocorreu-me a aventura do exílio. Levou-me primeiro à Bahia; depois a Portugal, com escala pela África. O tipo de viagem ideal para os estudos e as preocupações que este ensaio reflete", como escreverá no prefácio do mesmo livro).

1931 A convite da Universidade de Stanford, segue para os Estados Unidos, como professor extraordinário daquela universidade. Volta, no fim do ano, para a Europa, permanecendo algum tempo na Alemanha, em novos contatos com seus museus de antropologia, de onde regressa ao Brasil.

1932 Continua, no Rio de Janeiro, as pesquisas para a elaboração de *Casa-grande & senzala* em bibliotecas e arquivos. Recusando convites para empregos feitos pelos membros do novo governo brasileiro — um deles José Américo de Almeida —, vive, então, com grandes dificuldades financeiras, hospedando-se em casas de amigos e em pensões baratas do Distrito Federal. Estimulado pelo seu amigo Rodrigo M. F. de Andrade, contrata com o poeta Augusto Frederico Schmidt — então editor — a publicação do livro por 500 mil-réis mensais, que recebe com irregularidades constantes. Regressa ao Recife, onde continua a escrever *Casa-grande & senzala*, na casa do seu irmão, Ulysses Freyre.

1933 Conclui o livro, enviando os originais ao editor Schmidt, que o publica em dezembro.

1934 Aparecem em jornais do Rio de Janeiro os primeiros artigos sobre *Casa-grande & senzala*, escritos por Yan de Almeida Prado, Roquette-Pinto, João Ribeiro e Agrippino Grieco, todos elogiosos. Organiza no Recife o 1º Congresso de Estudos Afro-Brasileiros. Recebe o prêmio da Sociedade Felipe d'Oliveira pela publicação de *Casa-grande & senzala*. Lê na mesma sociedade conferência sobre O escravo nos anúncios de jornal do tempo do Império, publicada na revista *Lanterna Verde* (v. 2, fev. 1935). Regressa ao Recife e lê, no dia 24 de maio, na Faculdade de Direito e a convite de seus estudantes, conferência publicada, no mesmo ano, pela Editora Momento: O estudo das ciências sociais nas universidades americanas. Publica-se no Recife (Oficinas Gráficas The Propagandist, edição de amigos do autor, tiragem de apenas 105 exemplares em papel especial e coloridos a mão por Luís Jardim) o *Guia prático, histórico e sentimental da cidade do Recife*, inaugurando, em todo o mundo, um novo estilo de guia de cidade, ao mesmo tempo lírico e informativo e um dos primeiros livros para bibliófilos publicados no Brasil. Nomeado em dezembro diretor do *Diário de Pernambuco*, cargo que exerceu por apenas quinze dias por causa da proibição, por Assis Chateaubriand, da publicação de uma entrevista de João Alberto Lins de Barros.

1935 A pedido dos alunos da Faculdade de Direito do Recife e por designação do ministro da Educação, inicia na referida escola superior um curso de Sociologia com orientação antropológica e ecológica. Segue, em setembro, para o Rio de Janeiro, onde, a convite de Anísio Teixeira, dirige na Universidade do Distrito Federal o primeiro Curso de Antropologia Social e Cultural da América Latina (ver texto das aulas no livro *Problemas brasileiros de antropologia*). Publica-se no Recife (Edições Mozart) o livro *Artigos de jornal*. Profere, a convite de estudantes paulistas de Direito, no Centro XI de Agosto, da Faculdade de Direito de São Paulo, a conferência Menos doutrina, mais análise, tendo sido saudado pelo estudante Osmar Pimentel.

1936 Publica-se no Rio de Janeiro (Companhia Editora Nacional, v. 64 da Coleção Brasiliana) o livro que é uma continuação da série iniciada com *Casa-grande & senzala, Sobrados e mucambos*. Viagem à Europa, permanecendo algum tempo na França e em Portugal.

1937 Viaja de novo à Europa, dessa vez como delegado do Brasil ao Congresso de Expansão Portuguesa no Mundo, reunido em Lisboa. Lê conferências nas Universidades de Lisboa, Coimbra e Porto e na de Londres (King's College), publicadas no Rio de Janeiro no ano seguinte. Regressa ao Recife e lê conferência política no Teatro Santa Isabel, a favor da candidatura de José Américo de Almeida à Presidência da República. A convite de Paulo Bittencourt inicia colaboração semanal no *Correio da Manhã*. Publica-se no Rio de Janeiro (José Olympio) o livro Nordeste (aspectos da influência da cana sobre a vida e a paisagem do *Nordeste* do Brasil).

1938 É nomeado membro da Academia Portuguesa de História pelo presidente Oliveira Salazar. Segue para os Estados Unidos como lente extraordinário da Universidade de Colúmbia, onde dirige seminário sobre sociologia e história da escravidão. Publica-se no Rio de Janeiro (Serviço Gráfico do Ministério da Educação e Saúde) o livro *Conferência na Europa*.

1939 Faz primeira viagem ao Rio Grande do Sul. Segue, depois, para os Estados Unidos, como professor extraordinário da Universidade de Michigan. Publica-se no Rio de Janeiro (José Olympio) a primeira edição do livro *Açúcar* e no Recife (edição do autor, para bibliófilos) *Olinda, 2ª guia prático, histórico e sentimental de cidade brasileira*. Publica-se em Nova York (Instituto de las Españas en los Estados Unidos) a obra do historiador Lewis Hanke, *Gilberto Freyre, vida y obra*.

1940 A convite do governo português, lê no Gabinete Português de Leitura do Recife a conferência (publicada no Recife, no mesmo ano, em edição particular) Uma cultura ameaçada: a luso-brasileira. E, em Aracaju, na instalação da 2ª Reunião da Sociedade de Neurologia, Psiquiatria e Higiene Mental do Nordeste, lê conferência publicada no ano seguinte pela mesma sociedade; no dia 29 de outubro, na Biblioteca do Ministério das Relações Exteriores e a convite da Casa do Estudante do Brasil, profere conferência sobre Euclides da Cunha, publicada no ano seguinte; no dia 19 de novembro, na Biblioteca do Estado do Rio Grande do Sul, faz uma conferência por ocasião das comemorações do bicentenário da cidade de Porto Alegre, publicada em 1943. Participa do 3º Congresso Sul-Rio-Grandense de História e Geografia, ao qual apresenta, a pedido do historiador Dante de Laytano, o trabalho Sugestões para o estudo histórico-social do sobrado no Rio Grande do Sul, publicado no mesmo ano pela Editora Globo e incluído, posteriormente, no livro *Problemas brasileiros de antropologia*. Publica-se em Nova York (Columbia University Press) o opúsculo Some aspects of the social development on Portuguese America, separata da obra coletiva *Concerning Latin American culture*. Publicam-se no Rio de Janeiro (José Olympio) os livros *Um engenheiro francês no Brasil* e *O mundo que o português criou*, com longos prefácios, respectivamente, de Paul Arbousse-Bastide e Antônio Sérgio. Prefacia e anota o *Diário íntimo do engenheiro Vauthier*, publicado no mesmo ano pelo Serviço do Patrimônio Histórico e Artístico Nacional.

1941 Casa-se no Mosteiro de São Bento do Rio de Janeiro com a senhorita Maria Magdalena Guedes Pereira. Viaja ao Uruguai, Argentina e Paraguai. Torna-se colaborador de *La Nación* (Buenos Aires), dos *Diários Associados*, do *Correio da Manhã* e de *A Manhã* (Rio de Janeiro). Prefacia e anota as *Memórias de um Cavalcanti*, do seu parente Félix Cavalcanti de Albuquerque Melo, publicadas pela Companhia Editora Nacional (volume 196 da Coleção Brasiliana). Publica-se no Recife (Sociedade de Neurologia, Psiquiatria e Higiene Mental do Nordeste) a conferência Sociologia, psicologia e psiquiatria, depois ampliada e incluída no livro *Problemas brasileiros de antropologia*, contribuição para uma psiquiatria social brasileira que seria destacada pela Sorbonne ao doutourá-lo H.C. Publica-se no Rio de Janeiro (Casa do Estudante do Brasil) e em Buenos Aires a conferência Atualidade de Euclides da Cunha (incluída, em 1944, no livro Perfil de Euclides e outros perfis). Ao ensejo da publicação, no Rio de Janeiro (José Olympio), do livro *Região e tradição*, recebe homenagem de grande número de intelectuais brasileiros, com um almoço no Jóquei Clube, em 26 de junho, do qual foi orador o jornalista Dario de Almeida Magalhães.

1942 É preso no Recife, por ter denunciado, em artigo publicado no Rio de Janeiro, atividades nazistas e racistas no Brasil, inclusive as de um padre alemão a quem foi confiada, pelo governo do estado de Pernambuco, a formação de jovens escoteiros. Com seu pai reage à prisão, quando levado para "a imunda Casa de Detenção do Recife", sendo solto, no dia seguinte, por interferência direta de seu amigo general Góes Monteiro. Recebe convite da Universidade de Yale para ser professor de Filosofia Social, que não pôde aceitar. Profere, no Rio de Janeiro, discurso como padrinho de batismo de avião oferecido pelo jornalista Assis Chateaubriand ao Aeroclube de Porto Alegre. É eleito para o Conselho Consultivo da American Philosophical Association. É designado pelo Conselho da Faculdade de Filosofia da Universidade de Buenos Aires Adscrito Honorário de Sociologia e eleito membro correspondente da Academia Nacional de História do Equador. Discursa no Rio de Janeiro, em nome do sr. Samuel Ribeiro, doador do avião Taylor à campanha de Assis Chateaubriand. Publica-se em Buenos Aires (Comisión Revisora de Textos de Historia y Geografía Americana) a 1ª edição de *Casa-grande & senzala* em espanhol, com introdução de Ricardo Saenz Hayes. Publicam-se no Rio de Janeiro (José Olympio) o livro *Ingleses* e a *2ª edição de Guia prático, histórico e sentimental da cidade do Recife*. A Casa do Estudante do Brasil divulga, em 2ª edição, a conferência Uma cultura ameaçada: a luso-brasileira, proferida no Gabinete Português de Leitura do Recife (1940).

1943 Visita a Bahia, a convite dos estudantes de todas as escolas superiores do estado, que lhe prestam excepcionais homenagens, às quais se associa quase toda a população de Salvador. Lê na Faculdade de Medicina da Bahia, a convite da União dos Estudantes Baianos, a conferência Em torno de uma classificação sociológica e no Instituto Histórico da Bahia, por iniciativa da Faculdade de Filosofia do mesmo estado, a conferência A propósito da filosofia social e suas relações com a sociologia histórica (ambas incluídas, com os discursos proferidos nas homenagens recebidas na Bahia, no livro *Na Bahia em 1943*, que teve quase toda a sua tiragem apreendida, nas livrarias do Recife, pela Polícia do Estado de Pernambuco). Recusa, em carta altiva, o convite para ser catedrático de Sociologia da Universidade do Brasil. Inicia colaboração em *O Estado de S. Paulo* em 30 de setembro. Por intermédio do Itamaraty, recebe convite da Universidade de Harvard para ser seu professor, que também recusa. Publicam-se em Buenos Aires (Espasa Calpe Argentina) as 1ᵃˢ edições, em espanhol, de *Nordeste* e de *Uma cultura ameaçada* e a 2ª, na mesma língua, de *Casa-grande & senzala*. Publicam-se no Rio de Janeiro (Casa do Estudante do Brasil) o livro *Problemas brasileiros de antropologia* e o opúsculo Continente e ilha (conferência lida, em Porto Alegre, no ano de 1940 e incluída na 2ª edição de *Problemas brasileiros de antropologia*). Publica-se também, no Rio de Janeiro (Livros de Portugal), uma edição de As farpas, de Ramalho Ortigão e Eça de Queirós, selecionada e prefaciada por ele, bem como a 4ª edição de *Casa-grande & senzala*, livro publicado a partir desse ano pelo editor José Olympio.

1944   Visita Alagoas e Paraíba, a convite de estudantes desses Estados. Lê na Faculdade de Direito de Alagoas conferência sobre Ulysses Pernambucano, publicada no ano seguinte. Deixa de colaborar nos *Diários Associados* e em *La Nación*, em virtude da violação e do extravio constantes de sua correspondência. Em 9 de junho de 1944, comparece à Faculdade de Direito do Recife, a convite dos alunos dessa escola, para uma manifestação de regozijo em face da invasão da Europa pelos Exércitos Aliados. Lê em Fortaleza a conferência Precisa-se do Ceará. Segue para os Estados Unidos, onde profere, na Universidade do Estado de Indiana, seis conferências promovidas pela Fundação Patten e publicadas no ano seguinte, em Nova York, no livro *Brazil*: an interpretation. Publicam-se no Rio de Janeiro os livros *Perfil de Euclides e outros perfis* (José Olympio), *Na Bahia em 1943* (edição particular) e a 2ª edição do guia *Olinda*. A Casa do Estudante do Brasil publica, no Rio de Janeiro, o livro *Gilberto Freyre*, de Diogo Melo Menezes, com prefácio consagrador de Monteiro Lobato.

1945   Toma parte ativa, ao lado dos estudantes do Recife, na campanha pela candidatura do brigadeiro Eduardo Gomes à Presidência da República. Fala em comícios, escreve artigos, anima os estudantes na luta contra a ditadura. No dia 3 de março, por ocasião do primeiro comício daquela campanha no Recife, começa a discursar, na sacada da redação do *Diário de Pernambuco*, quando tomba a seu lado, assassinado pela Polícia Civil do Estado, o estudante de Direito Demócrito de Sousa Filho. A UDN oferece, em sua representação na futura Assembleia Nacional Constituinte, um lugar aos estudantes do Recife, que preferem que seu representante seja o bravo escritor. A Polícia Civil do Estado de Pernambuco empastela e proíbe a circulação do *Diário de Pernambuco*, impedindo-o de noticiar a chacina em que morreram o estudante Demócrito e um popular. Com o jornal fechado, o retrato de Demócrito é inaugurado na redação, com memorável discurso de Gilberto Freyre: Quiseram matar o dia seguinte (cf. *Diário de Pernambuco*, 10 de abril de 1945). Em 9 de junho, comparece à Faculdade de Direito do Recife, como orador oficial da sessão contra a ditadura. Publicam-se no Recife (União dos Estudantes de Pernambuco) o opúsculo de sua autoria em apoio à candidatura de Eduardo Gomes: *Uma campanha maior do que a da abolição* e a conferência lida, no ano anterior, em Maceió: Ulysses. Publica-se em Fortaleza (edição do autor) a obra *Gilberto Freyre e alguns aspectos da antropossociologia no Brasil*, de autoria do médico Aderbal Sales. Publica-se em Nova York (Knopf) o livro *Brazil*: an interpretation. A Editora mexicana Fondo de Cultura Económica publica *Interpretación del Brasil*, com orelhas escritas por Alfonso Reyes.

1946   Eleito deputado federal, segue para o Rio de Janeiro, a fim de participar nos trabalhos da Assembleia Constituinte. Em 17 de junho, profere discurso de críticas e sugestões ao projeto da Constituição, publicado em opúsculo: Discurso pronunciado na Assembleia Nacional Constituinte (incluído na 2ª edição do livro *Quase política*). Em 22 de junho lê no Teatro Municipal de São Paulo, a convite do Centro Acadêmico XI de Agosto, conferência publicada no mesmo ano pela referida organização estudantil Modernidade e modernismo na arte política (incluída, em 1965, no livro *6 conferências em busca de um leitor*). Em 16 de julho, na Faculdade de Direito de Belo Horizonte, a convite de seus alunos, apresenta conferência publicada no mesmo ano: Ordem, liberdade, mineralidade (incluída em 1965, no livro *6 conferências em busca de um leitor*). Em agosto inicia colaboração no Diário Carioca. Em 29 de agosto profere na Assembleia Constituinte outro discurso de crítica ao projeto da Constituição (incluído na 2ª edição do livro *Quase política*). Em novembro, a Comissão de Educação e Cultura da Câmara dos Deputados indica, com aplauso do escritor Jorge Amado, membro da Comissão, o nome de Gilberto Freyre para o Prêmio Nobel de Literatura de 1947, com o apoio de numerosos intelectuais brasileiros. Publica-se no Rio de Janeiro a 5ª edição de *Casa-grande & senzala* e em Nova York (Knopf) a edição do mesmo livro em inglês, *The masters and the slaves*.

1947 Apresenta à Mesa da Câmara dos Deputados, para ser dado como lido, discurso sobre o centenário de nascimento de Joaquim Nabuco, publicado no ano seguinte. Em 22 de maio, lê no auditório da Associação Brasileira de Imprensa, a convite da Sociedade dos Amigos da América, conferência sobre Walt Whitman, publicada no ano seguinte. Trabalha ativamente na Comissão de Educação e Cultura da Câmara dos Deputados. É convidado para representar o Brasil no 19º Congresso dos Pen Clubes Mundiais, reunido em Zurique. Publica-se em Londres a edição inglesa de *The masters and the slaves*, em Nova York, a 2ª impressão de *Brazil*: an interpretation e no Rio de Janeiro, a edição brasileira deste livro, em tradução de Olívio Montenegro: *Interpretação do Brasil* (José Olympio). Publica-se em Montevidéu a obra *Gilberto Freyre y la sociología brasileña*, de Eduardo J. Couture.

1948 A convite da Unesco, toma parte, em Paris, no conclave de oito notáveis cientistas e pensadores sociais (Gurvitch, Allport e Sullivan, entre eles), reunidos pela referida Organização das Nações Unidas por iniciativa do então diretor Julian Huxley para estudar as Tensões que afetam a compreensão internacional, trabalho em conjunto depois publicado em inglês e francês. Lê, no Ministério das Relações Exteriores, a convite do Instituto Brasileiro de Educação, Ciência e Cultura (Comissão Nacional da Unesco), conferência sobre o conclave de Paris. Repete na Escola de Comando do Estado-Maior do Exército a conferência lida no Ministério das Relações Exteriores. Inicia em 18 de setembro sua colaboração em O Cruzeiro. Em dezembro, profere na Câmara dos Deputados discurso justificando a criação do Instituto Joaquim Nabuco de Pesquisas Sociais, com sede no Recife (incluído na 2ª edição do livro *Quase política*). Lê no Museu de Arte de São Paulo duas conferências: uma sobre Emílio Cardoso Ayres e outra sobre d. Veridiana Prado. Apresenta mais uma conferência na Escola de Comando do Estado-Maior do Exército. Publicam-se no Rio de Janeiro (José Olympio) o livro *Ingleses no Brasil* e os opúsculos O camarada Whitman (incluído, em 1965, no livro *6 conferências em busca de um leitor*), Joaquim Nabuco (incluído, em 1966, na 2ª edição do livro *Quase política*) e *Guerra, paz e ciência* (este editado pelo Ministério das Relações Exteriores). Inicia sua colaboração no *Diário de Notícias*.

1949 Segue para os Estados Unidos, a fim de participar, na categoria de ministro, como delegado parlamentar do Brasil, na 4ª Conferência Internacional da Organização das Nações Unidas. Lê conferências na Universidade Católica da América (Washington, D.C.) e na Universidade de Virgínia. Profere, em 12 de abril, na Associação de Cultura Franco-Brasileira do Recife, conferência sobre Emílio Cardoso Ayres (apenas pequeno trecho foi publicado no *Bulletin* da Associação). Em 18 de agosto, apresenta na Faculdade de Direito do Recife conferência sobre Joaquim Nabuco, na sessão comemorativa do centenário de nascimento do estadista pernambucano (incluída no livro *Quase política*). Em 30 de agosto, profere na Câmara dos Deputados discurso de saudação ao Visconde Jowitt, presidente da Câmara dos Lordes do Reino Unido da Grã-Bretanha e Irlanda do Norte (incluído em *Quase política*). No mesmo dia, lê, no Instituto Histórico e Geográfico Brasileiro, conferência sobre Joaquim Nabuco. Publica-se, no Rio de Janeiro (José Olympio), a conferência apresentada no ano anterior, na Escola de Comando do Estado-Maior do Exército: Nação e Exército (incluída, em 1965, no livro *6 conferências em busca de um leitor*).

1950 Profere na Câmara dos Deputados, em 17 de janeiro, discurso sobre o pernambucano Joaquim Arcoverde, primeiro cardeal da América Latina, por ocasião da passagem do primeiro centenário de seu nascimento (incluído em *Quase política*). Apresenta na Câmara dos Deputados, em 5 de abril, discurso sobre o centenário de nascimento de José Vicente Meira de Vasconcelos, constituinte de 1891 (incluído em *Quase política*). Profere na Câmara dos Deputados, em 28 de abril, discurso de definição de atitude na vida pública (incluído em *Quase política*). Discursa na Câmara dos Deputados, em 2 de maio, sobre o centenário da morte de Bernardo Pereira de Vasconcelos (incluído em *Quase política*). Profere na Câmara dos Deputados, em 2 de junho, discurso contrário à emenda parlamentarista (incluído em *Quase política*). Apresenta na Câmara dos Deputados, em 26 de junho, discurso no qual transmite apelo que recebeu de três parlamentares ingleses, em favor de um governo supranacional (incluído em *Quase política*). Discursa na Câmara dos Deputados, em 8 de agosto, sobre o centenário de nascimento de José Mariano (incluído em *Quase política*). Profere no Parque 13 de Maio, do Recife, discurso em favor da candidatura do deputado João Cleofas de Oliveira ao governo do estado de Pernambuco (incluído na 2ª edição de *Quase política*). Em 11 de setembro inicia colaboração diária no *Jornal Pequeno*, do Recife, sob o título Linha de fogo, em prol da candidatura João Cleofas ao governo do estado de Pernambuco. Profere, em 8 de novembro, na Câmara dos Deputados, discurso de despedida por não ter sido reeleito para o período seguinte (incluído na 2ª edição de *Quase política*). Publica-se em Urbana (University of Illinois Press) a obra coletiva *Tensions that cause wars*, em Paris, em 1948. Contribuição de Gilberto Freyre: Internationalizing social sciences. Publicam-se no Rio de Janeiro (José Olympio) a 1ª edição do livro *Quase política* e a 6ª de *Casa-grande & senzala*.

1951 Publicam-se no Rio de Janeiro (José Olympio) a seguinte edição de *Nordeste* e de *Sobrados e mucambos* (esta refundida e acrescida de cinco novos capítulos). A convite da Universidade de Londres, escreve, em inglês, estudo sobre a situação do professor no Brasil, publicado, no mesmo ano, pelo *Year book of education*. Publica-se em Lisboa (Livros do Brasil) a edição portuguesa de *Interpretação do Brasil*.

1952 Lê, na sala dos capelos da Universidade de Coimbra, em 24 de janeiro, conferência publicada, no mesmo ano, pela Coimbra Editora: Em torno de um novo conceito de tropicalismo. Publica-se em Ipswich (Inglaterra) o opúsculo editado pela revista *Progress* de Londres com o ensaio: Human factors behind Brazilian development. Publica-se no Recife (Edições Região) o *Manifesto regionalista de 1926*. Publicam-se no Rio de Janeiro (Serviço de Documentação do Ministério da Educação e Cultura) o opúsculo *José de Alencar* (José Olympio) e a 7ª edição de *Casa-grande & senzala* em francês, organizada pelo professor Roger Bastide, com prefácio de Lucien Fèbvre: *Maîtres et esclaves* (volume 4 da Coleção La Croix du Sud, dirigida por Roger Caillois). Viaja a Portugal e às províncias ultramarinas. Em 16 de abril, inicia colaboração no *Diário Popular* de Lisboa e no *Jornal do Comércio* do Recife.

1953 Publicam-se no Rio de Janeiro (José Olympio) os livros *Aventura e rotina* (escritos durante a viagem a Portugal e às províncias luso-asiáticas, "à procura das constantes portuguesas de caráter e ação") e *Um brasileiro em terras portuguesas* (contendo conferências e discursos proferidos em Portugal e nas províncias ultramarinas, com extensa "Introdução a uma possível luso-tropicologia").

1954 Escolhido pela Comissão das Nações Unidas para o estudo da situação racial na união sul-africana, como o antropólogo estrangeiro mais capacitado a opinar sobre essa situação, visita o referido país e apresenta à Assembleia Geral da ONU um estudo publicado pela organização nessa nação em: *Elimination des conflits et tensions entre les races*. Publica-se no Rio de Janeiro a 8ª edição de *Casa-grande & senzala*; no Recife (Edições Nordeste), o opúsculo Um estudo do prof. Aderbal Jurema e, em Milão (Fratelli Bocca), a 1ª edição, em italiano, de *Interpretazione del Brasile*. Em agosto é encenada no Teatro Santa Isabel a dramatização de *Casa-grande & senzala*, feita por José Carlos Cavalcanti Borges. O professor Moacir Borges de Albuquerque defende, em concurso para provimento efetivo de uma das cadeiras de português do Instituto de Educação de Pernambuco, tese sobre *Linguagem de Gilberto Freyre*.

1955 Lê, na sessão inaugural do 4º Congresso Brasileiro de Neurologia, Psiquiatria e Higiene Mental, conferência sobre Aspectos da moderna convergência médico-social e antropocultural (incluída na 2ª edição de *Problemas brasileiros de antropologia*). Em 15 de maio profere no encerramento do curso de treinamento de professores rurais de Pernambuco discurso publicado no ano seguinte. Comparece, como um dos quatro conferencistas principais (os outros foram o alemão Von Wreie, o inglês Ginsberg e o francês Davy) e na alta categoria de convidado especial, ao 3º Congresso Mundial de Sociologia, realizado em Amsterdã, no qual apresenta a comunicação, publicada em Louvain, no mesmo ano, pela Associação Internacional de Sociologia: *Morals and social change*. Para discutir *Casa-grande & senzala* e outras obras, ideias e métodos de Gilberto Freyre, reúnem-se em Cerisy-LaSalle os escritores e professores M. Simon, R. Bastide, G. Gurvitch, Leon Bourdon, Henri Gouhier, Jean Duvignaud, Tavares Bastos, Clara Mauraux, Nicolas Sombart e Mário Pinto de Andrade: talvez a maior homenagem já prestada na Europa a um intelectual brasileiro; os demais seminários de Cerisy foram dedicados a filósofos da história, como Toynbee e Heidegger. Publicam-se no Recife (Secretaria de Educação e Cultura) os opúsculos Sugestões para uma nova política no Brasil: a rurbana (incluído, em 1966, na 2ª edição de *Quase política*) e Em torno da situação do professor no Brasil; em Nova York (Knopf) a 2ª edição de *Casa-grande & senzala*, em inglês: *The masters and the slaves*, e em Paris (Gallimard) a 1ª edição de *Nordeste* em francês: *Terres du sucre* (volume 14 da Coleção La Croix du Sud, dirigida por Roger Caillois).

1957 Lê, em 4 de agosto, na Escola de Belas Artes da Universidade Federal de Pernambuco, em solenidade comemorativa do 25º aniversário de fundação daquela instituição, conferência publicada no mesmo ano: Arte, ciência social e sociedade. Dirige, em outubro, curso sobre Sociologia da Arte na mesma escola. Colabora novamente no *Diário Popular* de Lisboa, atendendo a insistentes convites do seu diretor, Francisco da Cunha Leão. Publicam-se no Recife os opúsculos Palavras às professoras rurais do Nordeste (Secretaria de Educação e Cultura do Estado de Pernambuco) e Importância para o Brasil dos institutos de pesquisa científica (Instituto Joaquim Nabuco de Pesquisas Sociais); no Rio de Janeiro (José Olympio), a 2ª edição de *Sociologia*; no México (Editorial Cultural), o opúsculo A experiência portuguesa no trópico americano; em Lisboa (Livros do Brasil), a 1ª edição portuguesa de *Casa-grande & senzala* e a obra Gilberto Freyre's "lusotropicalism", de autoria de Paul V. Shaw (Centro de Estudos Políticos Sociais da Junta de Investigações do Ultramar).

1958 Lê, no Fórum Roberto Simonsen, conferência publicada no mesmo ano pelo Centro e Federação das Indústrias do Estado de São Paulo: Sugestões em torno de uma nova orientação para as relações intranacionais no Brasil. Publicam-se em Lisboa (Centro de Estudos Políticos e Sociais da Junta de Investigações do Ultramar) o livro, com texto em português e inglês, *Integração portuguesa nos trópicos/Portuguese integration in the tropics*, e no Rio de Janeiro (José Olympio), a 9ª edição brasileira de *Casa-grande & senzala*.

1959 Lê, em abril, conferências no Instituto Joaquim Nabuco de Pesquisas Sociais, iniciando e concluindo cursos de Ciências Sociais promovidos pelo referido órgão. Em julho, apresenta na Faculdade de Direito da Universidade Federal de Minas Gerais conferência publicada pela mesma universidade, no ano seguinte. Publicam-se em Nova York (Knopf) *New world in the tropics*, cujo texto contém, grandemente expandido e praticamente reescrito, o livro (publicado em 1945 pelo mesmo editor) *Brazil*: an interpretation; na Guatemala (Editorial de Ministério de Educación Pública José de Pineda Ibarra), o opúsculo Em torno a algunas tendencias actuales de la antropología; no Recife (Arquivo Público do Estado de Pernambuco), o opúsculo A propósito de Mourão, Rosa e Pimenta: sugestões em torno de uma possível hispano-tropicalologia; no Rio de Janeiro (José Olympio), a 1ª edição do livro *Ordem e progresso* (terceiro volume da Série Introdução à história patriarcal no Brasil, iniciada com *Casa-grande & senzala*, continuada com *Sobrados e mucambos* e finalizada com *Jazigos e covas rasas*, livro nunca concluído) e *O velho Félix e suas memórias de* *um Cavalcanti* (2ª edição, ampliada, da introdução ao livro *Memórias de um Cavalcanti*, publicado em 1940); em Salvador (Universidade da Bahia), o livro *A propósito de frades* e o opúsculo Em torno de alguns túmulos afrocristãos de uma área africana contagiada pela cultura brasileira; e em São Paulo (Instituto Brasileiro de Filosofia), o ensaio A filosofia da história do Brasil na obra de Gilberto Freyre, de autoria de Miguel Reale.

1960   Viaja pela Europa, nos meses de agosto e setembro, lendo conferências em universidades francesas, alemãs, italianas e portuguesas. Publicam-se em Lisboa (Livros do Brasil) o livro *Brasis, Brasil e Brasília*; em Belo Horizonte (edições da *Revista Brasileira de Estudos Políticos*), a conferência Uma política transnacional de cultura para o Brasil de hoje; no Recife (Imprensa Universitária), o opúsculo Sugestões em torno do Museu de Antropologia do Instituto Joaquim Nabuco de Pesquisas Sociais, e no Rio de Janeiro (José Olympio), a 3ª edição do livro *Olinda*.

1961   Em 24 de fevereiro recebe em sua casa de Apipucos a visita do escritor norte-americano Arthur Schlesinger Junior, assessor e enviado especial do presidente John F. Kennedy. Em 20 de abril profere na Faculdade de Medicina da Universidade Federal de Pernambuco uma conferência sobre Homem, cultura e trópico, iniciando as atividades do Instituto de Antropologia Tropical, criado naquela faculdade por sugestão sua. Em 25 de abril é filmado e entrevistado em sua residência pela equipe de televisão e cinema do Columbia Broadcasting System. Em junho viaja aos Estados Unidos, onde faz conferência no Conselho Americano de Sociedades Científicas, no Centro de Corning, no Centro de Estudos de Santa Bárbara e nas Universidades de Princeton e Colúmbia. De volta ao Brasil, recebe, em agosto, a pedido da Comissão Educacional dos Estados Unidos da América no Brasil (Comissão Fulbright), para uma palestra informal sobre problemas brasileiros, os professores norte-americanos que participam do II Seminário de Verão promovido pela referida comissão. Em outubro, lê, no Instituto Joaquim Nabuco de Pesquisas Sociais, quatro conferências sobre sociologia da vida rural. Ainda em outubro e a convite dos corpos docente e discente da Escola de Engenharia da Universidade Federal de Pernambuco, lê na mesma escola três conferências sobre Três engenharias inter-relacionadas: a física, a social e a chamada humana. Viaja a São Paulo e lê, em 27 de outubro, no auditório da Academia Paulista de Letras, sob os auspícios do Instituto Hans Staden, conferência intitulada Como e porque sou sociólogo. Em 1o de novembro, apresenta no auditório da ABI e sob os auspícios do Instituto Cultural Brasil-Alemanha conferências sobre Harmonias e desarmonias na formação brasileira. Em dezembro, segue para a Europa, permanecendo três semanas na Alemanha Ocidental, para participar, como representante do Brasil, no encontro germano-hispânico de sociólogos. Publicam-se em Tóquio (Ministério da Agricultura do Japão, série de Guias para os emigrantes em países estrangeiros), a edição japonesa de *New world in the tropics*: Atsui-tai no sin sekai; em Lisboa (Comissão Executiva das Comemorações do V Centenário da Morte do Infante D. Henrique) – em português, francês e inglês –, o livro *O luso e trópico*: les Portugais et les tropiques e *The portuguese and the tropics* (edições separadas); no Recife (Imprensa Universitária), a obra *Sugestões de um novo contato com universidades europeias*; no Rio de Janeiro (José Olympio), a 3ª edição brasileira de *Sobrados e mucambos* e a 10ª edição brasileira (11ª em língua portuguesa) de *Casa-grande & senzala*.

1962   Em fevereiro, a Escola de Samba de Mangueira desfila, no Carnaval do Rio de Janeiro, com enredo inspirado em *Casa-grande & senzala*. Em março é eleito presidente do Comitê de Pernambuco do Congresso Internacional para a Liberdade da Cultura. Em 10 de junho, lê, no Gabinete Português de Leitura do Rio de Janeiro, a convite da Federação das Associações Portuguesas do Brasil, conferência publicada, no mesmo ano, pela referida entidade: *O Brasil em face das Áfricas negras e mestiças*. Em agosto reúne-se em Porto Alegre o 1º Colóquio de Estudos Teuto-Brasileiros, organizado por sugestão sua. Ainda em agosto é admitido pelo Presidente da República como Comandante do Corpo de Graduação da Ordem do Mérito Militar. Por iniciativa do Banco Interamericano de Desenvolvimento, o professor Leopoldo Castedo profere em Washington, D.C., no curso Panorama da Civilização Ibero-Americana, conferência sobre *La valorización del tropicalismo en Freyre*. Em outubro, torna-se editor-associado do *Journal of Interamerican Studies*. Em novembro, dirige na Faculdade de Letras da Universidade de Coimbra um curso de seis lições sobre Sociologia da História. Ainda na Europa, lê conferências em universidades da França, da Alemanha Ocidental e da Espanha. Em 19 de novembro recebe o grau de doutor honoris causa pela Faculdade de Letras de Coimbra. Publicam-se no Rio de Janeiro (José Olympio) os livros *Talvez poesia* e *Vida, forma e cor*, a 2ª edição de *Ordem e progresso* e a 3ª de *Sociologia*; em São Paulo (Livraria Martins Editora), o livro *Arte, ciência e trópico*; em Lisboa (Livros do Brasil), as edições portuguesas de *Aventura e rotina* e de *Um brasileiro em terras portuguesas*; no Rio de Janeiro (José Olympio), a obra coletiva *Gilberto Freyre*: sua ciência, sua filosofia, sua arte (ensaios sobre o autor de *Casa-grande & senzala* e sua influência na moderna cultura do Brasil, comemorativos do vigésimo quinto aniversário de publicação desse livro).

1963 Em 10 de junho, inaugura-se no Teatro Santa Isabel do Recife uma exposição sobre *Casa-grande & senzala*, organizada pelo colecionador Abelardo Rodrigues. Em 20 de agosto, o governo de Pernambuco promulga a Lei Estadual nº 4.666, de iniciativa do deputado Paulo Rangel Moreira, que autoriza a edição popular, pelo mesmo estado, de *Casa-grande & senzala*. Publicam-se em *The American Scholar*, Chapel Hill (United Chapters of Phi Beta Kappa e University of North Caroline), o ensaio On the Iberian concept of time; em Nova York (Knopf), a edição de *Sobrados e mucambos* em inglês, com introdução de Frank Tannenbaum: *The mansions and the shanties (the making of modern Brazil)*; em Washington, D.C. (Pan American Union), o livro Brazil; em Lisboa, a 2ª edição do opúsculo Americanism and latinity America (em inglês e francês); em Brasília (Editora Universidade de Brasília), a 12ª edição brasileira de *Casa-grande & senzala* (13ª edição em língua portuguesa) e no Recife (Imprensa Universitária), o livro *O escravo nos anúncios de jornais brasileiros do século XIX* (reedição muito ampliada da conferência lida, em 1935, na Sociedade Felipe d'Oliveira). O professor Thomas John O'Halloran apresenta à Graduate School of Arts and Science, da New York University, dissertação sobre *The life and master writings of Gilberto Freyre*. As Editoras A. A. Knopf e Random House publicam em Nova York a 2ª edição (como livro de bolso) de *New world in the tropics*.

1964 A convite do governo do estado de Pernambuco, lê na Escola Normal do mesmo estado, em 13 de maio, conferência como orador oficial da solenidade comemorativa do centenário de fundação daquela Escola. Recebe em Natal, em julho, as homenagens da Fundação José Augusto pelo trigésimo aniversário da publicação de *Casa-grande & senzala*. Recebe, em setembro, o Prêmio Moinho Santista para Ciências Sociais. Viaja aos Estados Unidos e participa, em dezembro, como conferencista convidado, do seminário latino-americano promovido pela Universidade de Colúmbia. Publicam-se em Nova York (Knopf) uma edição abreviada (*paperback*) de *The masters and the slaves*; em Madri (separata da *Revista de la Universidad de Madrid*) o opúsculo De lo regional a lo universal en la interpretación de los complejos socioculturales; no Recife (Instituto Joaquim Nabuco de Pesquisas Sociais), em tradução de Waldemar Valente, a tese universitária de 1922, *Vida social no Brasil nos meados do século XIX* e o opúsculo (Imprensa Universitária) O estado de Pernambuco e expressão no poder nacional: aspectos de um assunto complexo; no Rio de Janeiro (José Olympio), a seminovela *Dona Sinhá e o filho padre*, o livro *Retalhos de jornais velhos* (2ª edição, consideravelmente ampliada, de *Artigos de jornal*), o opúsculo A Amazônia brasileira e uma possível luso-tropicologia (Superintendência do Plano de Valorização Econômica da Amazônia) e a 11ª edição brasileira de *Casa-grande & senzala*. Recusa convite do presidente Castelo Branco para ser ministro da Educação e Cultura.

1965 Viaja a Campina Grande, onde lê, em 15 de março, na Faculdade de Ciências Econômicas, a conferência (publicada no mesmo ano pela Universidade Federal da Paraíba) *Como e por que sou escritor*. Participa no Simpósio sobre Problemática da Universidade Federal de Pernambuco (março/abril), com uma conferência sobre a conveniência da introdução na mesma universidade, de "Um novo tipo de seminário (Tannenbaum)". Viaja ao Rio de Janeiro, onde recebe, em cerimônia realizada no auditório de *O Globo*, diploma com o qual o referido jornal homenageou, no seu quadragésimo aniversário, a vida e a obra dos Notáveis do Brasil: brasileiros vivos que, "por seu talento e capacidade de trabalho de todas as formas invulgares, tenham tido uma decisiva participação nos rumos da vida brasileira, ao longo dos quarenta anos conjuntamente vividos". Em 9 de novembro, gradua-se, *in absentia*, doutor pela Universidade de Paris (Sorbonne), em solenidade na qual também foram homenageados outros sábios de categoria internacional, em diferentes campos do saber, sendo a consagração por obra que vinha abrindo "novos caminhos à filosofia e às ciências do homem". A consagração cultural pela Sorbonne juntou-se à recebida das Universidades da Colúmbia e de Coimbra e às quais se somaram as de Sussex (Inglaterra) e Münster (Alemanha), em solenidade prestigiada por nove magníficos reitores alemães. Publicam-se em Berlim (Kiepenheur & Witsch) a 1ª edição de *Casa-grande & senzala* em alemão: *Herrenhaus und Sklavenhütte* (*Ein Bild der Brasilianischen Gesellschaft*); no Recife (Imprensa Oficial do Estado de Pernambuco), o opúsculo *Forças Armadas e outras forças*, e no Rio de Janeiro (José Olympio), o livro *6 conferências em busca de um leitor*.

1966 Viaja ao Distrito Federal, a convite da Universidade de Brasília, onde lê, em agosto, seis conferências sobre Futurologia, assunto que foi o primeiro a desenvolver no Brasil. Por solicitação das Nações Unidas, apresenta ao United Nations Human Rights Seminar on Apartheid (realizado em Brasília, de 23 de agosto a 5 de setembro) um trabalho de base sobre *Race mixture and cultural interpenetration: the Brazilian example*, distribuído na mesma ocasião em inglês, francês, espanhol e russo. Por sugestão sua, inicia-se na Universidade Federal de Pernambuco o Seminário de Tropicologia, de caráter interdisciplinar e inspirado pelo seminário do mesmo tipo, iniciado na Universidade de Colúmbia pelo professor Frank Tannenbaum. Publicam-se em Barnet, Inglaterra, *The racial factor in contemporary politics*; no Recife (governo do estado de Pernambuco), o primeiro tomo da 14ª edição brasileira (15ª em língua portuguesa) de *Casa-grande & senzala* (edição popular, para ser comercializada a preços acessíveis, de acordo com a Lei Estadual nº 4.666, de 20 de agosto de 1963); e no Rio de Janeiro (José Olympio), a 13ª edição do mesmo livro.

1967 Em 30 de janeiro, lançamento solene, no Palácio do Governo do Estado de Pernambuco, do primeiro volume da edição popular de *Casa-grande & senzala*. Em julho, viaja aos Estados Unidos, para receber, no Instituto Aspen de Estudos Humanísticos, o Prêmio Aspen do ano (30 mil dólares e isento de imposto sobre a renda) "pelo que há de original, excepcional e de valor permanente em sua obra ao mesmo tempo de filósofo, escritor literário e antropólogo". Recebe o Nobel dos Estados Unidos na presença de embaixador, enviado especial do presidente Lyndon B. Johnson, que se congratula com Gilberto Freyre pela honraria na qual o autor foi precedido por apenas três notabilidades internacionais: o compositor Benjamin Britten, a dançarina Martha Graham e o urbanista Constantino Doxiadis por obras reveladoras de "criatividade genial". Em dezembro, lê na Academia Brasileira de Letras, no Instituto Histórico e Geográfico Brasileiro e no Instituto Joaquim Nabuco de Pesquisas Sociais, conferências sobre Oliveira Lima, em sessões solenes comemorativas do centenário de nascimento daquele historiador (ampliadas no livro *Oliveira Lima, Dom Quixote gordo*). Publicam-se em Lisboa (Fundação Calouste Gulbenkian) o livro *Sociologia da medicina*; em Nova York (Knopf), a tradução da "seminovela" *Dona Sinhá e o filho padre: Mother and son, a Brazilian tale*; no Recife (Instituto Joaquim Nabuco de Pesquisas Sociais), a 2ª edição de *Mucambos do Nordeste* e a 3ª edição do *Manifesto Regionalista de 1926*; em São Paulo (Arquimedes Edições), o livro *O Recife, sim! Recife* *não!*, e no Rio de Janeiro (José Olympio), a 4ª edição de *Sociologia*.

1968 Em 9 de janeiro, lê, no Palácio do Governo do Estado de Pernambuco, a primeira da série de conferências promovidas pelo governador do estado para comemorar o centenário de nascimento de Oliveira Lima (incluída no livro *Oliveira Lima, Dom Quixote gordo*, publicado no mesmo ano pela Imprensa da Universidade de Recife). Viaja à Argentina onde faz conferência sobre Oliveira Lima na Universidade do Rosário, e à Alemanha Ocidental, onde recebe o título de Doutor Honoris Causa pela Universidade de Münster por sua obra comparada à de Balzac. Publicam-se em Lisboa (Academia Internacional da Cultura Portuguesa) o livro em dois volumes, *Contribuição para uma sociologia da biografia (o exemplo de Luís de Albuquerque, governador de Mato Grosso no fim do século XVII)*; no Distrito Federal (Editora Universidade de Brasília), o livro *Como e porque sou e não sou sociólogo*, e no Rio de Janeiro (Record), as 2ᵃˢ edições dos livros *Região e tradição e Brasis, Brasil e Brasília*. Ainda no Rio de Janeiro, publicam-se (José Olympio) as 4ᵃˢ edições dos livros *Guia prático, histórico e sentimental da cidade do Recife* e *Olinda, 2º guia prático, histórico e sentimental de cidade brasileira*.

1969 Recebe o Prêmio Internacional de Literatura La Madonnina por "incomparável agudeza na descrição de problemas sociais, conferindo-lhes calor humano e otimismo, bondade e sabedoria", através de uma obra de "fulgurações geniais". Lê conferência, no Conselho Federal de Cultura, em sessão dedicada à memória de Rodrigo M. F. de Andrade. A Universidade Federal de Pernambuco lança os dois primeiros volumes do seminário de Tropicologia, relativos ao ano de 1966: *Trópico & colonização, nutrição, homem, religião, desenvolvimento, educação e cultura, trabalho e lazer, culinária, população*. Lê no Instituto Joaquim Nabuco de Pesquisas Sociais quatro conferências sobre Tipos antropológicos no romance brasileiro. Publicam-se no Recife (Instituto Joaquim Nabuco de Pesquisas Sociais) o ensaio Sugestões em torno da ciência e da arte da pesquisa social, e no Rio de Janeiro (José Olympio), a 15ª edição brasileira de *Casa-grande & senzala*.

1970 Completa setenta anos de idade residindo na província e trabalhando como se fosse um intelectual ainda jovem: escrevendo livros, colaborando em jornais e revistas nacionais e estrangeiros, dirigindo cursos, proferindo conferências, presidindo o conselho diretor e incentivando as atividades do Instituto Joaquim Nabuco de Pesquisas Sociais, presidindo o Conselho Estadual de Cultura, dirigindo o Centro Regional de Pesquisas Educacionais e o Seminário de Tropicologia da Universidade Federal de Pernambuco, comparecendo às reuniões mensais do Conselho Federal de Cultura e atendendo a convites de universidades europeias e norte-americanas, onde é sempre recebido como o embaixador intelectual do Brasil. A Editora A. A. Knopf publica em Nova York *Order and progress*, com texto traduzido e refundido por Rod W. Horton.

1971 Recebe a 26 de novembro, em solenidade no Gabinete Português de Leitura, do Recife, e tendo como paraninfo o ministro Mário Gibson Barbosa, o título de Doutor *Honoris Causa* pela Universidade Federal de Pernambuco. Discursa como orador oficial da solenidade de inauguração, pelo presidente Emílio Garrastazu Médici, do Parque Nacional dos Guararapes, no Recife. A rainha Elizabeth lhe confere o título de *Sir* (Cavaleiro Comandante do Império Britânico) e a Universidade Federal do Rio de Janeiro, o grau de Doutor Honoris Causa em filosofia. Publicam-se a primeira edição da *Seleta para jovens* (José Olympio) e a obra *Nós e a Europa germânica* (Grifo Edições). Continua a receber visitas de estrangeiros ilustres na sua casa de Apipucos, devendo-se destacar as de embaixadores do Reino Unido, França, Estados Unidos, Bélgica e as de Aldous Huxley, George Gurvitch, Shelesky, John dos Passos, Jean Duvignaud, Lincoln Gordon e Robert Kennedy, a quem oferece jantar a pedido desse visitante. A Companhia Editora Nacional publica em São Paulo, como volume 348 de sua coleção Brasiliana, a 1ª edição brasileira de *Novo mundo nos trópicos*.

1972 Preside o Primeiro Encontro Inter-regional de Cientistas Sociais do Brasil, realizado em Fazenda Nova, Pernambuco, de 17 a 20 de janeiro, sob os auspícios do Instituto Joaquim Nabuco de Pesquisas Sociais. Recebe o título de Cidadão de Olinda, conferido por Lei Municipal nº 3.774, de 8 de março de 1972, e em sessão solene da Assembleia Legislativa do Estado de Pernambuco, a Medalha Joaquim Nabuco, conferida pela Resolução nº 871, de 28 de abril de 1972. Em 14 de junho profere no Instituto Joaquim Nabuco de Pesquisas Sociais palestra sobre José Bonifácio e no Instituto Joaquim Nabuco de Pesquisas Sociais as duas primeiras conferências da série comemorativa do centenário de Estácio Coimbra. Em 15 de dezembro, inaugura-se na Praia de Boa Viagem, no Recife, o Hotel Casa-grande & senzala. A Editora Giulio Einaudi publica em Turim a edição italiana de *Casa-grande & senzala* (*Case e catatecchie*).

1973 Recebe em São Paulo o Troféu Novo Mundo, "por obras notáveis em sociologia e história", e o Troféu Diários Associados, pela "maior distinção anual em artes plásticas". Realizam-se exposições de telas de sua autoria, uma no Recife, outra no Rio, esta na residência do casal José Maria do Carmo Nabuco, com apresentação de Alfredo Arinos de Mello Franco. Por decreto do presidente Médici, é reconduzido ao Conselho Federal de Cultura. Viaja a Angola, em fevereiro. A 10 de maio, a convite da Assembleia Legislativa do Estado de Pernambuco, profere discurso no Cemitério de Santo Amaro, diante do túmulo de Joaquim Nabuco, em comemoração ao Sesquicentenário do Poder Legislativo no Brasil. Recebe em setembro, em João Pessoa, o título de Doutor *Honoris Causa* pela Universidade Federal da Paraíba. Profere na Câmara dos Deputados, em 29 de novembro, conferência sobre Atuação do Parlamento no Império e na República, na série comemorativa do Sesquicentenário do Poder Legislativo no Brasil e na Universidade de Brasília, palestra em inglês para o corpo diplomático, sob o título de Some remarks on how and why Brazil is different. Em 13 de dezembro é operado pelo professor Euríclides de Jesus Zerbini, no Hospital da Beneficência Portuguesa de São Paulo.

1974 Recebe em São Paulo o Troféu Novo Mundo, conferido pelo Centro de Artes Novo Mundo. Faz sua primeira exposição de pintura em São Paulo, com quarenta telas adquiridas imediatamente. A 15 de março, o Instituto Joaquim Nabuco de Pesquisas Sociais comemora com exposição e sessão solene os quarenta anos da publicação de *Casa-grande & senzala*. Em 20 de julho profere no Instituto Joaquim Nabuco de Pesquisas Sociais conferência sobre a Importância dos retratos para os estudantes biográficos: o caso de Joaquim Nabuco. A 29 de agosto, a Universidade Federal de Pernambuco inaugura no saguão da reitoria uma placa comemorativa dos quarenta anos de *Casa-grande & senzala*. A 12 de outubro recebe a Medalha de Ouro José Vasconcelos, outorgada pela Frente de Afirmación Hispanista do México, para distinguir, a cada ano, uma personalidade dos meios culturais hispano-americanos. O cineasta Geraldo Sarno realiza documentário de cinco minutos intitulado *Casa-grande & senzala*, de acordo com uma ideia de Aldous Huxley. O editor Alfred A. Knopf publica em Nova York a obra *The Gilberto Freyre Reader*.

1975 Diante da violência de uma enchente do rio Capibaribe, em 17 e 18 de julho, lidera com Fernando de Mello Freyre, diretor do Instituto Joaquim Nabuco, um movimento de estudo interdisciplinar sobre as enchentes em Pernambuco. Profere, em 10 de outubro, conferência no Clube Atlético Paulistano sobre O Brasil como nação hispano-tropical. Recebe em 15 de outubro, do Sindicato dos Professores do Ensino Primário e Secundário de Pernambuco e da Associação dos Professores do Ensino Oficial, o título de Educador do Ano, por relevantes serviços prestados à comunidade nordestina no campo da educação e da pesquisa social. Profere em 7 de novembro, no Teatro Santa Isabel, do Recife, conferência sobre o Sesquicentenário do *Diário de Pernambuco*. O Instituto do Açúcar e do Álcool lança, em 15 de novembro, o Prêmio de Criatividade Gilberto Freyre, para os melhores ensaios sobre aspectos socioeconômicos da zona canavieira do Nordeste. Publicam-se no Rio de Janeiro suas obras *Tempo morto e outros tempos, O brasileiro entre os outros hispanos* (José Olympio) e *Presença do açúcar na formação brasileira* (IAA).

1976 Viaja à Europa em setembro, fazendo conferências em Madri (Instituto de Cultura Hispânica) e em Londres

(Conselho Britânico). É homenageado com a esposa, em Londres, com banquete pelo embaixador Roberto Campos e esposa (presentes vários dos seus amigos ingleses, como Lord Asa Briggs). Em Paris, como hóspede do governo francês, é entrevistado pelo sociólogo Jean Duvignaud, na rádio e na televisão francesas, sobre Tendências atuais da cultura brasileira. É homenageado com banquete pelo diretor de *Le Figaro*, seu amigo, escritor e membro da Academia Francesa, Jean d'Ormesson, presentes Roger Caillois e outros intelectuais franceses. Em Viena, identifica mapas inéditos do Brasil no período holandês, existentes na Biblioteca Nacional da Áustria. Na Espanha, como hóspede do governo, realiza palestra no Instituto de Cultura Hispânica, presidido pelo Duque de Cadis. Em Lisboa é homenageado com banquete pelo secretário de estado de Cultura, com a presença de intelectuais, ministros e diplomatas. Em 7 de outubro, lê em Brasília, a convite do ministro da Previdência Social, conferência de encerramento do Seminário sobre Problemas de Idosos. A Livraria José Olympio Editora publica as 16ª e 17ª edições de *Casa-grande & senzala*, e o IJNPS, a 6ª edição do *Manifesto regionalista*. É lançada 2ª edição portuguesa em Lisboa de *Casa-grande & senzala*.

1977 Estreia em janeiro no Nosso Teatro (Recife) a peça *Sobrados e mucambos*, adaptada por Hermilo Borba Filho e encenada pelo Grupo Teatral Vivencial. Recebe em fevereiro, do embaixador Michel Legendre, a faixa e as insígnias de Comendador das Artes e Letras da França. Profere em março, no Seminário de Tropicologia, conferência sobre O Recife eurotropical, e na Câmara dos Deputados, em Brasília, conferência de encerramento do ciclo comemorativo do Bicentenário da Independência dos Estados Unidos. Exibição, na Biblioteca Municipal Mário de Andrade, em São Paulo, de um documentário cinematográfico sobre sua vida e obra, *Da palavra ao desenho da palavra*, com debates dos quais participam Freitas Marcondes, Leo Gilson Ribeiro, Osmar Pimentel e Egon Schaden. Profere conferências na Câmara dos Deputados, em Brasília, em 19 de agosto, sobre A terra, o homem e a educação, no Seminário sobre Ensino Superior, promovido pela Comissão de Educação e Cultura, e no Teatro José de Alencar de Fortaleza, em 24 de setembro, sobre O Nordeste visto através do tempo. Lançamento em São Paulo, em 10 de novembro, do álbum *Casas-grandes & senzalas*, com guaches de Cícero Dias. Apresenta, no Arquivo Público Estadual de Pernambuco, conferência de encerramento do Curso sobre o Sesquicentenário da Elevação do Recife à Condição de Capital, sobre O Recife e a sua autobiografia coletiva. É acolhido como sócio honorário do Pen Clube do Brasil. Inicia em outubro colaboração semanal na *Folha de S.Paulo*. A Livraria José Olympio Editora publica *O outro amor do dr. Paulo*, seminovela, continuação de *Dona Sinhá e o filho padre*. A Editora Nova Aguilar publica, em dezembro, a Obra escolhida, volume em papel-bíblia que inclui *Casa-grande & senzala, Nordeste e Novo mundo nos trópicos*, com introdução de Antônio Carlos Villaça, cronologia da vida e da obra e bibliografia ativa e passiva, por Edson Nery da Fonseca. A Editora Ayacucho lança em Caracas a 3ª edição em espanhol de *Casa-grande & senzala*, com introdução de Darcy Ribeiro. As Ediciones Cultura Hispánica publicam em Madri a edição espanhola da *Seleta para jovens*, com o título de *Antología*. A Editora Espasa-Calpe publica, em Madri, *Más allá de lo moderno*, com prefácio de Julián Marías. A Livraria José Olympio Editora lança a 5ª edição de *Sobrados e mucambos* e a 18ª edição brasileira de *Casa-grande & senzala*.

1978 Viaja a Caracas para proferir três conferências no Instituto de Assuntos Internacionais do Ministério das Relações Exteriores da Venezuela. Abre no Arquivo Público Estadual, em 30 de março, ciclo de conferências sobre escravidão e abolição em Pernambuco, fazendo Novas considerações sobre escravos em anúncios de jornal em Pernambuco. Profere conferência sobre O Recife e sua ligação com estudos antropológicos no Brasil, na instalação da XI Reunião Brasileira de Antropologia, no auditório da Universidade Federal de Pernambuco, em 7 de maio. Em 22 de maio, abre em Natal a I Semana de Cultura do Nordeste. Profere em Curitiba, em 9 de junho, conferência sobre O Brasil em nova perspectiva antropossocial, numa promoção da Associação dos Professores Universitários do Paraná; em Cuiabá, em 16 de setembro, conferência sobre A dimensão ecológica do caráter nacional; na Academia Paulista de Letras, em 4 de dezembro, conferência sobre

Tropicologia e realidade social, abrindo o 1º Seminário Internacional de Estudos Tropicais da Fundação Escola de Sociologia e Política. Publica-se *Recife & Olinda*, com desenhos de Tom Maia e Thereza Regina. Publicam-se as seguintes obras: *Alhos e bugalhos* (Nova Fronteira); *Prefácios desgarrados* (Cátedra); *Arte e ferro* (Ranulpho Editora de Arte), com pranchas de Lula Cardoso Ayres. O Conselho Federal de Cultura lança *Cartas do próprio punho sobre pessoas e coisas do Brasil e do estrangeiro*. A Editora Gallimard publica a 14ª edição de *Maîtres et esclaves*, na Coleção TEL. A Livraria Editora José Olympio publica a 19ª edição brasileira de *Casa-grande & senzala*, e a Fundação Cultural do Mato Grosso, a 2ª edição de *Introdução a uma sociologia da biografia*.

1979 O Arquivo Estadual de Pernambuco publica, em março, a edição fac-similar do *Livro do Nordeste*. Participa, no auditório da Biblioteca Municipal de São Paulo, em 30 de março, da Semana do Escritor Brasileiro. Recebe em Aracaju, em 17 de abril, o título de Cidadão Sergipano, outorgado pela Assembleia Legislativa de Sergipe. É homenageado pelo 44º Congresso Mundial de Escritores do Pen Clube Internacional, reunido no Rio de Janeiro, quando recebe a medalha Euclides da Cunha, sendo saudado pelo escritor Mário Vargas Llosa. Recebe o grau de Doutor *Honoris Causa* pela Faculdade de Ciências Médicas da Fundação do Ensino Superior de Pernambuco – Universidade de Pernambuco, em setembro. Viaja à Europa em outubro. Profere conferência na Fundação Calouste Gulbenkian, em 22 de outubro, sobre Onde o Brasil começou a ser o que é. Abre o ciclo de conferências comemorativo do 20º aniversário da Sudene, em dezembro, falando sobre Aspectos sociais do desenvolvimento regional. Recebe nesse mês o Prêmio Caixa Econômica Federal, da Fundação Cultural do Distrito Federal, pela obra *Oh de casa!* Profere na Universidade de Brasília conferência sobre Joaquim Nabuco: um novo tipo de político. A Editora Artenova publica *Oh de casa!* A Editora Cultrix publica *Heróis e vilões no romance brasileiro*. A MPM Propaganda publica *Pessoas, coisas & animais*, em edição não comercial. A Editora Ibrasa publica *Tempo de aprendiz*.

1980 Em 24 de janeiro, a Academia Pernambucana de Letras inicia as comemorações do octogésimo aniversário do autor, com uma conferência de Gilberto Osório de Andrade sobre Gilberto Freyre e o trópico. Em 25 de janeiro, a Codepe inicia seu Seminário Permanente de Desenvolvimento, dedicando-o ao estudo da obra de Gilberto Freyre. O Arquivo Público Estadual comemora a efeméride, em 26 e 27 de fevereiro, com duas conferências de Edson Nery da Fonseca. Recebe em São Paulo, em 7 de março, a medalha de Ordem do Ipiranga, maior condecoração do estado. Em 26 de março, recebe a medalha José Mariano, da Câmara Municipal do Recife. Por decreto de 15 de abril, o governador do estado de Sergipe lhe confere o galardão de Comendador da Ordem do Mérito Aperipê. Em homenagem ao autor, são realizados diversos eventos, como: missa cantada na Catedral de São Pedro dos Clérigos, do Recife, mandada celebrar pelo governo do estado de Pernambuco, sendo oficiante monsenhor Severino Nogueira e regente o padre Jayme Diniz. Inauguração, na redação do *Diário de Pernambuco*, de placa comemorativa da colaboração de Gilberto Freyre, iniciada em 1918. Almoço na residência de Fernando Freyre. *Open house* na vivenda Santo Antônio. Sorteio de bilhete da Loteria Federal da Praça de Apipucos. Desfile de clubes e blocos carnavalescos e concentração popular em Apipucos. Sessão solene do Congresso Nacional, em 15 de abril, às 15 horas, para homenagear o escritor Gilberto Freyre pelo transcurso do seu octogésimo aniversário. Discursos do presidente, senador Luís Viana Filho, dos senadores Aderbal Jurema e Marcos Freire e do deputado Thales Ramalho. Viaja a Portugal em junho, a convite da Câmara Municipal de Lisboa, para participar nas comemorações do Quarto Centenário da Morte de Camões. Profere conferência A tradição camoniana ante insurgências e ressurgências atuais. É homenageado, em 6 de julho, durante a 32ª Reunião Anual da Sociedade Brasileira para o Progresso da Ciência, realizada no Rio de Janeiro, e em 25 de julho, pelo XII Congresso Brasileiro de Língua e Literatura, promovido pelas universidades estaduais do Rio de Janeiro e Universidade Federal do Rio de Janeiro. Em 11 de agosto, recebe do embaixador Hansjorg Kastl a Grã-Cruz do Mérito da República Federativa da Alemanha.

Ainda em agosto, é homenageado pelo IV Seminário Paraibano de Cultura Brasileira. Recebe o título de Cidadão Benemérito de João Pessoa, outorgado pela Câmara Municipal da capital paraibana. Recebe o título do sócio honorário do Instituto Histórico e Geográfico da Paraíba. Em 2 de setembro, é homenageado pelo Pen Clube do Brasil com um painel sobre suas ideias, no auditório do Palácio da Cultura, no Rio de Janeiro. Encenação, no Teatro São Pedro de São Paulo, da peça de José Carlos Cavalcanti Borges *Casa grande & senzala*, sob a direção de Miroel Silveira, pelo grupo teatral da Escola de Comunicação e Artes da USP. Em 10 de outubro, apresenta conferência da Fundação Luisa e Oscar Americano, de São Paulo, sobre Imperialismo cultural do Conde Maurício. De 13 a 17 de outubro, profere simpósio internacional promovido pela Universidade de Brasília e pelo Ministério da Educação e Cultura, com a participação, como conferencistas, do historiador social inglês Lord Asa Briggs, do filósofo espanhol Julián Marías, do poeta e ensaísta português David Mourão-Ferreira, do antropólogo francês Jean Duvignaud e do historiador mexicano Silvio Zavala. Recebe o Prêmio Jabuti, de São Paulo, em 28 de outubro. Recebe, em 11 de dezembro, o grau de Doutor *Honoris Causa* pela Universidade Católica de Pernambuco. Em 12 de dezembro, recebe o Prêmio Moinho Recife. São publicadas diversas obras do autor, como: o álbum *Gilberto poeta*: algumas confissões, com serigrafias de Aldemir Martins, Jenner Augusto, Lula Cardoso Ayres, Reynaldo Fonseca e Wellington Virgolino e posfácio de José Paulo Moreira da Fonseca (Ranulpho Editora de Arte); *Poesia reunida* (Edições Pirata, Recife); 20ª edição brasileira de *Casa-grande & senzala*, com prefácio do ministro Eduardo Portella; 5ª edição de *Olinda*; 3ª edição da *Seleta para jovens*; 2ª edição brasileira de *Aventura e rotina* (todas pela Editora José Olympio); e a 2ª edição de *O escravo nos anúncios de jornais brasileiros do século XIX* (Companhia Editora Nacional). A Editora Greenwood Press, de Westport, Conn., publica, sem autorização do autor, a reimpressão de *New world in the tropics*.

1981   A Classe de Letras da Academia de Ciências de Lisboa reúne-se, em fevereiro, para a comunicação do escritor David Mourão-Ferreira sobre Gilberto Freyre, criador literário. Encenação, em março, no Teatro Santa Isabel, da peça-balé de Rubens Rocha Filho *Tempos perdidos, nossos tempos*. Em 25 de março, o autor recebe do embaixador Jean Beliard a rosette de Oficial da Légion d'Honneur. Inauguração de seu retrato, em 21 de abril, no Museu do Trem da Superintendência Regional da Rede Ferroviária Federal. Em 29 de abril, o Conselho Municipal de Cultura lança, no Palácio do Governo, um álbum de desenhos de sua autoria. Inauguração, em 7 de maio, no Museu Nacional da Quinta da Boa Vista, da edição quadrinizada de *Casa-grande & senzala*, numa promoção da Universidade Federal do Rio de Janeiro, Museu Nacional e Editora Brasil-América. Profere conferência, em 15 de maio, no auditório Benício Dias da Fundação Joaquim Nabuco, sobre Atualidade de Lima Barreto. Viaja à Espanha, em outubro, para tomar posse no Conselho Superior do Instituto de Cooperação Ibero-Americana, nomeado pelo rei João Carlos I.

1982   Recebe em janeiro a medalha comemorativa dos trinta anos do Conselho Nacional de Desenvolvimento Científico e Tecnológico (CNPq). Profere na Academia Pernambucana de Letras conferência sobre Luís Jardim autodidata?, comemorativa do octogésimo aniversário do pintor e escritor pernambucano. Na abertura do III Congresso Afro-Brasileiro, em 20 de setembro, apresenta conferência no teatro Santa Isabel. Em setembro, é entrevistado pela Rede Bandeirantes de Televisão, no programa *Canal Livre*. Recebe do embaixador Javier Vallaure, na Embaixada da Espanha em Brasília, a Grã-Cruz de Alfonso, El Sabio (outubro), e no auditório do Palácio da Cultura, em 9 de novembro, conferência sobre Villa-Lobos revisitado. Profere no Nacional Club de São Paulo, em 11 de novembro, conferência sobre Brasil: entre passados úteis e futuros renovados. A Editora Massangana publica *Rurbanização*: o que é? A Editora Klett-Cotta, de Stuttgart, publica a primeira edição alemã de *Das Land in der Stadt. Die Entwicklung der urbanem Gesellschaft Brasiliens (Sobrados e mucambos)* e a segunda de *Herrenhaus und Sklavenhütte (Casa-grande & senzala)*.

1983 Iniciam-se em 21 de março – Dia Internacional das Nações Unidas Contra a Discriminação Racial – as comemorações do cinquentenário da publicação de *Casa-grande & senzala*, com sessão solene no auditório Benício Dias, presidida pelo governador Roberto Magalhães e com a presença da ministra da Educação, Esther de Figueiredo Ferraz, e do diretor-geral da Unesco, Amadou M'Bow, que lhe entrega a medalha Homenagem da Unesco. Recebe em 15 de abril, da Associação Brasileira de Relações Públicas, Seção de Pernambuco, o Troféu Integração por destaque cultural de 1982. Em abril, expõe seus últimos desenhos e pinturas na Galeria Aloísio Magalhães. Viaja a Lisboa, em 25 de outubro, para receber, do ministro dos Negócios Estrangeiros, a Grã-Cruz de Santiago da Espada. Em 27 de outubro, participa de sessão solene da Academia de Ciências de Lisboa e da Academia Portuguesa de História, comemorativa do cinquentenário da publicação de *Casa-grande & senzala*. A Fundação Calouste Gulbenkian promove em Lisboa um ciclo de conferências sobre *Casa-grande & senzala* (2 de novembro a 4 de dezembro). É homenageado pela Feira Internacional do Livro do Rio de Janeiro, em 9 de novembro. O Seminário de Tropicologia reúne-se, em 29 de novembro, para a conferência de Edson Nery da Fonseca, intitulada Gilberto Freyre, cultura e trópico. Recebe em 7 de dezembro, no Liceu Literário Português do Rio de Janeiro, a Grã-Cruz da Ordem Camoniana. A Editora Massangana publica *Apipucos: que há num nome?*, a Editora Globo lança *Insurgências e ressurgências atuais e Médicos, doentes e contextos sociais* (2ª edição de *Sociologia da medicina*). Realiza-se na Fundação Joaquim Nabuco, de 19 a 30 de setembro, um ciclo de conferências comemorativo dos cinquenta anos de *Casa-grande & senzala*, promovido com apoio do governo do estado e de outras entidades pernambucanas (anais editados por Edson Nery da Fonseca e publicados em 1985 pela Editora Massangana: *Novas perspectivas em Casa-grande & senzala*). A José Olympio Editora publica no Rio de Janeiro o livro de Edilberto Coutinho *A imaginação do real*: uma leitura da ficção de Gilberto Freyre, tese de doutoramento defendida na Universidade Federal do Rio de Janeiro. A Editora Record lança no Rio dc Janciro *Homens, engenharias e rumos sociais*.

1984 Lançamento, em 20 de janeiro, de selo postal comemorativo do cinquentenário de *Casa-grande & senzala*. Viaja a Salvador, em 14 de março, para receber homenagem do governo do estado pelo cinquentenário de *Casa-grande & senzala*. Inauguração, no Museu de Arte Moderna da Bahia, da exposição itinerante sobre a obra. Conferência de Edson Nery da Fonseca sobre Gilberto Freyre, *Casa-grande & senzala* e a Bahia. Convidado pelo governador Tancredo Neves, profere em Ouro Preto, em 21 de abril, o discurso oficial da Semana da Inconfidência. Profere em 8 de maio, na antiga Reitoria da UFRJ, conferência sobre Alfonso X, o sábio, ponte de culturas. Recebe da União Cultural Brasil-Estados Unidos, em 7 de junho, a medalha de merecimento por serviços relevantes prestados à aproximação entre o Brasil e os Estados Unidos. Em 8 de junho, profere conferência no Clube Atlético Paulistano sobre Camões: vocação de antropólogo moderno?, promovida pelo Conselho da Comunidade Portuguesa de São Paulo. Em setembro, o Balé Studio Um realiza no Recife o espetáculo de dança *Casa-grande & senzala*, sob a direção de Eduardo Gomes e com música de Egberto Gismonti. Recebe a Medalha Picasso da Unesco, desenhada por Juan Miró em comemoração do centenário do pintor espanhol. Em setembro, homenageado por Richard Civita no Hotel 4 Rodas de Olinda, com banquete presidido pelo governador Roberto Magalhães e entrega de passaportes para o casal se hospedar em qualquer hotel da rede. Participa, na Arquidiocese do Rio de Janeiro, em outubro, do Congresso Internacional de Antropologia e Práxis, debatedor do tema *Cultura e redenção*, desenvolvido por D. Paul Poupard. É homenageado no Teatro Santa Isabel do Recife, em 31 de novembro, pelo cinquentenário do 1º Congresso Afro-Brasileiro, ali realizado em 1934. Lê no Museu de Arte Sacra de Pernambuco (Olinda) a conferência Cultura e museus, publicada no ano seguinte pela Fundarpe. Convidado pelo Conselho da Comunidade Portuguesa do Estado de São Paulo, lê no Clube Atlético Paulistano, em 8 de junho (Dia de Portugal) a conferência Camões: vocação de antropólogo moderno?, publicada no mesmo ano pelo conselho.

1985 Recebe da Fundação do Patrimônio Histórico e Artístico de Pernambuco (Fundarpe) a Homenagem à Cultura Viva de Pernambuco, em 18 de março. Viaja em maio aos Estados Unidos, para receber, na Baylor University, o prêmio consagrador de notáveis triunfos (Distinguished Achievement Award). Profere em 21 de maio, na Harvard University, conferência sobre My first contacts with american intellectual life, promovida pelo Departamento de Línguas e Literaturas Românicas e pela Comissão de Estudos Latino-Americanos e Ibéricos. Realiza exposição na Galeria Metropolitana Aloísio Magalhães do Recife: Desenhos a cor: figuras humanas e paisagens. Recebe, em agosto, o grau de Doutor *Honoris Causa* em Direito e em Letras pela Universidade Clássica de Lisboa. É nomeado em setembro, pelo presidente da República, para compor a Comissão de Estudos Constitucionais. Recebe o título de Cidadão de Manaus, em 6 de setembro. Profere, em 29 de outubro, conferência na inauguração do Instituto Brasileiro de Altos Estudos (Ibrae) de São Paulo, subordinada ao título À beira do século XX. Em 20 de novembro, é apresentado, no Cine Bajado, de Olinda, o filme de Kátia Mesel *Oh de casa*! Em dezembro viaja a São Paulo, sendo hospitalizado no Incor para cirurgia de um divertículo de Zenkel (hérnia de esôfago). A José Olympio Editora publica a 7ª edição de *Sobrados e mucambos* e a 5ª edição de *Nordeste*. Por iniciativa do Centro de Estudos Latino-Americanos da Universidade da Califórnia em Los Angeles, a editora da universidade publica em Berkeley reedições em brochuras do mesmo formato *The masters and the slaves, The mansions and the shanties* e *Order and progress*, com introduções de David H. E. Mayburt-Lewis e Ludwig Lauerhass Jr., respectivamente.

1986 Em janeiro, submete-se a uma cirurgia do esôfago para retirada de um divertículo de Zenkel, no Incor. Regressa ao Recife em 16 de janeiro, dizendo: "agora estou em casa, meu Apipucos". Em 22 de fevereiro, retorna a São Paulo para uma cirurgia de próstata no Incor, realizada em 24 de fevereiro. Recebe em 24 de abril, em sua residência de Apipucos, do embaixador Bernard Dorin, a comenda de Grande Oficial da Legião de Honra, no grau de Cavaleiro. Em maio, é agraciado com o Prêmio Cavalo-Marinho, da Empitur. Em agosto, recebe o título de Cidadão de Aracaju. Em 24 de outubro, reencontra-se no Recife com a dançarina Katherine Dunhm. Em 28 de outubro é eleito para ocupar a cadeira 23 da Academia Pernambucana de Letras, vaga com a morte de Gilberto Osório de Andrade. Toma posse em 11 de dezembro na Academia Pernambucana de Letras. Recebe, em 16 de dezembro, o título de Pesquisador Emérito do Instituto de Pesquisas Sociais da Fundação Joaquim Nabuco. Publica-se em Budapeste a edição húngara de *Casa-grande & senzala: Udvarbáz es szolgaszállás*. A professora Élide Rugai Bastos defende na Pontifícia Universidade Católica de São Paulo (PUC) a tese de doutoramento *Gilberto Freyre e a formação da sociedade brasileira*, orientada pelo professor Octavio Ianni. A Áries Editora publica em São Paulo o livro de Pietro Maria Bardi, *Ex votos de Mário Cravo*, e a Editora Creficullo lança o livro do mesmo autor *40 anos de Masp*, ambos prefaciados por Gilberto Freyre.

1987 Instituição, em 11 de março, da Fundação Gilberto Freyre. Em 30 de março, recebe em Apipucos a visita do presidente Mário Soares. Em 7 de abril, submete-se a uma cirurgia para implantação de marca-passo no Incor do Hospital Português. Em 18 de abril, Sábado Santo, recebe de d. Basílio Penido, OSB, os sacramentos da Reconciliação, da Eucaristia e da Unção dos Enfermos. Morre no Hospital Português, às 4 horas de 18 de julho, aniversário de Magdalena. Sepultamento no Cemitério de Santo Amaro, às 18 horas, com discurso do ministro Marcos Freire. Em 20 de julho, o senador Afonso Arinos ocupa a tribuna da Assembleia Nacional Constituinte para homenagear sua memória. Em 19 de julho o jornal *ABC de Madri* publica um artigo de Julián Marías: Adiós a um brasileño universal. Em 24 de julho, missas concelebradas, no Recife, por d. José Cardoso Sobrinho e d. Heber Vieira da Costa, OSB, e em Brasília, por d. Hildebrando de Melo e pelos vigários da catedral e do Palácio da Alvorada com coral da Universidade de Brasília. Missa celebrada no seminário, com canto gregoriano a cargo das Beneditinas de Santa Gertrudes, de Olinda. A Editora Record publica *Modos de homem e modas de mulher* e a 2ª edição de *Vida, forma e cor; Assombrações do Recife Velho e Perfil de*

Euclides e outros perfis; a José Olympio Editora, a 25ª edição brasileira de *Casa-grande & senzala*. O Círculo do Livro lança nova edição de *Dona Sinhá e o filho padre*, e a Editora Massangana publica *Pernambucanidade consagrada* (discursos de Gilberto Freyre e Waldemar Lopes na Academia Pernambucana de Letras). Ciclo de conferências promovido pela Fundação Joaquim Nabuco em memória de Gilberto Freyre, tendo como conferencistas Julián Marías, Adriano Moreira, Maria do Carmo Tavares de Miranda e José Antônio Gonsalves de Mello (convidado, deixou de vir, por motivo de doença, o antropólogo Jean Duvignaud). Ciclo de conferências promovido em Maceió pelo governo do estado de Alagoas, a cargo de Maria do Carmo Tavares de Miranda, Odilon Ribeiro Coutinho e José Antônio Gonsalves de Mello. Homenagem do Conselho Latino-Americano de Ciências Sociais, na abertura de sua XIV Assembleia Geral, realizada no Recife, de 16 a 21 de novembro. A editora mexicana Fondo de Cultura Económica publica a 2ª edição, como livro de bolso, de *Interpretación del Brasil*. A revista *Ciência e Cultura* publica em seu número de setembro o necrológio de Gilberto Freyre, solicitado por Maria Isaura Pereira de Queiroz a Edson Nery da Fonseca.

1988   Em convênio com a Fundação Gilberto Freyre e sob os auspícios do Grupo Gerdau, a Editora Record publica no Rio de Janeiro a obra póstuma *Ferro e civilização no Brasil*.

1989   Em sua 26ª edição, *Casa-grande & senzala* passa a ser publicada pela Editora Record, até a 46ª edição, em 2002.

1990   A Fundação das Artes e a Empresa Gráfica da Bahia publicam em Salvador *Bahia e baianos*, obra póstuma organizada e prefaciada por Edson Nery da Fonseca. A Editora Klett-Cotta lança em Stuttgart a 2ª edição alemã de *Sobrados e mucambos (Das land in der Sdadt)*. Realiza-se na Fundação Joaquim Nabuco o seminário O cotidiano em Gilberto Freyre, organizado por Fátima Quintas (anais publicados no mesmo ano pela Editora Massangana).

1994   A Câmara dos Deputados publica, como volume 39 de sua Coleção Perfis Parlamentares, *Discursos parlamentares*, de Gilberto Freyre, texto organizado, anotado e prefaciado por Vamireh Chacon. A Editora Agir publica no Rio de Janeiro a antologia *Gilberto Freyre*, organizada por Edilberto Coutinho como volume 117 da Coleção Nossos Clássicos, dirigida por Pedro Lyra. A Editora 34 publica no Rio de Janeiro a tese de doutoramento de Ricardo Benzaquen de Araújo *Guerra e paz*: Casa-grande & senzala e a obra de Gilberto Freyre nos anos 30.

1995   Realiza-se na Fundação Joaquim Nabuco a semana de estudos comemorativos dos 95 anos de Gilberto Freyre, com conferências reunidas e apresentadas por Fátima Quintas na obra coletiva *A obra em tempos vários*, publicada em 1999 pela Editora Massangana. A Fundação de Cultura da Cidade do Recife e a Imprensa Universitária da Universidade Federal de Pernambuco publicam no Recife *Novas conferências em busca de leitores*, obra póstuma organizada e prefaciada por Edson Nery da Fonseca. A Editora Massangana publica o livro de Sebastião Vila Nova, *Sociologias e pós sociologia em Gilberto Freyre*.

1996   Realiza-se na Fundação Joaquim Nabuco o simpósio Que somos nós?, organizado por Maria do Carmo Tavares de Miranda em comemoração aos sessenta anos de *Sobrados e mucambos* (anais publicados pela Editora Massangana em 2000).

1997   Comemorando seu septuagésimo quinto aniversário, a revista norte-americana *Foreign Affairs* publica o resultado de um inquérito destinado à escolha de 62 obras "que fizeram a cabeça do mundo a partir de 1922". *Casa-grande & senzala* é apontada como uma delas pelo professor Kenneth Maxwell. A Companhia das Letras publica em São Paulo a 4ª edição de *Açúcar*, livro reimpresso em 2002 por iniciativa da Usina Petribu.

1999 Por iniciativa da Fundação Oriente, da Universidade da Beira Interior e da Sociedade de Geografia de Lisboa, iniciam-se em Portugal as comemorações do centenário de nascimento de Gilberto Freyre, com o colóquio realizado na Sociedade de Geografia de Lisboa, de 11 e 12 de fevereiro, Lusotropicalismo revisitado, sob a direção dos professores Adriano Moreira e José Carlos Venâncio. A Fundação Oriente institui um prêmio anual de um milhão de escudos para "galardoar trabalhos de investigação na área da perspectiva gilbertiana sobre o Oriente". As comemorações pernambucanas são iniciadas em 14 de março, com missa solene concelebrada na Basílica do Mosteiro de São Bento de Olinda, com canto gregoriano pelas Beneditinas Missionárias da Academia Santa Gertrudes. Pelo Decreto nº 21.403, de 7 de maio, o governador de Pernambuco declara, no âmbito estadual, Ano Gilberto Freyre 2000. Pelo Decreto de 13 de julho, o presidente da República institui o ano 2000 como Ano Gilberto Freyre. A UniverCidade do Rio de Janeiro institui, por sugestão da Editora Topbooks, o prêmio de 20 mil dólares para o melhor ensaio sobre Gilberto Freyre.

2000 Por iniciativa da TV Cultura de São Paulo, são elaborados os filmes *Gilbertianas I* e *II*, dirigidos pelo cineasta Ricardo Miranda com a colaboração do antropólogo Raul Lody. Em 13 de março, ocorre o lançamento nacional da produção, numa promoção do Shopping Center Recife/UCI Cinemas/Weston Táxi Aéreo. Em 21 de março é lançada, na sala Calouste Gulbenkian da Fundação Joaquim Nabuco, no Núcleo de Estudos Freyrianos, no governo do estado de Pernambuco, na Sudene e no Ministério da Cultura. Por iniciativa do Canal GNT, VideoFilmes e Regina Filmes, o cineasta Nelson Pereira dos Santos dirige quatro documentários intitulados genéricos de *Casa-grande & senzala*, tendo Edson Nery da Fonseca como corroteirista e narrador. Filmados no Brasil, em Portugal e na Universidade de Colúmbia em Nova York, o primeiro, *O Cabral moderno*, exibido pelo canal GNT a partir de 21 de abril. Os demais, *A cunhã*: mãe da família brasileira, *O português*: colonizador dos trópicos e *O escravo na vida sexual e de família do brasileiro*, são exibidos pelo mesmo canal, a partir de 2001. As Editoras Letras e Expressões e Abregraph publicam a 2ª edição de *Casa-grande & senzala em quadrinhos*, com ilustrações de Ivan Wasth Rodrigues colorizadas por Noguchi. A Editora Topbooks lança a 2ª edição brasileira de *Novo mundo nos trópicos*, prefaciada por Wilson Martins. A revista *Novos Estudos Cebrap*, n. 56, publica o dossiê Leituras de Gilberto Freyre, com apresentação de Ricardo Benzaquen de Araújo, incluindo as introduções de Fernand Braudel à edição italiana de *Casa-grande & senzala*, de Lucien Fèbvre à edição francesa, de Antonio Sérgio a *O mundo que o português criou* e de Frank Tannembaum à edição norte-americana de *Sobrados e mucambos*. Em 15 de março, realiza-se na Maison de Sciences de l'Homme et de la Science o colóquio Gilberto Freyre e a França, organizado pela professora Ria Lemaire, da Universidade de Poitiers. Em 15 de março o arcebispo de Olinda e Recife, José Cardoso, celebra missa solene na Igreja de São Pedro dos Clérigos, com cantos do coral da Academia Pernambucana de Música. Na tarde de 15 de março, é apresentada, na sala Calouste Gulbenkian, em projeção de VHF, a Biblioteca Virtual Gilberto, disponível imediatamente na Internet: <http://prosiga.bvgf.fgf.org.br>. De 21 a 24 de março realiza-se na Fundação Gilberto Freyre o Seminário Internacional Novo Mundo nos Trópicos (anais publicados com título homônimo). De 28 a 31 de março é apresentado no Centro Cultural Banco do Brasil do Rio de Janeiro o ciclo de palestras A propósito de Gilberto Freyre (não reunidas em livro). De 14 a 16 de agosto realiza-se o seminário Gilberto Freyre: patrimônio brasileiro, promovido conjuntamente pela Fundação Roberto Marinho, pela UniverCidade do Rio de Janeiro, pelo Colégio do Brasil, pela Academia Brasileira de Letras, pela *Folha de S.Paulo* e pelo Instituto de Estudos Avançados da USP. Iniciado no auditório da Academia Brasileira de Letras e num dos *campi* da Universidade, é concluído no auditório da *Folha de S.Paulo* e na cidade universitária da USP. Em 18 de outubro, realiza-se no anfiteatro da História da USP o seminário multidisciplinar Relendo Gilberto Freyre, organizado pelo Centro Angel Rama da Faculdade de Filosofia, Letras e Ciências Humanas na mesma universidade. Em 20 de outubro realiza-se na embaixada do Brasil em Paris o seminário Gilberto Freyre e as ciências sociais no Brasil, promovido pelo Ministério das Relações Exteriores e Fundação Gilberto Freyre. Em 30 de outubro realiza-se em

Buenos Aires o seminário À la busqueda de la identidad: el ensayo de interpretación nacional en Brasil y Argentina. De 6 a 9 de novembro é realizada no Sun Valley Park Hotel, em Marília (SP), a Jornada de Estudos Gilberto Freyre, organizada pela Faculdade de Filosofia e Ciências da Unesp. Em 21 de novembro, na Universidade de Essex, ocorre o seminário *The english in Brazil*: a study in cultural encounters, dirigido pela professora Maria Lúcia Pallares-Burke. Em 27 de novembro, realiza-se na Universidade de Cambridge o seminário Gilberto Freyre & história social do Brasil, dirigido pelos professores Peter Burke e Maria Lúcia Pallares-Burke. De 27 a 30 de novembro, acontece no Centro de Ciências Humanas, Letras e Artes da Universidade Federal da Paraíba o simpósio Gilberto Freyre: interpenetração do Brasil, organizado pela professora Elisalva Madruga Dantas e pelo poeta e multiartista Jomard Muniz de Brito (anais com título homônimo publicados pela editora Universitária em 2002). De 28 a 30 de novembro, ocorre na sala Calouste Gulbenkian da Fundação Joaquim Nabuco o seminário internacional Além do apenas moderno. De 5 a 7 de dezembro é apresentado no auditório João Alfredo da Universidade Federal de Pernambuco o seminário Outros Gilbertos, organizado pelo Laboratório de Estudos Avançados de Cultura Contemporânea do Departamento de Antropologia da mesma universidade. Publica-se em São Paulo, pelo Grupo Editorial Cone Sul, o ensaio de Gustavo Henrique Tuna: Gilberto Freyre — entre tradição & ruptura, premiado na categoria "ensaio" do 3° Festival Universitário de Literatura, organizado pela Xerox do Brasil e pela revista *Livro Aberto*. Por iniciativa do deputado Aldo Rebelo a Câmara dos Deputados reúne no opúsculo Gilberto Freyre e a formação do Brasil, prefaciado por Luís Fernandes, ensaios do próprio deputado, de Otto Maria Carpeaux e de Regina Maria A. F. Gadelha. A Editora Comunigraf publica no Recife o livro de Mário Hélio *O Brasil de Gilberto Freyre*: uma introdução à leitura de sua obra, com ilustrações de José Cláudio e prefácio de Edson Nery da Fonseca. A Editora Casa Amarela publica em São Paulo a segunda edição do ensaio de Gilberto Felisberto Vasconcellos O xará de Apipucos. A Embaixada do Brasil em Bogotá publica o opúsculo Imagens, com texto e ilustrações selecionadas por Nora Ronderos.

2001 A Companhia das Letras publica em São Paulo a $2^{\underline{a}}$ edição de *Interpretação do Brasil*, organizada e prefaciada por Omar Ribeiro Thomaz ($n^{\underline{o}}$ 19 da Coleção Retratos do Brasil). A Editora Topbooks publica no Rio de Janeiro a obra coletiva *O imperador das ideias*: Gilberto Freyre em questão, organizada pelos professores Joaquim Falcão e Rosa Maria Barboza de Araújo, reunindo conferências do seminário realizado no Rio de Janeiro e em São Paulo de 14 a 17 de agosto de 2000. A Editora Topbooks e UniverCidade publicam no Rio de Janeiro a $2^{\underline{a}}$ edição de *Além do apenas moderno*, prefaciada por José Guilherme Merquior e as $3^{\underline{as}}$ edições de *Aventura e rotina*, prefaciada por Alberto da Costa e Silva, e de *Ingleses no Brasil*, prefaciada por Evaldo Cabral de Melo. A Editora da Universidade do Estado de Pernambuco publica, como $n^{\underline{o}}$ 18 de sua Coleção Nordestina, o livro póstumo *Antecipações*, organizado e prefaciado por Edson Nery da Fonseca. A Editora Garamond publica no Rio de Janeiro o livro de Helena Bocayuva *Erotismo à brasileira*: o excesso sexual na obra de Gilberto Freyre, prefaciado pelo professor Luis Antonio de Castro Santos. O *Diário Oficial da União* de 28 de dezembro de 2001 publica, à página 6, a Lei $n^{\underline{o}}$ 10.361, de 27 de dezembro de 2001, que confere o nome de Aeroporto Internacional Gilberto Freyre ao Aeroporto Internacional dos Guararapes do Recife. O Projeto de Lei é de autoria do deputado José Chaves (PMDB-PE).

2002 Publica-se no Rio de Janeiro, em coedição da Fundação Biblioteca Nacional e Zé Mário Editor, o livro de Edson Nery da Fonseca *Gilberto Freyre de A a Z*. É lançada em Paris, sob os auspícios da ONG da Unesco Allca XX e como volume $n^{\underline{o}}$ 55 da Coleção Archives, a edição crítica de *Casa-grande & senzala*, organizada por Guillermo Giucci, Enrique Rodríguez Larreta e Edson Nery da Fonseca.

2003 O governo instalado no Brasil em $1^{\underline{o}}$ de janeiro extingue, sem nenhuma explicação, o Seminário de Tropicologia criado em 1966 pela Universidade Federal de Pernambuco, por sugestão de Gilberto Freyre e incorporado em 1980 à estrutura da Fundação Joaquim Nabuco. Gustavo Henrique Tuna defende, no Departamento de História do Instituto de Filosofia e Ciências Humanas da Unicamp, a dissertação de mestrado *Viagens e viajantes em Gilberto Freyre*. A Editora da Universidade de Brasília publica, em coedição com a Imprensa Oficial do Estado de São Paulo, as seguintes obras póstumas, organizadas por Edson Nery da Fonseca: *Palavras repatriadas* (prefácio e notas do organizador); *Americanidade e latinidade da América Latina e outros textos afins, Três histórias mais ou menos inventadas* (com prefácio e posfácio de César Leal) e *China tropical*. A Global Editora publica a 47ª edição de *Casa-grande & senzala* (com apresentação de Fernando Henrique Cardoso). No mesmo ano, lança a 48ª edição da obra-mestra de Freyre. A mesma editora publica a 14ª edição de *Sobrados e mucambos* (com apresentação de Roberto DaMatta). Publica-se pela Edusc, Editora da Unesp e Fapesp o livro *Gilberto Freyre em quatro tempos* (organização de Ethel Volfzon Kosminsky, Claude Lépine e Fernanda Arêas Peixoto), reunindo comunicações apresentadas na Jornada de Estudos Gilberto Freyre, realizada em Marília (SP), em 2000. É lançada pela Edusc, Editora Sumaré e Anpocs o livro de Élide Rugai Bastos *Gilberto Freyre e o pensamento hispânico*: entre Dom Quixote e Alonso El Bueno.

2004 A Global Editora publica a 6ª edição de *Ordem e progresso* (apresentação de Nicolau Sevcenko), a 7ª edição de *Nordeste* (com apresentação de Manoel Correia de Oliveira Andrade), a 15ª edição de *Sobrados e mucambos* e a 49ª edição de *Casa-grande & senzala*. Em conjunto com a Fundação Gilberto Freyre, a editora lança o Concurso Nacional de Ensaios – Prêmio Gilberto Freyre 2004/2005, destinado a premiar e a publicar ensaio que aborde "qualquer dos aspectos relevantes da obra do escritor Gilberto Freyre".

2005 Em 15 de março é premiado o trabalho de Élide Rugai Bastos intitulado *As criaturas de Prometeu*: Gilberto Freyre e a formação da sociedade brasileira, vencedor do Concurso Nacional de Ensaios – Prêmio Gilberto Freyre 2004/2005, promovido pela Fundação Gilberto Freyre e pela Global Editora. Esta publica a 50ª edição (edição comemorativa) de *Casa-grande & senzala*, em capa dura. Em agosto, o grupo de teatro Os Fofos Encenam, sob a direção de Newton Moreno, estreia a peça *Assombrações do Recife Velho*, adaptação da obra homônima de Gilberto Freyre, no Casarão do Belvedere, situado no Bairro Bela Vista, em São Paulo. Em 18 de outubro, na Livraria Cultura do Shopping Villa-Lobos, em São Paulo, é lançado *Gilberto Freyre*: um vitoriano dos trópicos, de Maria Lúcia Pallares-Burke, pela Editora da Unesp, em mesa-redonda com a participação dos professores Antonio Dimas, José de Souza Martins, Élide Rugai Bastos e a autora do livro. A Global Editora publica a 3ª edição de *Casa-grande & senzala em quadrinhos*, com ilustrações de Ivan Wasth Rodrigues colorizadas por Noguchi.

2006 Realiza-se em 15 de março na 19ª Bienal Internacional do Livro de São Paulo, sediada no Pavilhão de Exposições do Anhembi, no salão A-Mezanino, a mesa de debate 70 anos de *Sobrados e mucambos*, de Gilberto Freyre, com a presença dos professores Roberto DaMatta, Élide Rugai Bastos, Enrique Rodríguez Larreta e mediação de Gustavo Henrique Tuna. No evento, é lançado o 2º Concurso Nacional de Ensaios – Prêmio Gilberto Freyre 2006/2007, organizado pela Global Editora e pela Fundação Gilberto Freyre que aborda qualquer aspecto referente à obra *Sobrados e mucambos*. A Global Editora publica a 2ª edição, revista, de *Tempo morto e outros tempos*, prefaciada por Maria Lúcia Garcia Pallares-Burke. Realiza-se no auditório do Instituto de Filosofia e Ciências Humanas da Unicamp, nos dias 25 e 26 de abril, o Simpósio Gilberto Freyre: produção, circulação e efeitos sociais de suas ideias, com a presença de inúmeros estudiosos do Brasil e do exterior da obra do sociólogo pernambucano.
A Global Editora publica *As criaturas de Prometeu – Gilberto Freyre e a formação da sociedade brasileira*, de Élide Rugai Bastos, trabalho vencedor da 1ª edição do Concurso Nacional de Ensaios/Prêmio Gilberto Freyre 2004/2005, promovido pela editora e pela Fundação Gilberto Freyre.

2007 Publicam-se em São Paulo, pela Global Editora: a 5ª edição do livro *Açúcar*, apresentada por Maria Lectícia Monteiro Cavalcanti; a 5ª edição revista, atualizada e aumentada por Antonio Paulo Rezende do livro *Guia prático, histórico e sentimental da cidade do Recife*; a 6ª edição revista e atualizada por Edson Nery da Fonseca do livro *Olinda: 2º guia prático, histórico e sentimental de* atualizada por Edson Nery da Fonseca do livro Olinda: *2º guia prático, histórico e sentimental de cidade brasileira*. Publica-se no Rio de Janeiro, pela Civilização Brasileira, o primeiro volume da obra *Gilberto Freyre uma biografia cultural*, dos pesquisadores uruguaios Enrique Rodrigues Larreta e Guillermo Giucci, em tradução de Josely Vianna Baptista. Publica-se no Recife, pela Editora Massangana, o livro de Edson Nery da Fonseca *Em torno de Gilberto Freyre*.

2008 O Museu da Língua Portuguesa de São Paulo encerra em 4 de maio a exposição, iniciada em 27 de novembro de 2007, *Gilberto Freyre intérprete do Brasil*, sob a curadoria de Élide Rugai Bastos, Júlia Peregrino e Pedro Karp Vasquez. Publicam-se em São Paulo, pela Global Editora: a 4ª edição revista do livro *Vida social no Brasil nos meados do século XIX*, com apresentação e índices de Gustavo Henrique Tuna; e a 6ª edição do livro *Assombrações do Recife Velho*, com apresentação de Newton Moreno, autor da adaptação teatral representada com sucesso em São Paulo. O editor Peter Lang de Oxford publica o livro de Peter Burke e Maria Lúcia G. Pallares-Burke *Gilberto Freyre*: social theory in the Tropics, versão de *Gilberto Freyre, um vitoriano nos Trópicos*, publicado em 2005 pela Editora da Unesp, que em 2006 recebeu os prêmios Senador José Ermírio de Morais da ABL (Academia Brasileira de letras) e Jabuti, na categoria Ciências Humanas.
A Global Editora publica *Ensaio sobre o jardim*, de Solange de Aragão, trabalho vencedor da 2ª edição do Concurso Nacional de Ensaios – Prêmio Gilberto Freyre 2006/2007, promovido pela editora e pela Fundação Gilberto Freyre.

2009 A Global Editora publica a 2ª edição de *Modos de homem & modas de mulher* com texto de apresentação de Mary Del Priore. A É Realizações Editora publica em São Paulo a 6ª edição do livro *Sociologia*: introdução ao estudo dos seus princípios, com prefácio de Simone Meucci e posfácio de Vamireh Chacon, e a 4ª edição de *Sociologia da medicina*, com prefácio de José Miguel Rasia. O Diário de Pernambuco edita a obra *Crônicas do cotidiano*: a vida cultural de Pernambuco nos artigos de Gilberto Freyre, antologia organizada por Carolina Leão e Lydia Barros. A Editora da Unesp publica, em tradução de Fernanda Veríssimo, o livro de Peter Burke e Maria Lúcia G. Pallares-Burke *Repensando os trópicos*: um retrato intelectual de Gilberto Freyre, com prefácio à edição brasileira.

2010 Publica-se pela Global Editora o livro *Nordeste semita – Ensaio sobre um certo Nordeste que em Gilberto Freyre também é semita*, de autoria de Caesar Sobreira, trabalho vencedor da 3ª edição do Concurso Nacional de Ensaios – Prêmio Gilberto Freyre 2008-2009, promovido pela editora e pela Fundação Gilberto Freyre. A Global Editora publica a 4ª edição de *O escravo nos anúncios de jornais brasileiros do século XIX*, com apresentação de Alberto da Costa e Silva. A É Realizações publica a 4ª edição de *Aventura e rotina*, a 2ª edição de *Homens, engenharias e rumos sociais*, a 2ª edição de *O luso e o trópico*, a 2ª edição de *O mundo que o português criou*, *Uma cultura ameaçada e outros ensaios* (versão ampliada de *Uma cultura ameaçada: a luso brasileira*), *Um brasileiro em terras portuguesas* (a 1ª edição a ser publicada no Brasil) e 3ª edição de *Vida forma e cor*. A Editora Girafa publica *Em torno de Joaquim Nabuco*, reunião de textos que Gilberto Freyre escreveu sobre o abolicionista organizada por Edson Nery da Fonseca com colaboração de Jamille Cabral Pereira Barbosa. Gilberto Freyre é o autor homenageado da 10ª edição da Feira Nacional do Livro de Ribeirão Preto, realizada entre os dias 14 e 18 de junho. É também o autor homenageado da 8ª edição da Festa Literária Internacional de Paraty (Flip), ocorrida na cidade carioca entre os dias 4 e 8 de agosto. Para a homenagem, foram organizadas mesas com convidados nacionais e do exterior. A conferência de abertura, em 4 de agosto, foi lida pelo ex-presidente Fernando Henrique Cardoso e debatida pelo historiador Luiz Felipe de Alencastro; no dia 5 realizou-se a mesa "Ao correr da pena", com Moacyr Scliar, Ricardo Benzaquen e Edson Nery da Fonseca, com mediação de Ángel Gurría-Quintana; no dia 6 ocorreu a mesa "Além da Casa-grande", com Alberto da Costa e Silva, Maria Lúcia Pallares-Burke e Ângela Alonso, com mediação de Lilia Schwarcz; no dia 8 realizou-se a mesa "Gilberto Freyre e o século XXI", com José de Souza Martins, Peter Burke e Hermano Vianna, com mediação de Benjamim Moser. Foi lançado na Flip o tão esperado inédito de Gilberto Freyre *De menino a homem*, espécie de livro de memórias do pernambucano, pela Global Editora. A edição, feita com capa dura, traz um rico caderno iconográfico, conta com texto de apresentação de Fátima Quintas e notas de Gustavo Henrique Tuna. O lançamento do tão aguardado relato autobiográfico até então inédito de Gilberto Freyre realizou-se na noite do dia 5 de agosto, na Casa da Cultura de Paraty, ocasião em que o ator Dan Stulbach leu trechos da obra para o público presente. O Instituto Moreira Salles publica uma edição especial para a Flip de sua revista *Serrote*, com poemas de Gilberto Freyre comentados por Eucanaã Ferraz. A Funarte publica o volume 5 da coleção Pensamento crítico intitulado *Gilberto Freyre*, uma coletânea de escritos do sociólogo pernambucano sobre arte, organizada por Clarissa Diniz e Gleyce Heitor.

Outros títulos da Coleção Gilberto Freyre:

Casa-grande & Senzala
728 PÁGINAS
2 ENCARTES COLORIDOS (32 PÁGINAS)
ISBN 978-85-260-0869-4

Sobrados e Mucambos
976 PÁGINAS
2 ENCARTES COLORIDOS (32 PÁGINAS)
ISBN 85-260-0835-8

Ordem e Progresso
1.120 PÁGINAS
1 ENCARTE COLORIDO (24 PÁGINAS)
ISBN 85-260-0836-6

Nordeste
256 PÁGINAS
1 ENCARTE COLORIDO (16 PÁGINAS)
ISBN 85-260-0837-4

Casa-grande & Senzala em Quadrinhos
ADAPTAÇÃO DE ESTÊVÃO PINTO
64 PÁGINAS
ISBN 978-85-260-1059-8

Tempo Morto e Outros Tempos – Trechos de um Diário de Adolescência e Primeira Mocidade 1915-1930
384 PÁGINAS
1 ENCARTE COLORIDO (8 PÁGINAS)
ISBN 85-260-1074-3

Insurgências e Ressurgências Atuais – Cruzamentos de Sins e Nãos num Mundo em Transição
368 PÁGINAS
ISBN 85-260-1072-8

Açúcar – Uma Sociologia do Doce, com Receitas de Bolos e Doces do Nordeste do Brasil
272 PÁGINAS
ISBN 978-85-260-1069-7

Olinda – 2º Guia Prático, Histórico e Sentimental de Cidade Brasileira
224 PÁGINAS
1 MAPA TURÍSTICO COLORIDO
ISBN 978-85-260-1073-4

Guia Prático, Histórico e Sentimental da Cidade do Recife
264 PÁGINAS
1 MAPA TURÍSTICO COLORIDO
ISBN 978-85-260-1067-3

Vida Social no Brasil nos Meados do Século XIX
160 PÁGINAS
1 ENCARTE COLORIDO (16 PÁGINAS)
ISBN 978-85-260-1314-8

Modos de Homem & Modas de Mulher
336 PÁGINAS
1 ENCARTE COLORIDO (16 PÁGINAS)
ISBN 978-85-260-1336-0

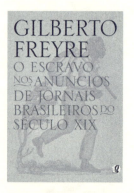

O escravo nos anúncios de jornais brasileiros do século XIX
248 PÁGINAS
1 ENCARTE PRETO E BRANCO (8 PÁGINAS)
ISBN 978-85-260-0134-3

De menino a homem – De Mais de Trinta e de Quarenta,
de Sessenta e Mais Anos
224 PÁGINAS
1 ENCARTE COLORIDO (32 PÁGINAS)
ISBN 978-85-260-1077-2

Novo Mundo nos Trópicos
376 PÁGINAS
ISBN 978-85-260-1538-8

Perfil de Euclides e outros perfis
288 PÁGINAS
ISBN 978-85-260-1562-3

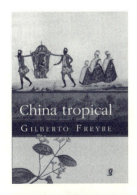

China Tropical
256 PÁGINAS
ISBN 978-85-260-1587-6

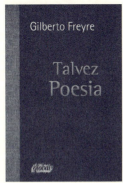

Talvez Poesia
208 PÁGINAS
ISBN 978-85-260-1735-1

CTP · Impressão · Acabamento
Com arquivos fornecidos pelo Editor

EDITORA e GRÁFICA
VIDA & CONSCIÊNCIA
R. Agostinho Gomes, 2312 • Ipiranga • SP
Fone/fax: (11) 3577-3200 / 3577-3201
e-mail:grafica@vidaeconsciencia.com.br
site: www.vidaeconsciencia.com.br